하나님의 뜻을 알고 행하는 길

# 하나님을 경험하는 삶

헨리 블랙가비 · 클로드 킹 지음

문정민 옮김

요단

## 하나님을 경험하는 삶(단행본)

제1판  1쇄 발행 · 1997년 3월 10일
제1판 15쇄 발행 · 2005년 7월 20일
제2판  1쇄 발행 · 2006년 3월 10일
제2판 31쇄 발행 · 2025년 4월 11일

| | |
|---|---|
| 지은이 | 헨리 블랙가비 · 클로드 킹 |
| 옮긴이 | 문정민 |
| 펴낸이 | 김용성 |
| 펴낸곳 | 요단출판사 |
| | 07238 서울특별시 영등포구 국회대로 76길 10 |

| | |
|---|---|
| 기 획 | (02)2643-9155 |
| 보 급 | (02)2643-7290  FAX (02)2643-1877 |
| 등 록 | 1973. 8. 23. 제13-10호 |

ⓒ 1997. 요단출판사 all rights reserved.

값 15,000원
ISBN 978-89-350-0944-2 03230

Copyright ⓒ 1994 by Broadman & Holman Publishers
Published by Broadman & Holman Publisher, Nashvile, Tennessee.
Korean Edition Copyright ⓒ 1997 by Jordan Press

이 책의 한국어판 저작권은 요단출판사가 소유하고 있습니다.
출판사의 사전 승인 없이 책의 내용이나 표지 등을 복제, 인용할 수 없습니다.

How to Live the Full Adventure of Knowing and Doing the Will of God

# EXPERIENCING
# GOD

Henry T. Blackaby
& Claude V. King

## contents

여는 글　9
서론　19

### 1장 · 경험으로 하나님을 아는 것　25
하나님이 주도적으로 자신을 계시해 주실 때 우리는 하나님을 경험으로 알게 된다.

### 2장 · 하나님의 본질을 아는 것　35
하나님은 사랑이시기 때문에 그분의 뜻은 항상 최선이다.
하나님은 전지하시기 때문에 그분의 인도하심은 항상 옳다.
하나님은 전능하시기 때문에 우리로 하여금 그분의 뜻을 행하게 하실 수 있다.

### 3장 · 하나님의 뜻을 행하는 것　49
우리 안에 계신 그리스도가 우리의 길이자 지도이기에, 그분을 하루하루 따라가면 우리는 항상 우리를 향한 하나님의 뜻 가운데 살게 된다.

### 4장 · 하나님의 종으로 사는 것　59
우리가 종으로서 해야 할 일은 주님이 빚으시기 좋게 되는 것과 주님께 쓰임 받기 위해 그분의 손에 남아 있는 것이다.

# 하나님을 경험하는 삶

**5장 · 하나님을 경험하는 삶의 일곱 가지 실체**     71

하나님의 놀라운 능력이 우리를 통해서 역사하시는 것을 경험하기 원한다면, 우리는 믿음의 발을 내디뎌야 하고, 대대적인 조정을 통해 하나님이 우리에게 하라고 말씀하시는 모든 것에 순종해야만 한다.

**6장 · 하나님은 당신 주위에서 일하고 계신다**     87

하나님은 하나님 자신이 어디서 일하고 계신지를 우리에게 보여주심으로써 그분의 역사에 동참하라고 초청하신다.

**7장 · 하나님은 사랑의 관계를 추구하신다**     103

하나님은 사명을 주시기 전에 사랑의 관계로 초청하시며, 그분과의 사랑의 관계는 사실적이며, 개인적이며, 실제적이다.

**8장 · 하나님이 주도하신다**     125

하나님의 역사에 올바로 동참하기 위해서 우리는 우리 자신이 아닌 하나님의 계획, 목적 그리고 방법들에 초점을 맞춰야 한다.

**9장 · 하나님은 자신에게 참여하라고 초청하신다**     143

하나님이 하나님 자신의 일을 보여주시는 순간이 우리의 삶을 하나님께로 조정하기를 원하시는 때이다.

## 10장 · 하나님은 하나님 자신의 사람들에게 말씀하신다     161
하나님은 오늘날 성령님을 통해서 말씀하시며, 하나님이 말씀하실 때가 우리의
인생과 생각을 그분께로 조정할 시기이다.

## 11장 · 하나님은 하나님 자신과 자신의 목적과 길을 계시하신다     187
하나님은 우리에게 말씀하실 때 우리가 믿음을 가지고 그분을 의지하여 그분이
우리에게 주신 사명을 감당할 수 있도록 하나님 자신을 계시하신다.

## 12장 · 하나님은 성경을 통해서 말씀하신다     197
하나님은 성경 말씀을 통해서 이미 많은 메시지와 명령을 우리에게 주셨으며,
성경을 읽을 때 성령님이 하나님과 그분의 목적과 길을 우리에게 계시해 주신다.

## 13장 · 하나님은 기도를 통해서 말씀하신다     207
기도는 온 우주의 주인이신 하나님과의 상호교제로서, 우리와 하나님의 사랑의 관계를
가장 잘 나타내 주는 척도이다.

## 14장 · 하나님은 환경을 통해서 말씀하신다     223
하나님은 우리에게 그분이 인도하시는 방향을 가르쳐 주기 위해 환경을 사용하실
수 있으며, 우리는 환경을 이해하기 위해 하나님의 관점을 가져야 한다.

# 하나님을 경험하는 삶

### 15장 · 하나님은 교회를 통해서 말씀하신다    241
하나님은 교회의 지체들을 통해서 우리가 하나님 나라에서 어떤 사명을 가지고 있는지 말씀해 주신다.

### 16장 · 하나님의 초청은 믿음의 갈등을 초래한다    251
하나님을 따르는 일은 믿음과 행동을 요구한다. 우리가 어떤 반응을 보이느냐가 우리의 믿음을 드러낸다.

### 17장 · 하나님과의 연합은 획기적인 조정을 요구한다    275
우리의 길, 생각 그리고 목적에서 하나님의 뜻으로 옮겨가기 위해서는 항상 획기적인 조정이 요구된다.

### 18장 · 하나님과의 연합은 순종을 요구한다    291
획기적인 조정과 값비싼 순종은 하나님의 임재와 능력이 우리를 통해 나타나기 위한 전제 조건이다.

### 19장 · 하나님이 하나님 자신의 일을 성취하신다    311
하나님이 우리 안에서, 우리를 통해서 일하심을 경험할 때, 우리는 하나님을 보다 충만하게 알게 된다.

**닫는 글**    327

충성된 삶의 본을 보여 주신
부모님과 장인, 장모님
신실한 저의 반려자인 아내 마릴린
그리고 함께 하나님을 경험하는 삶을 살아온 자녀들
리처드, 토마스, 멜빈, 노먼 그리고 캐리에게
이 책을 바칩니다.

- 헨리 블랙가비

# 여는 글

## 하나님의 능력을 봄

1986년, 제가 처음 헨리 블랙가비를 만나 그가 가르치는 것을 들었을 때만 해도 하나님께서 그를 쓰시어 제 삶과 목회의 방향을 재정비하실 줄은 몰랐었습니다. 그리고 나서 지난 7년간 저는 제 인생에 있어서 가장 급격한 어떤 변화를 경험했습니다. 헨리는 저를 성경으로 인도했습니다. 그는 저로 하여금 능력의 하나님, 사랑의 하나님 그리고 개인적인 하나님을 경험하게 하고, 그 하나님과 함께 일하는 사람들을 성경에서 보게 했습니다. 또한 그들이 어떻게 하나님의 뜻을 알고 행하게 되었는지도 보게 했습니다. 마치 제 눈에서 비늘이 떨어져 나가는 것 같았습니다. 자기 백성과 함께 일하시려는 하나님의 계획은 아주 분명하고 확실했습니다. 왜 저는 이것을 이제야 깨달았을까요?

저는 하나님의 뜻을 찾는 방법을 지나치게 자주 시도했습니다. 하나님의 뜻을 알기 위해 일련의 단계를 따르고자 노력했었습니다. 그러나 계속되는 저의 기록은 무엇인가 잘못되었음을 암시했습니다. 저는 사역 가운데 공허, 혼돈, 좌절 그리고 불만족감을 느끼게 되었습니다.

헨리의 가르침은 저의 관심을 사로잡았습니다. 그는 우리가 하나님의 뜻을 찾지 않아도 된다고 했습니다. 그것은 이미 계시되었다고 했습니다. 하나님은 항상 주도권을 잡고 계십니다. 헨리는 평범한 사람과 교회가 어떻게 개인적으로 또 극적으로 심지어 기적적인 방법으로 역사하시는 하나님을 경험했는지 오늘날의 실례를 보여 주었습니다. 저는 바울이 한 말을 생각했습니다. "내 말과 내 전도함이 설득력 있는 지혜의 말로 하지 아니하고 다만 성령의 나타나심과 능력으로 하여 너희 믿음이 사람의 지혜에 있지 아니하고 다만 하나님의 능력에 있게 하려 하였노라"(고전 2:4-5). 이것이 제가 헨리의 가르침에서 얻은 것입니다. 그의 가르침은 단순하고 하나님께서 보여 주신 그 능력으로 말미암아 삶에 적용되는 성서적 메시지였습니다. 헨리는 언제나 하나님과 저의 관계를 주목하게 했습니다. 그것이 저를 통하여 일하시는 하나님의 능력을 경험하는 열쇠가 되었습니다.

저는 성경을 연구했습니다. 그리고 단지 이론이 아닌 경험을 통하여 하나님과 하나님의 방법을 가르쳐 달라고 기도했습니다. 제 삶은 신나는 모험으로 바뀌었습니다. 그러나 목회의 길은 그렇게 항상 감격적이지만은 않았습니다.

## 완전한 실패

1984년 신학교에 다니느라 아내와 저는 직장도 그만두고 조지아 주 귀네트 카운티(애틀랜타 근처)로 이사했습니다. 하나님께서 저를 "자비량" 교회 개척자로 부르셨음을 강하게 느꼈습니다. 자비량 교회 개척자란 세상 직업을 통하여 자신의 재정문제를 해결하고 무보수로 교회 개척을 돕는 사람을 말합니다. 저는 교회 개척과 성장에 관해서만 공부했습니다. 하나님을 위해 제가 일하려고 하는 위대한 꿈을 꾸고 있었습니다. 그 계획을 구상하는 데 18개월을 보냈습니다. 한 단계씩 그 계획을 실천해 나가기 시작했습니다.

6개월이 지난 후에도 저희의 세간살이들은 창고에 묶여 있었습니다. 실업률이 2퍼센트 정도로 낮았는데도 불구하고 저희는 직장이 없었습니다. 저축한 돈은 바닥이 났고 수표도 발행할 수 없는 상태에서 빚만 늘어갔습니다. 새 교회가 세워질 기미는 눈곱만큼도 보이지 않았습니다. 망연자실한 저희는 집으로 되돌아가 부모님과 함께 살았습니다. 최근까지도 저는 무엇이 잘못되었는지를 깨닫지 못했습니다.

### 자비량 교회 개척자의 소명은 변하지 않았다

저는 자비량 교회 개척자의 소명을 여전히 확신했습니다. 제게 주어진 유일한 직업은 남침례회 교회학교국의 편집자였습니다. 왜 하나님께서 수많은 개척교회가 필요한 이때에 저를 이곳 책상 뒤에다 묶어 놓으셨는지 이해할 수 없었습니다.

그때 저는 헨리를 만났습니다. 그는 저를 하나님을 알고 따르는 신선한 깨달음으로 이끌었습니다. 제가 속해 있던 지방회에 새 회장으로 제임스 파워즈가 임명되었습니다. 그는 2000년까지 8개의 교회를 개척해야 하는 부담을 갖고 있었습니다. 기도 후에 저는 지금이 자비량 교회 개척자로 자원할 기회임을 깨달았습니다. 지방회는 저에게 자원봉사할 기회를 베풀어주었습니다. 이번에는 저의 계획대로 하지 않으리라, 하나님을 위해 무엇을 하려는 저 스스로의 꿈을 꾸지 않겠다고 마음먹었습니다.

우리는 지방회에 속한 교회들에게 이 지역사회의 모든 사람들이 복음을 들어야 한다는 필요성을 주지시키기로 결정했습니다. 우리는 기존 교회가 전도하지 않는 부류의 사람들과 지역에서 어떻게 하면 개척교회들이 하나님의 쓰임을 받을 수 있는지를 나누었습니다. 우리는 하나님께서 새로운 교회를 시작하시기 위해 사용하실 수 있는 다양한 방법들을 모색했습니다. 그리고 나서 우리는 하나님께서 하시는 일에 동참하기 위해 하나님께서 어디서 일하시는지를 주지해서 보았습니다.

### 하나님께서 하셨다!

3개월 후 저는 교회 개척을 필요로 하는 14개의 지역과 모임 목록을 작성했습니다. 그 목록은 이렇게 작성되었습니다. 어떤 사람이 모임이나 예배 후 저를 세워놓고 "하나님께서 어디어디에 교회를 개척하기 원하는 열망을 저에게 주셨습니다" 또는 "이 지역에 사는 여러 사람들이 교회 개척의 필요성을 느끼고 있습니다"라고 말했던 것입니다. 2년이 지난 후 우리는 담임 목회자가 있는 6개의 개척 교회와 일곱 번째 개척 교회를 세우려는 계획하에 가정성경공부 모임을 갖게 되었습니다. 우리 지방회에 속한 교회들은 하나님께서 우리가 꿈꾸는 것보다 훨씬 더 위대한 계획을 갖고 계신 것을 발견했습니다.

하나님은 봉사하도록 사람들을 부르시고 그들에게 열망을 주셨습니다. 하나님은 교회들을 불러 새로운 사명의 후원자가 되게 하셨습니다. 우리는 그들에게 동기부여할 방법을 찾지 않아도 되었습니다. 그들은 하나님께서 하라고 하신 일들을 수행하도록 자신을 준비시켜 줄 것을 우리에게 요청하고 있었습니다. 성장의 열쇠는 한 개인이 아니었습니다. 어떤 한 교회도 아니었습니다. 하나님께서 그분의 백성을 통해서 하신 것입니다!

### 깨달음

하나님은 조지아에서 저의 계획대로 행하도록 하셨고, 그 결과 저는 여지없이 실패하고 말았습니다. 하나님은 제게 중요한 가르침을 주시기 원했고 저는 어려운 방법을 선택했던 것입니다. 제가 깨달은 것은 하나님께서 하나님 자신의 일을 어떤 방법으로 이루실 것인지에 대해서 제가 계획하거나 꿈꿀 수 없다는 것이었습니다. 저는 가장 중요한 것은 하나님과 저의 관계임을 깨달았습니다. 저는 하나님을 더욱 사랑하는 것, 더욱 신실하게 기도하는 것, 그분을 온전히 의지하는 것, 그리고 기대를 가지고 그분을 기다리는 것을 배웠습니다. 하나님께서 저를 쓰고자 하시면 저로 하여금 알게 하실 것입니다. 그 때 저는 필요한 준비를 하고 순종해야 하는 것입니다. 그때까지 저는 깨어 기도해야 합니다. 하나님의 때와 방법은 항상 최적이요, 최선입니다.

## 하나님을 경험하는 삶

1990년 출판된 「하나님을 경험하는 삶: 하나님의 뜻을 알고 행하는 길」 교재를 만들면서 저는 헨리와 함께 일하는 영광을 누렸습니다. 헨리와 저는 사람들이 하나님에 대해서 아는 것으로 만족하지 않고 하나님을 경험하도록 돕기를 원했습니다. 그것이 교재의 제목을 "하나님을 경험하는 삶"으로 정한 이유입니다. 이 교재의 집필 과정을 하나님이 인도해 주시도록 전국의 기도 용사들과 사역자들이 동원되었습니다.

우리는 그 일을 통해서 하나님이 무엇을 하시려는지 예측할 수 없었습니다. 우리는 기독교의 거의 모든 교파에서 소그룹으로 이 교재를 공부하고 있다는 소식을 듣기 시작했습니다. 크고 작은 교회들이 전 교회적으로 이 교재를 사용하고 있었습니다. 그들은 세계 전역의 친구 및 친척들에게 이 교재를 보내주고 있었습니다. 선교사 모임에서도 이 교재를 함께 공부한 뒤 그들이 경험한 영적 각성 및 새로워진 선교 소명에 대한 확신을 적어서 보내왔습니다. 교회들은 이 교재를 새신자 훈련에 사용했고 심지어는 교회 개척을 위해서도 사용했습니다.

우리에게 들려오는 가장 신나는 간증은 오래된 신자들의 다음과 같은 고백입니다.

- "이 진리를 40년 전에 알았었다면 얼마나 좋았을까요. 제 삶과 사역은 완전히 달랐을 것입니다."
- "지금이야말로 제게 있어 그리스도인으로서의 삶의 절정입니다. 저는 제가 하늘의 아버지와 이렇게 가깝고 개인적인 관계를 가질 수 있다는 사실을 전혀 알지 못했습니다."
- "이 교재를 시작한 뒤 제 인생과 마음에 지진과 같은 놀라운 변화가 일어났습니다."
- 「하나님을 경험하는 삶」을 공부하는 도중 하나님의 선교(혹은 사역) 소명을 감지하게 되었습니다. 그것이 하나님이 저를 선교전선으로 보내신 방법입니다."
- "저희 교회는 이제 종전의 교회가 아닙니다. 부활한 것입니다. 저희는 작년에만도 11가지 새로운 사역을 시작했습니다."

당신이 읽고 계신 이 책은 그 교재에서 나온 것입니다. 하나님이 인생과 교회 안에서 깊숙이 역사하고 계신 것을 목격했기 때문에 우리는 이 메시지를 다른 형식으로 엮어서 가능한 한 보다 많은 사람들에게 읽혀지기를 원했습니다. 내용을 재배열했을 뿐만 아니라 독자의 이해를 돕기 위해서 질문에 답을 하려 노력하였고, 자세한 설명과 실례를 덧붙였습니다. 이 책을 읽으신 후, 당신의 삶과 교회에 실제적인 적용을 위해서 「하나님을 경험하는 삶」 교재를 소그룹으로 공부하는 것도 좋을 것입니다.

## 새로운 믿음의 행진

1992년 여름, 헨리는 "기도와 영적 각성부"와 함께 새로운 교재를 계발하지 않겠느냐고 저에게 물었습니다. 그것은 「하나님과의 신선한 만남: 영적 각성과 부흥의 길」(요단)이라는 교재였습니다. 저는 기도하면서 제가 헨리와 함께 일하기를 하나님께서 원하신다는 것을 감지했습니다. 그래서 동의했습니다.

그러나 그 이야기를 들었을 때 저는 그 일이 빨리 이루어져야 한다는 긴박감을 느꼈습니다. 남침례회 교회학교국에서의 과다한 업무를 생각할 때, 여유시간을 활용해서 제가 그 일을 한다는 것이 불가능해 보였습니다.

2년 전, 하나님은 제가 보다 온전히 하나님께 헌신하기 위해서 직장의 책임에서 자유로워질 때가 올 것이라는 확신을 말씀을 통해서 주셨습니다. 저는 하나님께 기도하기 시작했습니다. 지금이 바로 직장을 그만두고 믿음의 한발을 내딛어야 하는 순간인지 물었습니다. 저는 제 영적인 표징들을 열거해 보았습니다. 그리고 다른 동료 그리스도인들의 조언을 구했습니다.

근로자의 날이 있던 그 주말, 하나님은 제게 이 새로운 과제를 위해 직장에 사표를 내고 그분과 함께 믿음의 행진을 시작하라는 확신을 주셨습니다. 재정적 지원이 보이지 않는 가운데 우리 식구들은 이 하나님과의 모험에 동참했습니다. 헨리의 추천에 따라 저는 선교봉사 자원자가 되어 자원 작가 겸 자문가로 그의 사무실에 배치되었습니다.

사직서를 제출하고 짐을 챙기고 있는데 "평신도 부흥 사역부"에서 전화가 걸려왔습니다. 그들은 텍사스에서 비영리 단체를 조직한 사람들이었습니다. 이들은 평신도 부흥에 관여하고 있었고, 과거에 선교봉사 자원자 한 명을 후원한 바 있었습니다. 각 디렉터들이 「하나님을 경험하는 삶」을 공부했고, 이 도구를 사용하여서 하나님이 가져오시는 부흥을 목격했습니다. 그들은 "「하나님과의 신선한 만남」을 쓰기 위해 교회학교국을 사임하신다는 소식을 들었습니다. 기도하면서 우리가 당신을 채용하는 것이 하나님의 뜻임을 확인했습니다"라고 말했습니다.

그들은 저를 전무이사로 채용했고 헨리의 사무실에서 영적 부흥의 촉매 역할을 감당하게 했습니다. 그들은 봉급을 결정한 뒤 "우리가 재정적인 것은 책임지겠습니다. 당신은 하나님이 당신에게 하라고 하시는 일을 하십시오"라고 말했습니다. 하나님은 우리의 모든 필요를 채우셨습니다!

「하나님과의 신선한 만남」이 교단의 기관을 통해서 개발되었다면 적어도 5년이라는 기간이 걸렸을 것입니다. 그러나 하나님은 다른 사람들에게도 우리와 동일한 긴박감을 불어넣으셨고 여러 사람을 사용하셔서 8개월 만에 「하나님과의 신선한 만남」을 완성시키셨습니다. 우리는 하나님이 우리 중 어느 누구도 상상치 못한 위대한 일을 계획하고 계시다는 것을 깨닫기 시작했습니다.

그 일 년 동안, 우리는 강도가 점점 짙어지는, 영적 부흥을 갈망하는, 하나님의 사람들의 유례 없는 부르짖음을 들었습니다. 지금도 하나님은 이 도구들을 사용하셔서 목회자들과 교회들이 하나님께로 돌아와서 부흥을 경험하게 하고 계십니다. 헨리와 저는 하나님이 그분의 목적을 이루기 위해서 이 세상에서 하신 일, 하고 계신 일을 보고 경외심을 갖고 서 있을 따름입니다.

## 나의 기도

하나님은 사람들을 하나님 자신에게로 이끄시기 위해 역사상 유례없는 엄청난 능력으로 오늘날 세상에서 일하고 계십니다. 그분은 자신의 독생자 예수 그리스도를 영화롭게 하시려고 자신의 백성을 깨끗하게 하십니다. 그분은 복음의 메시지를 막는 장벽을 허무시고 전례에 없이 많은 사람들을 사명의 길로 부르고 계십니다. 그분은 하나님을 경외하는 지도자들과 사역자들을 세우셔서 그분의 백성과 잃어버린 세상을 향해 외치게 하십니다. 하나님은 위대한 은혜의 사역을 위해 우리 세대에 그분의 능력을 정렬하고 계십니다.

저는 하나님께서 하나님의 나라를 위해, 이 책을 통해서 당신의 삶에 깊이 개입하시고 놀라운 변화를 일으키시기를 기대합니다. 당신의 삶에 있어서 하나님의 역사하심은 당신의 어떠한 계획이나 꿈보다 훨씬 낫습니다. 하나님께서 당신의 삶과 사역을 넘치는 기쁨으로 이끄시고 이루실 것입니다. 하나님은 세상을 향한 그분의 사역에 동참하라고 당신을 초청하실 것입니다. 이 책을 읽는 동안 당신이 그분께 민감하게 반응하기를 간절히 기도합니다.

살아계신 우리 주, 예수 그리스도를 통한 하나님의 은혜와 기쁨 그리고 평강이 당신의 것이 되길 기도합니다. 하나님께 영광이 이제로부터 영원하시기를.

클라우드 킹

클라우드 킹과 헨리 블랙가비는 책과 교재 집필 및 계발을 위해 긴밀하게 함께 일해왔습니다. 「하나님을 경험하는 삶」에 나오는 성서적 이해 및 실례들은 헨리의 개인적인 경험에 전적으로 의존하고 있기 때문에, 다음의 내용은 헨리가 마치 당신의 개인적인 상담자 역할을 하는 형식으로 쓰여져 있습니다. 이런 일인칭 접근 방법은 이 책이 당신만을 위한 따뜻하고 개인적인 메시지로 전달되도록 채택된 형식입니다(편집자 주).

# 서 론

당신은 하나님의 뜻을 알고 그 뜻을 행하고 싶어 해본 적이 있습니까? 예수님을 구주와 주인으로 영접한 사람들은, 잃어버린 세상을 하나님과 화목하게 하는 그분의 사명에 동참한 사람들입니다. 하나님은 당신에게 그분의 충성된 종이 되기를 원하는 마음을 주십니다. 그러나 하나님은 당신이 그분을 위해 무언가를 하는 수준보다 훨씬 더 큰 것을 계획하고 계십니다. 하나님은 당신이 그분과 친밀하고, 실제적이고, 개인적인 관계를 경험하기 원하십니다. 예수님은 "영생은 곧 유일하신 참 하나님과 그가 보내신 자 예수 그리스도를 아는 것이니이다"(요 17:3)라고 말씀하셨습니다.

영생과 이 공부의 핵심은 당신이 하나님을 아는 것과 그가 보내신 예수님을 아는 것입니다. 하나님을 아는 것은 어떤 프로그램이나 방법을 통해 얻는 것이 아닙니다. 그것은 어떤 한 인격체와의 관계입니다. 그것은 하나님과의 친밀한 사랑의 관계입니다. 이 관계를 통해서 하나님께서는 하나님 자신과 자신의 목적과 길을 밝히고 또한 당신을 자신이 이미 하고 계신 역사 가운데로 초청하십니다. 당신이 순종할 때, 하나님은 그분만이 하실 수 있는 어떤 일을 당신을 사용해서 이루십니다. 그때 당신은 당신을 통해서 일하시는 하나님을 경험함으로 그분을 좀더 친밀하게 만날 수 있습니다.

저는 당신과 하나님의 관계가 영생을 가장 풍성하게 경험하는 그런 관계로 옮겨가도록 돕고 싶습니다. 예수님은 말씀하셨습니다. "…내가 온 것은 양으로 생명을 얻게 하고 더 풍성히 얻게 하려는 것이라"(요 10:10). 한 번 그 풍성한 삶을 경험하고 싶지 않습니까? 하나님이 사랑의 관계를 맺자고 당신을 부르실 때 응한다면 얼마든지 경험할 수 있습니다.

## 예수님과의 관계 – 필수 조건

이 책을 쓰면서 저는 당신이 이미 예수 그리스도를 구주로 영접하고 그분을 당신 삶의 주인으로 시인했다고 가정할 것입니다. 만일 당신이 인생에서 가장 중요한 이 결정을 내리지 않은 상태라면, 이 책은 당신에게 별 의미를 주지 못할 것입니다. 영적인 것은 오직 하나님의 영이 있는 사람이라야만 깨달을 수 있기 때문입니다. "육에 속한 사람은 하나님의 성령의 일들을 받지 아니하나니 이는 그것들이 그에게는 어리석게 보임이요, 또 그는 그것들을 알 수도 없나니 그러한 일은 영적으로 분별되기 때문이라"(고전 2:14).

당신이 예수님을 구주와 주인으로 영접해야 할 필요를 느낀다면, 바로 지금 이 순간 하나님과 이 문제를 해결하십시오. 당신이 다음의 성경구절들을 읽을 때 하나님께서 당신에게 말씀해 주시길 기도하십시오.

- 로마서 3:23 — 모든 사람이 죄를 범함
- 로마서 6:23 — 영생은 하나님의 선물임

- 로마서 5:8 — 사랑하시므로, 예수님이 당신의 죄값을 치르시려고 십자가에서 죽으심
- 로마서 10:9-10 — 예수님을 주인으로 시인하고 하나님이 그를 부활하게 하신 것을 믿음
- 로마서 10:13 — 하나님께 당신을 구원해 달라고 기도하면 구원해 주심

예수님을 믿고 그가 주시는 영생의 선물을 받기 위해 당신이 해야 할 일은 다음과 같습니다.
- 하나님이 그분과의 사랑의 관계를 위해 당신을 창조하셨다는 사실을 인지하십시오. 그분은 당신이 전 존재를 바쳐 그분을 사랑하기를 원하십니다.
- 죄인이기 때문에 당신은 스스로를 구원할 수 없다는 사실을 인식하십시오.
- 예수님이 당신의 죄 때문에 십자가 상에서 죽으심으로 죄값을 치르셨고 죽음을 이기시고 부활하셨다는 사실을 믿으십시오.
- 당신을 하나님으로부터 분리시키는 죄를 고백(하나님과 동의)하십시오.
- 회개하십시오(죄로부터 돌이켜 하나님께로 삶의 방향을 바꾸십시오).
- 예수님께 그분의 은혜(우리는 받을 권리가 전혀 없는)로 당신을 구원해 달라고 기도하십시오.
- 인생의 주권을 예수님께 드리고 그분이 당신 삶의 주인이 되게 하십시오.

도움이 필요하면 교회 목사님, 집사님 혹은 그리스도인 친구에게 도움을 청하십시오. 이 중대한 결정을 스스로 내렸다면 누구에게든지 전화해서 하나님께서 하신 이 놀랍고 기쁜 소식을 함께 나누십시오. 그리고 당신의 결단을 교회 성도들과도 나누시기 바랍니다.

## 당신은 지금까지 하나님을 경험한 것에서 무언가를 더 찾고 있지 않는가?

당신은 어쩌면 신앙생활을 하는 가운데 하나님께서 당신이 경험하고 있는 것보다 더 풍성한 삶을 준비해 놓으신 것을 알기 때문에 좌절감을 느꼈을지도 모릅니다. 또는 당신의 삶과 사역에 있어 하나님의 인도하심을 간절하게 바라고 있을 수도 있습니다. 당신의 인생 행로에는 커다란 비극이 있었을 수도 있습니다. 인생의 고비에서 당황하고 있을 때 당신은 어쩔 줄 모를 것입니다. 당신의 현재 상황이 어떻든 간에, 저의 간절한 기도는, 이 책을 읽으면서 당신이 다음의 것들을 할 수 있게 되는 것입니다.

- 하나님이 당신에게 말씀하고 계실 때 들음
- 당신의 삶 가운데 일어나는 하나님의 역사를 분명히 인지함
- 하나님이 약속하시는 모든 것이 그대로 이루어질 것을 확신함
- 당신의 신조와 성품과 행동이 주님께 그리고 그의 뜻에 따라 조정됨
- 하나님이 당신에게 주시는 삶의 방향과 하나님이 당신의 삶을 통해 하시고자 하는 것이 무엇인지를 깨달음
- 하나님이 당신의 삶에서 하고 계신 일에 대한 반응으로 당신이 무엇을 해야 하는지를 바로 앎
- 오직 하나님만이 하실 수 있는 일을 당신을 통해 하고 계시는 하나님을 경험함

이런 일들은 제가 할 수 있는 것도, 이 책이 당신을 위해 해줄 수 있는 것도 아닙니다. 이런 일들은 오직 하나님만이 당신의 삶을 통해 하실 수 있는 일입니다. 저는 안내자 겸 격려자로 당신이 하나님과 더욱 깊은 교제를 나누며 동행하게 되는 데 촉매역할을 할 수 있기 원합니다. 저는 하나님께서 제 삶과 사역 안에서 보여 주신 성경적 원리를 당신과 나누게 될

것입니다. 또한 하나님의 사람들이 성경적 원리를 따라 하나님을 따르는 삶을 살았기 때문에 하나님께서 하신 많은 놀라운 일들을 경험하게 된 사건들도 나누게 될 것입니다. 이 책을 읽는 동안 저는 당신 스스로 하나님과 상호 교제하도록 초청할 것입니다. 그래야 하나님께서 당신에게 이 원리들을 어떻게 당신의 삶과 사역 그리고 교회에 적용시킬 것인지를 알려 주실 수 있습니다. 하나님과의 상호 교제를 위해서는 시간이 필요합니다. 읽다가 기도하기 위해 잠깐씩 멈추십시오. 하나님이 당신에게 말씀하시고, 인도해 주시도록 또는 당신이 어떤 반응을 하기 원하시는지 그분의 소원을 계시해 주시도록 기도하십시오.

### 당신의 선생님

예수님은 이렇게 말씀하셨습니다. "보혜사 곧 아버지께서 내 이름으로 보내실 성령 그가 너희에게 모든 것을 가르치고 내가 너희에게 말한 모든 것을 생각나게 하리라"(요 14:26). 성령님께서 당신의 개인적인 선생님이 되어 주실 것입니다. 그분이 하나님의 뜻에 따라서 성경적 원리를 당신의 삶에 어떻게 적용시켜야 하는지 가르쳐 주실 것입니다. 그분은 하나님과 하나님 자신의 목적과 길을 당신에게 알려 주시는 일을 하십니다. 예수님은 "사람이 하나님의 뜻을 행하려 하면 이 교훈이 하나님께로부터 왔는지 내가 스스로 말함인지 알리라"(요 7:17)고 말씀하셨습니다.

이 교훈은 이 책에서도 적용이 될 것입니다. 당신 안에서 행하시는 성령께서 친히 성경의 진리를 당신의 마음속에 확인시켜 주실 것입니다. 제가 성경적 원리를 소개할 때, 당신은 성령님께 의지하여 제가 가르치는 것이 과연 하나님으로부터 오는 것인지 분별할 수 있을 것입니다. 그러므로 이 책을 읽는 동안 하나님이 당신의 인생에서 무엇을 하기 원하시는지, 이 진리들을 어떻게 당신의 삶에 적용할 것인지를 알기 위해서는 하나님과 친밀하게 교제하고 묵상하며 말씀을 공부하는 것이 빠져서는 안되는 부분입니다.

### 당신의 권위의 원천

성경은 하나님이 당신에게 주시는 말씀입니다. 성령님은 당신에게 말씀하실 때 하나님의 말씀을 존중하며 또한 사용하십니다. 성경이 당신의 믿음과 실생활에 있어서 권위의 원천이어야 합니다. 당신은 관습(전통)이나 당신의 체험, 혹은 다른 사람들의 체험 등을 하나님의 뜻과 길을 찾는 데 적절한 권위로 신뢰할 수는 없습니다. 체험과 관습이 성경의 가르침에 비추어서 옳은지를 항상 시험해 봐야 합니다.

무슨 일이든지 당신의 삶에 의미 있는 일이 생기면 그것은 하나님께서 당신의 삶에 개입하신 결과입니다. 하나님은 당신의 삶에 당신이나 제가 상상할 수도 없는 지대한 관심을 가지고 계십니다. 성령님이 "우리 가운데서 역사하시는 능력대로 우리가 구하거나 생각하는 모든 것에 더 넘치도록 능히 하실 이(우주의 하나님)"(엡 3:20)와의 친밀한 관계로 당신을 이끄시도록 기도하십시오. 책의 서두에서 이렇게 기도하지 않으시겠습니까? "하나님, 주님께 완전히 항복합니다. 제 인생을 받으셔서 인도해 주시고 당신이 기뻐하시는 대로 저를 지도해 주세요." 이미 당신 안에 착한 일을 시작하신 하나님이 그 일을 그분의 시간에 이루시기를 저도 기도합니다!

# 1장 경험으로 하나님을 아는 것

> 영생은 곧 유일하신 참 하나님과
> 그가 보내신 자 예수 그리스도를 아는 것이니이다
> 요한복음 17:3

　예수님은 영생이란 하나님을 아는 것 그리고 하나님의 아들 예수 그리스도를 아는 것이라고 하셨습니다. 예수님은 하나님에 "대해서" 아는 것이 영생이라고 하지 않으셨습니다. 성경을 보면, 하나님을 아는 지식은 경험을 통해서 옵니다. 우리는 우리의 인생에서 그리고 주변에서 하나님을 경험함으로써 그분을 알게 됩니다.

　당신은 하나님에 대해서 아는 것만으로는 결코 만족하지 못할 것입니다. 하나님을 아는 것은 오직 하나님이 하나님 자신을 당신에게 계시하심을 통한 경험으로만 가능합니다. 성경에서 하나님은 사람들이 하나님 자신을 경험적으로 알도록 자신을 계시하시는 일을 주도하셨습니다. 종종 하나님이 한 사람에게 하나님 자신을 계시하실 때, 그 사람은 하나님에게 새로운 이름을 붙이거나 색다른 방법으로 하나님을 표현했습니다.

　히브리 사람들에게 있어서, 어떤 사람의 이름은 그 사람의 성격이나 본질을 나타내는 것이었습니다. 이러한 이유로 우리는 성경상의 인물이 하나님을 경험한 사건 뒤에 하나님에게 새로운 이름이나 칭호를 붙이는 경우를 종종 보게 됩니다. 하나님을 이름으로 아는 것은 하나님의 임재하심을 개인적으로 경험하는 것을 요구합니다.

성경에서의 하나님의 이름과 칭호와 표현은 성경에 등장하는 인물들이 어떻게 하나님을 개인적으로 알게 되었는지를 우리에게 분명히 가르쳐 줍니다. 성경말씀은 하나님이 인간에게 하나님 자신을 계시하신 기록입니다. 하나님의 이름 하나하나가 그 계시의 일부분입니다.

### 여호와 이레

창세기 22:1-18을 보면, 하나님은 아브라함이 한 민족의 아버지가 되도록 그의 성품을 계발시키는 과정을 밟으셨습니다. 하나님은 아브라함에게 그의 언약의 아들인 이삭을 희생제사로 바치라고 요구하심으로써 아브라함의 믿음과 순종을 시험하셨습니다. 이것은 아브라함을 믿음의 갈등으로 몰아넣었습니다. 그는 하나님에 대해서 자신이 정말 무엇을 믿고 있는지를 결정해야만 했습니다. 그때까지 아브라함은 "전능자 하나님"을 경험을 통해 알고 있었습니다. 하나님은 아브라함과 사라가 임신할 수 있는 인간적 가능성이 완전히 배제된 상태에서 아들을 주신 분이었습니다.

지금 하나님은 아브라함이 믿음의 한 발을 내딛기를 촉구하고 계셨습니다. 제사를 드리기 위해 산으로 향하는 도중 이삭이 아브라함에게 물었습니다. "번제할 어린 양은 어디 있나이까?"(7절). 이 순간, 이삭이 제물이 될 것임을 아는 아브라함의 마음이 어땠을지를 상상하실 수 있겠습니까?

"아브라함이 이르되 내 아들아 번제할 어린 양은 하나님이 자기를 위하여 친히 준비하시리라"(8절). 아브라함은 하나님이 준비해 주신다는 믿음에 의거해서 자기의 삶을 조정했고 행동으로 옮겼습니다. 그는 하나님께 순종한 것입니다. 하나님은 아브라함의 믿음과 순종을 보시고 이삭을 바치려는 아브라함을 제지하셨습니다. 그리고 대신 숫양을 준비해 주셨습니다. 아브라함은 자기가 방금 경험으로 알게 된 하나님을 따라 그 장소의 이름을 지었습니다. 그는 그곳을 "여호와 이레", 즉 "하나님이 공급하신다"라고 지었습니다. 여호와 이레라는 단어가 성경에서 최초로 이곳에서 등장합니다. 아브라함은 여호와 이레의 하나님을 경험을 통해서 그날 친밀하게 알게 되었습니다.

이것은 또한 우리가 하나님을 알게 되는 방법입니다. 하나님은 우리 인생에서 하나님이 일하시는 것을 경험하게 하심으로써 하나님 자신을 우리에게 계시하십니다. 아브라함의 이야기를 읽으며 우리는 여호와 이레의 하나님에 대해서 알 수 있습니다. 그러나 하나님이 우리 인생에서 무언가를 공급해 주시는 것을 경험할 때 우리는 여호와 이레의 하나님을 진정으로 알게 됩니다.

저는 캐나다 서스캐처원 주, 새스커툰에서 페이스 침례교회를 12년간 담임했습니다. 첫 지교회를 개척하면서 잭 코너 목사님을 지교회 담임목회자로 초빙하였습니다. 그러나 우리에게는 그분에게 이사비용이나 사례비로 드릴 돈이 없었습니다. 코너 목사님에게는 학교 다니는 세 아이가 있었기 때문에, 우리는 적어도 한 달에 850달러 정도를 드려야 한다고 생각했습니다. 우리는 하나님께 그분의 이사비용과 생활비를 채워달라고 기도하기 시작했습니다.

저는 한 번도 그런 식으로 우리 교회를 인도해 본 적이 없었습니다. 우리는 하나님이 프린스 알버트에 있는 우리 지교회의 목회자로 코너 목사님을 보내셨다고 믿고 믿음의 발걸음을 한 발짝 내디딘 것입니다. 캘리포니아에 있는 몇몇 아는 사람을 제외하고는 우리를 재정적으로 도와줄 만한 사람을 저는 아무도 알고 있지 못했습니다. 저는 제 자신에게 물었습니다. "세상에 도대체 하나님께서 무슨 수로 이 필요를 채워주신단 말인가?" 그 후 저는 서광이 비치는 것을 느꼈습니다. 하나님이 저의 처지를 알고 계시는 한 이 세상의 어떤 사람들에게든지 제 처지를 알리실 수 있다는 사실을 깨달은 것입니다. 하나님이 저의 필요를 알고 계신 이상, 하나님이 선택하신 그 누구의 마음에 저의 필요를 알려주실 것이었습니다.

코너 목사님은 이민국의 허가를 받았고, 하나님이 자기를 부르셨다는 확고한 믿음으로 이사를 했습니다. 그때 저는 아칸소 주에 있는 파얏트빌 제일 침례교회로부터 편지 한 통을 받았습니다. 그분들은 편지에 이렇게 썼습니다. "하나님께서 우리 교회 선교예산의 1퍼센트를 서스캐처원 선교에 쓰라고 저희 마음에 말씀해 주셨습니다. 동봉하는 돈은 여러분의 교회에서 알아서 써주십시오." 도대체 저는 어떻게 그 교회와 우리 교회가 연결이 되었는지 알지 못했습니다. 그러나 바로 그때 1,100달러짜리 수표가 도착한 것입니다.

어느 날 저는 집에서 전화를 받았습니다. 어떤 분이 1년 동안 매달 코너 목사님의 사례비로 850달러를 서약하신 것입니다. 제가 그 전화를 끊자마자, 코너 목사님이 저희 집에 도착했습니다.

"코너 목사님, 이사비용이 얼마나 드셨습니까?"

"잘 계산해 봐야 알겠지만 제 생각엔 1,100달러 정도 든 것 같습니다."

우리의 필요를 아시는 하나님은 세상의 어떤 사람이든 감동시키셔서 우리의 처지를 알려 주실 수 있는 분이라는 믿음으로 우리는 믿음의 첫발을 내디뎠던 것입니다. 우리는 하나님이 원하시는 대로 조정했고 순종했습니다. 우리는 코너 목사님을 부르신 하나님이 또한 그에게 "내가 너의 필요를 채워주는 자다"라고 말씀하셨음을 믿습니다. 우리가 순종할 때, 하나님은 하나님 자신이 우리의 필요를 채워주는 자이심을 보여 주셨습니다. 그 경험은 모든 것을 충만하게 채우시는 하나님과의 더 깊은 사랑의 관계로 우리를 인도하였습니다.

### 여호와 닛시

하나님을 "여호와 닛시", 즉 "여호와는 나의 깃발이시다"라고 표현하는 성경의 또 다른 예를 들어보겠습니다. 여호수아와 이스라엘 민족이 아말렉 족속과 싸우고 있었습니다. 모세는 가까운 산꼭대기에서 이 싸움을 지켜보고 있었습니다. 그가 하나님을 향하여 손을 들고 있을 때는 이스라엘이 이겼습니다. 그가 손을 내리면 지기 시작했습니다. 하나님은 그날 이스라엘을 통해서 아말렉 족속을 물리치셨습니다. 모세는 그곳에 단을 쌓고 "여호와 닛시"라고 이름했습니다. 깃발이란 보통 군대 앞에서 그 군대가 누구를 대표하는지 알려주는 역할을 하는 것입니다. "여호와 닛시"는 우리는 하나님의 사람들이다 하고 말하는 것입니다. 하나님이 우리의 주인이라고 말하는 것입니다. 모세의 들려진 손은 이 싸움은 하나님께 속했으며 이스라엘도 하나님께 속했다는 것을 나타냄으로써 계속적으로 하나님께 영광을 돌렸습니다. 자신들은 하나님의 사람들이며 여호와는 그들의 깃발이라는 사실을 새롭게 깨달음으로써 이스라엘 민족은 하나님을 좀더 확실히 알게 되었습니다(출 17:8-15을 읽으십시오).

### 나는 스스로 있는 자니라

모세도 하나님이 하나님 자신의 이름을 개인적으로 계시하심을 경험했습니다. 모세가 불붙는 떨기나무 앞에 있을 때, 그는 하나님께 이렇게 물었습니다. "내가 이스라엘 자손에게 가서 이르기를 너희 조상의 하나님이 나를 너희에게 보내셨다 하면 그들이 내게 묻기를 그의 이름이 무엇이냐 하리니 내가 무엇이라고 그들에게 말하리이까"(출 3:13).

하나님이 대답하시기를 "나는 스스로 있는 자이니라 또 이르시되 너는 이스라엘 자손에게 이같이 이르기를 스스로 있는 자가 나를 너희에게 보내셨다 하라"(출 3:14)고 하셨습니다. "나는 스스로 있는 자이니라"고 하셨을 때 하나님은 "내가 바로 영원한 자요, 미래에도 나 그대로 있는 자니라"(I am the Eternal One. I will be what I will be)고 말씀하신 것입니다. 하나님은 "나는 네가 필요로 하는 전부이니라"고 하신 것입니다. 모세는 그 후 40년 동안, 여호와 즉 야훼, 위대한 스스로 계신 자로서의 하나님을 경험적으로 알게 되었습니다.

### 관계성 - 그냥 이름이 아님

하나님은 목적을 가지고 하나님 자신을 계시하십니다. 하나님은 당신을 그분과의 사랑의 관계를 위해서 창조하셨습니다. 그분이 당신에게 자신을 계시하시는 것은, 당신이 그분을 경험적으로 알기를 허락하시는 것입니다. 때때로 그 계시는 당신을 향한 하나님의 사랑의 표현입니다. 예수님은 "나의 계명을 지키는 자라야 나를 사랑하는 자니 나를 사랑하는 자는 내 아버지께 사랑을 받을 것이요 나도 그를 사랑하여 그에게 나를 나타내리라"(요 14:21)고 말씀했습니다.

당신이 하나님과 사랑의 관계를 계속 맺는다면, 당신은 경험을 통해 하나님을 알게 됩니다. 하나님은 당신의 삶 가운데 그리고 주변에서 일하십니다. 예를 들어, 당신이 애통이나 슬픔 중에 위로하시는 하나님을 경험하지 못했다면 하나님을 "위로자"로는 알 수 없을 것입니다. 하나님이 하나님 자신을 드러내실 때 당신은 하나님을 경험으로 알게 됩니다. 하나님을 경험하는 대로 당신은 하나님을 알게 됩니다. 이것이 우리가 이 책의 제목을 「하나님을 경험하는 삶」이라고 붙인 이유입니다. 우리의 바람은 당신이 하나님을 개인적 차원에서 보다 크신 분으로 경험하도록 돕는 것입니다.

히브리인들의 이름은 그 사람의 성격, 본질을 표현합니다. 그리고 이름은 그 사람과 그 사람의 임재와 밀접한 관계를 갖고 있습니다. 그러므로 어떤 사람의 이름을 부르는 것은 그 사람의 임재를 구하는 것입니다. 하나님의 이름은 장엄하고 우리의 찬양을 받으시기에 합당합니다. 하나님의 이름을 고백하는 것은 하나님을 그분 그대로 인정하는 것입니다. 그분의 이름을 부르는 것은 당신이 그분의 임재를 구하고 있다는 표시입니다. 그분의 이름을 찬양한다는 것은 곧 그분을 찬양하는 것입니다. 성경에 있는 하나님의 이름들은 당신으로 하여금 하나님을 예배하라는 부르심이 될 수 있습니다. 시편 기자는 이렇게 말합니다. "즐겁게 소리칠 줄 아는 백성은 복이 있나니 여호와여 그들이 주의 얼굴 빛 안에서 다니리로다 그들은 종일 주의 이름 때문에 기뻐하며 주의 공의로 말미암아 높아지오니"(시 89:15-16).

오늘 하루 하나님의 이름을 통해서 하나님을 예배할 시간을 마련해 보십시오. 관심의 초점을 그분의 이름에 맞추는 것은 그 이름을 가지신 하나님께 관심의 초점을 맞추는 것입니다. 그분의 이름은 그분의 임재를 나타냅니다. 예배하는 것은 하나님을 영화롭게 해드리는 것이며, 경배하는 것이며, 당신의 경배를 받기에 합당하신 분이라는 것을 시인하는 것입니다.

 요약

성경에 나오는 하나님의 이름들은 하나님의 본질, 활동 혹은 성품을 계시합니다. 하나님이 주도적으로 하나님 자신을 계시해 주실 때 당신은 하나님을 경험으로 알게 됩니다. 하나님을 경험하면서 당신은 하나님을 보다 친밀하고 개인적으로 알게 됩니다. 그분을 알게 됨에 따라 당신은 경배와 감사와 예배를 하나님께 드리기 원하게 될 것입니다. 예배의 방법 중 하나는 그분의 이름을 시인함으로써 경배하는 것입니다. 당신의 삶의 경험을 통해 하나님이 하나님 자신

에 대한 보다 깊은 지식을 당신에게 주시는 방법들을 잘 살펴보십시오. 그리고 그분을 알게 되면 하나님을 예배하는 데 시간을 투자하십시오.

 **오늘의 하나님을 경험하는 삶**

다음의 목록을 보고 당신이 하나님을 경험으로 혹은 이름으로 알게 된 방법들을 생각해 보십시오. 이름을 보고 그 이름에 관련된 경험을 떠올려 보십시오. 완벽한 목록이 부록으로 첨부되어 있습니다. 하나님의 이름을 통해서 그분을 예배하는 데 시간을 할애하십시오. 당신에게 자신을 계시해 주시는 하나님께 감사를 드리십시오.

나의 증인(욥 16:19)
생명의 떡(요 6:35)
위로자(렘 8:18)
의로우신 재판장(딤후 4:8)
만주의 주(딤전 6:15)
우리 생명(골 3:4)
생명의 빛(요 8:12)
만왕의 왕(딤전 6:15)
추수하는 주인(마 9:38)
중보자(딤전 2:5)
우리의 화평(엡 2:14)
평강의 왕(사 9:6)
나의 구속자(시 19:14)

큰 대제사장(히 4:14)
네 가운데 있는 거룩한 이(호 11:9)
나의 소망(시 71:5)
기묘자, 모사(사 9:6)
과부의 재판장(시 68:5)
내 구원의 능력(시 140:7)
충신과 진실(계 19:11)
우리 아버지(사 64:8)
소멸하는 불(신 4:24)
견고한 기촛돌(사 28:16)
나의 친구(욥 16:20)
전능한 하나님(창 17:1)
모든 위로의 하나님(고후 1:3)

피난처, 힘(시 46:1)

나의 구원(출 15:2)

나의 구원의 하나님(시 51:14)

인도하시는 하나님(시 48:14)

우리의 머리(대하 13:12)

교회의 머리(엡 5:23)

우리의 도움(시 33:20)

나의 은신처(시 32:7)

나를 위하여 보복해 주시는 하나님(시 18:47)

그가 나타나 도우심(시 42:5)

선한 목자(요 10:11)

주재(눅 2:29)

나의 요새(시 18:2)

나의 의지(삼하 22:19)

선한 선생님(막 10:17)

## 2장 하나님의 본질을 아는 것

사랑하는 자들아 우리가 서로 사랑하자
사랑은 하나님께 속한 것이니
사랑하는 자마다 하나님으로부터 나서 하나님을 알고
사랑하지 아니하는 자는 하나님을 알지 못하나니
이는 하나님은 사랑이심이라
요한일서 4:7-8

제 아이들 중 한 녀석은 자기 맘대로 해주지 않으면, "아빠는 나를 사랑하지 않지요?"라고 말하곤 했습니다. 그게 사실입니까? 아니지요. 제 사랑엔 변함이 없습니다. 단지 그 아이에 대한 저의 사랑이 그 아이가 원하는 방법과는 다르게 표현되었을 뿐입니다.

저의 외동딸 캐리가 열여섯 살 때, 암에 걸려 화학요법과 방사선치료를 받았습니다. 저희는 캐리가 치료과정 중 고통받는 것을 보면서 함께 아파했습니다.

어떤 사람들은 그와 같은 경험을 할 때 왜 하나님이 더 이상 사랑해 주시지 않느냐고 불평을 합니다. 캐리의 투병은 저희에게 절망적인 경험일 수도 있었습니다. 하나님은 저희를 아직도 사랑하고 계셨습니까? 그렇습니다. 그분의 사랑이 변했습니까? 아니지요, 그분의 사랑은 변치 않았습니다.

이런 상황에 처했을 때, 당신은 무슨 일이 일어나고 있는지 알려주시기를 하나님께 청할 수 있습니다. 저희는 그렇게 했습니다. 저희는 저희가 무엇을 해야 할지를 하나님께 여쭈어 보았습니다. 저희는 이와 같이 모든 종류의 질문을 했지만, "주님, 당신은 아마 저를 사랑하지 않으시는가 보군요"라고 말한 적은 없었습니다.

때때로 저는 하나님 앞에 나아가서 딸아이 뒤에 있는 십자가를 보았습니다. "아버지, 환경 때문에 하나님의 사랑을 의심하지 않도록 도와주십시오. 저를 향한 당신의 사랑은 십자가에서 이미 다 해결되었습니다. 저에게 그 사실은 변하지 않았고 또한 변하지 않을 것입니다." 하나님 아버지와의 사랑의 관계가 어려운 고비를 넘기도록 저희를 지켜주었습니다.[1]

하나님은 사랑의 관계를 위해서 당신을 창조하셨습니다. 하나님은 당신이 그분을 사랑하기를 바라십니다. 당신을 그 관계 속으로 초청하는 것은 그분과 함께 사명을 감당하라는 초청이기도 합니다. 하나님의 뜻을 알기 원한다면, 마음을 다해 하나님을 사랑하라는 초청에 반드시 응해야 합니다. 하나님은 사랑하는 자들을 통해 하나님 나라의 목적을 이 세상에서 성취하십니다. 하나님의 뜻을 알고 행하려면 그분이 누구이신지를 알아야 합니다. 하나님의 본질 세 가지를 알아보기로 합시다. 각 특성은 당신이 그분의 일을 하는 데 있어 특별한 의미를 줄 것입니다.

### 하나님의 본질과 그분의 뜻

1. **하나님은 사랑이시다** : 그분의 뜻은 항상 최선이다.
2. **하나님은 전지하시다** : 그분의 인도하심은 항상 옳다.
3. **하나님은 전능하시다** : 그분은 당신으로 하여금 그분의 뜻을 행하게 하실 수 있다.

# 하나님은 사랑이시다: 그분의 뜻은 항상 최선이다

요한일서 4:16에 의하면 "하나님은 사랑"이십니다. 이 구절은 하나님이 사랑하신다라고 말하고 있지 않지만, 하나님은 완전하고 조건없는 사랑을 하십니다. 성경은 하나님의 본질은 사랑이라고 말합니다. 하나님은 하나님 자신의 본질과 상반되게 일하실 수 없습니다. 하나님은 완전한 사랑의 표현 없이, 당신을 향한 자신의 뜻을 결코 당신의 인생에 나타내지 않으실 것입니다. 그렇게 하실 수 없습니다! 하나님의 사랑은 항상 한 사람에게 최선을 주는 사랑입니다. 그러므로 하나님은 절대로 당신에게 차선을 주시지 않습니다. 그분의 본질상 그분은 그렇게 하실 수 없습니다.

죄에 빠져서 계속 하나님을 대적하는 사람들에게 하나님은 연단과 심판과 진노를 가져다 주십니다. 그러나 하나님의 연단은 항상 사랑에 근거합니다. "주께서 그 사랑하시는 자를 징계하시고 그가 받아들이시는 아들마다 채찍질하심이라"(히 12:6). 하나님의 본질이 사랑이시기 때문에 저는 하나님이 하나님 자신을 어떤 방식으로 나타내시든지 그것이 항상 최선임을 확신합니다. 다음의 두 성경구절은 우리를 향한 하나님의 사랑을 잘 나타내고 있습니다. "하나님이 세상을 이처럼 사랑하사 독생자를 주셨으니…"(요 3:16). "그가 우리를 위하여 목숨을 버리셨으니 우리가 이로써 사랑을 알고…"(요일 3:16). 하나님의 사랑에 대한 당신의 믿음은 아주 중요합니다. 이것이 제 인생에 강력한 영향을 주었습니다. 저는 절대로 십자가 없이 환경을 바라보지 않습니다. 거기서 하나님은 저를 향한 그분의 깊은 사랑을 분명하고, 영원하게 확인시켜 주셨습니다. 하나님과 저의 사랑의 관계가 제가 하는 모든 일을 결정합니다.

환경이 어떻든지 하나님의 사랑은 결코 변하지 않습니다. 캐리가 암에 걸리기 훨씬 전부터 제가 결심한 것이 있는데, 그것은 어떤 환경이 닥치든지 십자가의 공로를 생각하지 않고는 그 환경을 보지 않기로 한 것입니다. 예수 그리스도의 죽음과 부활을 통해서 하나님은 저에 대한 그분의 사랑을 영원토록 확신시켜 주셨습니다. 십자가와 예수 그리스도의 죽음과 부활이야말로 하나님 사랑의 전체적이고, 완전하며, 최종적인 표현입니다.

당신은 이런 말을 하는 사람을 만나보신 적이 있습니까? "저는 주님께 완전히 항복하기가 두려워요. 그분은 저를 아프리카 선교사로 보내실지도 모르거든요." 그런 말은 하나님의 사랑을 오해한, 믿음 없는 얘기입니다. 하나님이 당신을 아프리카로 보내시는 것이 최선이라는 확신이 당신에게 없다면, 하나님은 당신을 선교사로 부르지 않으실 것입니다. 아프리카에 있는 많은 선교사들은 세계 다른 어느 곳에도 가기 싫어합니다. 그들은 아프리카를 사랑하며, 하나님이 그들을 부르셨고 그들에게 하나님의 최선을 주셨다는 것을 압니다.

짐바브웨에서 사역하던 한 선교사 부부가 1년간 휴가를 갖기 위해 그들의 두 아이를 데리고 미국으로 돌아왔습니다. 미국에서의 그들의 일정이 바빠서 그들은 이렇게 말했습니다. "아프리카로 빨리 돌아가고 싶어요. 우리는 아프리카에서 보낸 시간이 좋아요!" 그들이 일하고 있는 아프리카에는 전기도 없습니다. 그들이 회의를 위해 마을에 가면 그들을 재촉하는 스케줄도 없습니다. 마을에 도착하면 아이들을 시켜서 동네에 알립니다. 사람들은 모여서 끝날 때까지 있습니다. 속도감이 미국과는 매우 다릅니다.

하나님의 사랑을 결단코 의심하지 마십시오. 하나님의 뜻을 알고 그분을 경험하고 싶어하기 전에 그분이 당신을 사랑하신다는 사실을 먼저 당신의 마음에 뿌리내리게 하십시오.

하나님은 사랑의 관계를 위해서 당신을 창조하셨습니다. 그분은 당신과의 사랑의 관계를 위해 계속 노력해 오셨습니다. 하나님이 당신을 다루시는 모든 방법은 그분의 사랑의 표현입니다. 만일 하나님께서 완전한 사랑이 아닌 다른 방법으로 자신을 표현하신다면, 하나님은 더이상 하나님이시기를 포기하는 것입니다! 현재 당신과 하나님의 관계가 당신이 하나님에 관해서 무엇을 믿고 있는지를 드러냅니다. 당신이 한 가지를 믿으면서 다르게 행동하는 것은 영적으로 불가능합니다. 당신이 진정으로 하나님의 본질이 사랑이심을 믿는다면, 당신은 하나님의 뜻이 항상 최선이라는 사실 또한 받아들일 것입니다.

### 하나님의 계명은 당신의 유익을 위한 것이다

명령, 규례, 계명, 율법 등등의 단어를 들었을 때 당신의 첫인상은 부정적일 수 있습니다. 그러나 하나님의 계명들은 하나님의 사랑이라는 본질의 표현입니다. 다음의 성경구절에서 하나님은, 계명들은 우리의 유익을 위한 것이라고 말씀하십니다. 그것은 당신의 생명입니다.

이스라엘아 네 하나님 여호와께서 네게 요구하시는 것이 무엇이냐 곧 네 하나님 여호와를 경외하여 그의 모든 도를 행하고 그를 사랑하며 마음을 다하고 뜻을 다하여 네 하나님 여호와를 섬기고 내가 오늘 네 행복을 위하여 네게 명하는 여호와의 명령과 규례를 지킬 것이 아니냐(신 10:12-13).

그들에게 이르되 내가 오늘 너희에게 증거한 모든 말을 너희의 마음에 두고 너희의 자녀에게 명령하여 이 율법의 모든 말씀을 지켜 행하게 하라 이는 너희에게 헛된 일이 아니라 너희의 생명이니 이 일로 말미암아 너희가 요단을 건너가 차지할 그 땅에서 너희의 날이 장구하리라(신 32:46-47).

이 구절들은 하나님과 당신의 사랑의 관계에 기초하고 있습니다. 하나님을 경험으로 알게 될 때 당신은 그분의 사랑을 확인할 것입니다. 하나님의 사랑을 확인하고 나면 당신은 하나님을 믿고 의지하게 됩니다. 그분을 의지할 때 당신은 순종할 수 있습니다. 그분을 사랑하면 그분께 순종하는 것이 아무런 문제도 되지 않습니다. "하나님을 사랑하는 것은 이것이니 우리가 그의 계명들을 지키는 것이라 그의 계명들은 무거운 것이 아니로다"(요일 5:3).

하나님은 당신을 깊고 근본적으로 사랑하십니다. 그가 당신을 사랑하시기 때문에 그 사랑의 관계에 있어 풍성한 것을 손해보지 않도록 삶의 지침을 주신 것입니다. 인생은 당신을 완전히 파멸시킬 수도 있고, 당신의 삶을 망쳐버릴 수도 있는 지뢰와 같은 것을 지니고 있습니다. 하나님은 당신이 그분이 주시는 최선의 것들을 하나라도 잃어버리기를 원치 않으십니다. 그리고 당신의 인생이 망쳐지는 것을 원치 않으십니다.

당신이 지뢰밭을 가로질러 가야 한다고 가정합시다. 그 때 그 지뢰밭에 지뢰가 어디에 묻혀 있는지 정확히 알고 있는 사람이 당신을 인도해 주겠다고 자청했습니다. 당신은 그 사람에게 "나에게 이래라 저래라 하지 말아요. 나는 당신이 당신의 길을 나에게 강요하는 것을 원치 않습니다"라고 말하겠습니까? 당신이 어떻게 하려는지는 모르지만, 저라면 할 수 있는 한 그 사람에게 바싹 붙어서 따라갈 것입니다. 저는 당연히 이리저리 방황하고 헤매지 않을 것입니다. 그가 나를 인도하는 지침이 되어 나의 생명을 지켜줄 것입니다. 그는 아마도 이렇게 말하겠지요. "그쪽으로 가면 안돼요. 그 길은 당신을 죽음으로 몰아넣을 것입니다. 이쪽으로 오십시오. 그러면 당신은 살 것입니다."

### 하나님의 계명의 목적

하나님은 당신이 생명을 얻고 더욱 풍성히 얻기를 원하십니다. 주님이 당신에게 계명을 주실 때, 그것은 당신을 위해서 마련해 놓으신 최선을 보전하시기 위함입니다. 그분은 당신이 그것을 놓치기를 바라지 않으십니다. 하나님이 계명을 주시는 것은 당신을 제한하기 위해서가 아닙니다. 당신을 자유케 하시려는 것입니다. 하나님의 목적은 당신이 복을 누리며 사는 것입니다.

> 후일에 네 아들이 네게 묻기를 우리 하나님 여호와께서 명령하신 증거와 규례와 법도가 무슨 뜻이냐 하거든 너는 네 아들에게 이르기를…여호와께서 우리에게 이 모든 규례를 지키라 명하셨으니 이는 우리가 우리 하나님 여호와를 경외하여 항상 복을 누리게 하기 위하심이며 또 여호와께서 우리를 오늘과 같이 살게 하려 하심이라 우리가 그 명령하신 대로 이 모든 명령을 우리 하나님 여호와 앞에서 삼가 지키면 그것이 곧 우리의 의로움이니라 할지니라(신 6:20-21, 24-25).

하나님은 당신이 항상 복을 누리며 풍성한 삶을 살도록 계명을 주셨습니다. 제가 예를 하나 들어보겠습니다. 주님께서 이렇게 말씀하셨다고 가정해 봅시다. "아름답고 멋진 사랑의 표현이 어떤 것인지 알려주마. 너에게 배우자를 준비해 줄게. 그리고 이 사람과 갖는 관계에서 너의 좋은 면이 나타나게 될거야. 그것은 인간의 사랑에서 가장 깊은 경지에 도달하는 기회가 될거야. 그 사람은 네 속에 잠재해 있는 멋있는 것들이 밖으로 표출되도록 도와줄 것이고, 네 마음이 상할 때 너에게 힘을 줄거야. 또한 너를 사랑하고 믿어주고 의지하게 될거야. 나는 너희에게 아이들을 줄 것이고 그들은 너의 무릎에 앉아서 '아빠 사랑해요'라고 속삭일거야."

그러나 하나님은 또 이렇게 말씀하십니다. "간음하지 말라"(마 5:27). 이 명령이 당신을 제한하거나 구속하려는 말씀입니까? 아닙니다! 그것은 당신을 보호하고 당신이 인간 사랑의 최고의 경지를 맛보게 하려는 것입니다. 당신이 이 명령을 어기고 간음을 한다면 어떻게 됩니까? 남편과 아내의 사랑의 관계에는 금이 갑니다. 신뢰는 없어집니다. 아픔이 자리를 잡습니다. 죄책감과 괴로움이 몰려듭니다. 아이들까지도 당신을 대하는 태도가 달라집니다. 상처는 당신과 당신의 배우자가 누릴 수 있을 미래의 사랑의 관계를 심하게 제한할 것입니다.

하나님의 계명은 당신을 최선의 인생으로 인도하기 위해서 계획된 것입니다. 그러나 당신이 그분을 믿고 의지하지 않으면 당신은 그분에게 순종하지 않을 것입니다. 당신이 그분을 사랑하지 않으면 그분을 믿을 수 없습니다. 당신이 그분을 알지 못하면 그분을 사랑할 수 없습니다. 그러나 만일 하나님께서 당신에게 자신을 계시하시는 대로 진정으로 그분을 알게 되면 당신은 그분을 사랑하게 될 것입니다. 당신이 그분을 사랑하면 그분을 믿고, 의지할 것입니다. 당신이 그분을 믿고 의지하면 그분에게 순종할 것입니다. 그분께 순종하지 않는다면 당신은 그분을 진정으로 사랑하는 것이 아닙니다(요 14:24을 참조하십시오). 하나님은 사랑이십니다. 그분이 사랑이시기 때문에 당신을 향한 그분의 뜻은 항상 최선입니다. 그분은 또한 전지하시기 때문에 그분의 인도하심은 항상 옳습니다.

## 하나님은 전지하시다: 그분의 인도하심은 항상 옳다

하나님은 본질적으로 전지하십니다. 즉 모든 것을 다 아십니다. 하나님은 모든 지식을 갖고 계십니다. 다시 말해, 과거, 현재, 미래 그 무엇도 하나님의 지식의 범주를 벗어나지 못합니다. 그러므로 언제든지 하나님이 당신에게 하나님 자신을 나타내실 때, 그분의 인도하심은 항상 옳습니다. 하나님이 지시를 내리실 때는 이미 가능한 모든 요소를 점검하셨다는 사실을 신뢰할 수 있습니다. 하나님이 주신 지시가 나중에 실수였음을 발견하는 일은 절대로 있을 수 없습니다. 그분의 인도하심은 항상 옳습니다.

당신은 하나님께 여러 가지 길을 보여 달라고 기도한 적이 있습니까? 그래서 당신이 그 중에서 한 가지를 고를 수 있도록 말입니다. 하나님이 도대체 몇 가지를 보여주셔야 옳은 길을 갈 수 있습니까? 하나님은 언제나 맨 처음에 옳은 것을 주십니다!

하나님의 뜻을 알고 행함에 있어서 당신은 그분의 뜻과 그 뜻을 실행에 옮기는 지침들을 명확하게 알게 될 때까지 하나님 앞에서 기다리는 법을 배워야 합니다. 인간의 지혜와 지식은 항상 부족합니다. 하나님의 지혜와 지식만이 언제나 완전합니다. 당신은 하나님의 뜻이 옳은 행동지침인지에 관해서 하나님과 변론할 필요가 없습니다. 인간의 관점에서 볼 때는 하나님의 뜻이 말이 안되는 것처럼 보일지라도 당신의 순종은 그분의 뜻이 옳다는 것을 깨닫게 해줄 것입니다.

밴쿠버에 있는 우리 교회 중 한 곳에서 다른 언어를 사용하는 사람들을 위한 지교회를 세 개 더 개척하는 것이 하나님의 뜻인 것 같다고 믿게 되었습니다. 이 교회는 17명의 회원이 모이는 교회였습니다. 인간적으로 보면 이렇게 작은 교회가 그런 큰 사업을 감당할 수 있으리라는 가능성은 거의 희박했습니다. 그들은 남침례교단의 국내선교부에서 목사님들의 봉급을 줄 것으로 기대하고 있었습니다. 국내선교부에서 앞으로 3년간은 그 지역의 새 교회를 도와줄 예산이 없다는 소식을 전해왔을 때는 이미 한 목사님이 이사를 진행 중에 있었습니다.

그 교회는 하나님이 그들에게 하라고 하신 일을 할 재정적 능력이 없었습니다. 그들은 저의 조언을 구했습니다. 저는 그들에게 주님께로 돌아가서 분명히 하나님이 그들을 부르셨는지를 확인하라고 권면했습니다. 그들은 그렇게 한 뒤 제게 말했습니다. "우리는 아직도 하나님이 우리에게 세 개의 지교회를 세우라고 하셨다고 믿습니다." 이제 그들은 믿음의 행진을 하면서 그들의 공급자이신 하나님을 의지해야만 했습니다.

이 시기에 저는 직장을 옮겨 애틀랜타로 이주했습니다. 몇 개월 후 밴쿠버 교회의 비서와 전화통화를 했습니다. 그녀는 신나는 소식을 전해주었습니다. 6년 전 저는 캘리포니아의 한 교회에서 몇몇 집회를 인도한 적이 있었습니다. 한 할머니께서 자신의 유산 중 일부를 밴쿠버 선교에 쓰도록 남기고 싶다고 하셨습니다. 비서는 보고하기를 캘리포니아의 어떤 변호사에게서 편지가 왔는데 이 할머니께서 돌아가셨다는 것이었습니다. 그 변호사는 이 교회가 150,000달러가 넘는 돈을 받게 되었다고 알려주었습니다. 그것은 밴쿠버 교회가 세운 모든 지교회를 보조하고도 남는 액수였습니다.

17명이 모이는 교회에 지교회를 세 개 세우라고 명령하셨을 때 하나님은 자신이 무엇을 하고 계신지 알고 계셨습니까? 그렇지요. 예산이 국내 선교부를 통해서 오지 않을 것도 아셨습니까? 그렇습니다. 그리고 돈이 필요한 바로 그 시기에 다른 곳으로부터 채워질 것도 아셨나요? 네. 이 모든 자세한 사항들은 하나님을 놀라시게 하지 않았습니다. 하나님은 전지하십니다. 밴쿠버의 이 작은 교회도 이것을 알았고, 그렇게 큰 사명을 그들에게 주신 하나님이 옳으시다는 것을 믿었습니다. 하나님이 모든 것을 공급해 주셨을 때, 모든 사람들은 그들의 전지하신 하나님에 대해 더 큰 신뢰를 갖게 되었습니다.

언제든지 하나님이 지시를 내려주시면, 그것은 항상 옳습니다. 하나님의 뜻이 항상 최선입니다. 당신은 하나님의 뜻이 최선인가 혹은 옳은가를 물어볼 필요가 전혀 없습니다. 그것은 항상 최선이고 옳은 것입니다. 이것은 그분이 당신을 사랑하시며 전지하신 분이기 때문에 사실입니다. 하나님이 당신을 완전하게 사랑하시기 때문에, 당신은 하나님을 믿고 그분께 철저하게 순종할 수 있습니다. 하나님은 사랑이시고 전지하실 뿐 아니라 전능하십니다. 당신에게 주시는 사명이 아무리 큰 것이라 해도 하나님은 당신을 통해 그분의 목적을 성취하실 수 있습니다.

## 하나님은 전능하시다: 그분은 당신으로 하여금 그분의 뜻을 행하게 하실 수 있다

하나님은 전능하십니다. 즉 못 하시는 것이 없으십니다. 하나님은 무에서 천지만물을 창조하셨습니다. 하나님은 목적하신 모든 것을 이루실 수 있습니다. 하나님은 실제로 "…나의 뜻이 설 것이니 내가 나의 모든 기뻐하는 것을 이루리라…내가 말하였은즉 반드시 이룰 것이요 계획하였은즉 반드시 시행하리라"(사 46:10-11)고 말씀하십니다. 하나님이 당신에게 무엇을 하라고 명령하신다면 그분 자신이 당신에게 능력을 주셔서 이루게 하실 것입니다. 예를 들면 다음과 같습니다.

- 하나님은 노아와 그의 아들들이 방주를 지어서 홍수 후에 모든 생물의 종이 퍼질 수 있게 하셨습니다(창 6-9장).
- 하나님은 기드온과 300인으로 하여금 120,000대군을 물리칠 수 있게 하셨습니다(삿 7-8장).
- 예수님은 열두 제자들로 하여금 사람들을 치유하고 귀신을 내어쫓을 수 있게 하셨습니다(마 10장).
- 하나님은 사도 바울이 이방인들에게 복음을 전하여 소아시아 및 로마에 이르기까지 교회들을 세울 수 있게 하셨습니다(소명: 행 9장, 선교여행: 행 13-28장).

하나님의 역사 가운데 당신의 인생이 놓여져 있다면 하나님은 당신의 많은 생각들을 재배열하기 시작하십시오. 하나님의 방법과 생각은 당신이나 저의 생각과는 판이하게 달라서 때로는 틀렸거나, 미쳤거나, 불가능한 것처럼 들립니다. 자주 당신은 주어진 일이 당신의 능력이나 자원으로는 성취할 수 없는 것임을 깨닫게 될 것입니다. 인간적으로 불가능한 일임을 깨달았을 때 당신은 하나님을 철저하게 믿고 의지할 필요가 있습니다.

그분이 당신에게 능력을 주시고 준비시키셔서 당신에게 분부한 모든 것을 이룰 수 있게 하심을 믿어야만 합니다. 하나님을 의심하지 마십시오. 하나님이 하나님 되게 하십시오. 필요한 힘과 통찰력, 기술 그리고 자원을 위해서 하나님을 바라보십시오. 하나님이 당신에게 필요한 모든 것을 공급해 주실 것입니다.

하나님은 마치 어린아이에게 하시듯이 단순한 방법으로 자신을 당신에게 알려주기 시작하실 것입니다. 당신이 어린아이처럼 그분께 온전히 의지하면, 당신은 당신 앞에 펼쳐질 인생을 새롭게 보는 방법을 발견하게 될 것입니다. 그러면 당신의 인생은 만족스러운 것이 될 것입니다. 당신은 허무감이나 목적의 상실감도 절대로 느끼지 못할 것입니다. 하나님은 항상 그분 자신으로 당신의 인생을 채워주실 것입니다. 하나님을 소유했다면, 당신은 천지에 있는 모든 것을 가진 것입니다. 모세에게 "스스로 있는 자"(I Am Who I Am)이셨던 동일한 하나님이 당신의 하나님이신 것입니다.

 요약

하나님의 본질 세 가지는 당신이 그분의 뜻을 알고 행하는 데 있어 특별한 영향을 끼칠 것입니다. 하나님은 사랑이시기 때문에 그분의 뜻은 항상 최선입니다. 하나님을 따르며 순종할 때, 하나님은 항상 당신과 당신을 불러내신 세상을

위한 최선의 길로 당신을 인도하실 것입니다. 하나님은 전지하시기 때문에 당신은 절대로 하나님의 인도하심이 옳은지를 물을 필요가 없습니다. 그것이 말이 안되는 것처럼 보일 때에도 말입니다. 그분의 인도하심은 항상 옳습니다. 하나님은 전능하시기 때문에 당신은 당신 스스로의 능력, 힘 또는 자원으로 하나님의 사명을 이루려고 할 필요가 없습니다. 하나님이 당신을 부르셔서 하라고 하신 일이라면 하나님 자신이 당신에게 능력을 주시고 성취하게 하실 것입니다.

 **오늘의 하나님을 경험하는 삶**

이 장에 제시된 진리들을 놓고 묵상하십시오. 그리고 하나님이 당신을 사랑하시고 이러한 방법으로 하나님 자신을 당신에게 계시해 주시기를 기도하십시오. 하나님이 사명을 주실 때 당신 안에 주님을 의지하는 마음을 주시도록 기도하십시오.

- 하나님은 사랑이시다. 그분의 뜻은 항상 최선이다.
- 하나님은 전지하시다. 그분의 인도하심은 항상 옳다.
- 하나님은 전능하시다. 그분은 당신으로 하여금 그분의 뜻을 행하게 하실 수 있다.

다음의 물음에 답해 보십시오.
- 하나님이 당신에게 분명한 사명을 주셨다면 주님께 순종하지 못할 이유가 있습니까? 이유들을 열거해 보십시오.
- 하나님이 당신의 인생을 어떻게 살아야 하는지를 가르쳐 주시는 이유는 무엇입니까?
- 하나님이 지시를 내리실 때 당신은 당신의 인간적인 지식, 상식, 지혜를 얼

마만큼 의지해서 행동해야 합니까?
- 당신에게는 성취할 능력도, 기술도, 자원도 없는데 하나님이 사명을 주셨다면 어떻게 반응하시겠습니까?

1. 14장 "하나님은 환경을 통해서 말씀하신다"에서, 나는 하나님께서 캐리가 걸린 암을 통해 어떻게 그분께 영광을 돌리게 하셨는지, 그리고 전세계에 걸쳐 기도사역을 어떻게 새롭게 하셨는지를 여러분에게 알려줄 것이다. 지금 캐리는 대학을 졸업하고 크리스천 사역과 관련된 일을 위해 준비중이며, 이를 훌륭하게 잘 감당하고 있다.

# 3장 하나님의 뜻을 행하는 것

예수께서 이르시되
나의 양식은 나를 보내신 이의 뜻을 행하며
그의 일을 온전히 이루는 이것이니라
요한복음 4:34

　예수님에게는 하나님의 뜻이 음식보다 중요했습니다. 하나님의 뜻을 행하는 것은 중요합니다. 많은 사람들이 하나님의 뜻을 알고 행하고자 할 때 이런 질문을 합니다. "내 인생을 향한 하나님의 뜻은 과연 무엇인가?" 아마도 그들은 무의식적으로 자기 자신과 자신의 인생 그리고 그들이 무엇을 행할 것인가에 초점을 맞추고 있을 것입니다. 제 신학교 교수이시던 게인스 도빈스 박사님은 "잘못된 질문을 하면 잘못된 답을 얻는다"라고 말씀하시곤 했습니다. 우리는 종종 모든 질문은 타당한 질문이라고 생각합니다. 답을 찾으려는데 항상 틀린 답만 나올 때 우리는 뭐가 잘못된 것인지 알지 못합니다. 답을 찾기 전에 과연 내가 올바른 질문을 하고 있는지를 우선 점검해 보아야 합니다.
　"내 인생을 향한 하나님의 뜻이 무엇인가?"라는 질문은 최선의 질문이 아닙니다. 제 생각에 올바른 질문은 단순히 "하나님의 뜻은 무엇인가?"라고 묻는 것입니다. 하나님의 뜻을 일단 파악하면 나는 내 인생을 하나님께 맞출 수 있습니다. 다시 말해, 지금 내가 처한 곳에서 하나님이 목적하고 계신 것이 무엇이냐는 것입니다. 일단 하나님이 무엇을 하고 계신지 알게 되면 나는 내가 해야 할 일이 무엇인지 알 수 있습니다. 초점은 내 인생이 아니라 하나님과 그분의 목적에 맞추어져야 합니다!

그렇다고 하나님이 당신의 인생을 향한 뜻을 가지고 계시지 않다는 것을 의미하는 것은 아닙니다. 분명히 뜻이 있으십니다. 그분은 당신의 인생에 목적과 계획을 가지고 계십니다. 그러나 당신의 인생을 향한 그분의 계획은 그분이 이 세상에서 하고 계신 일에 근거합니다. 그분은 인류의 역사 전반에 걸쳐 위대한 목적을 품고 계십니다. 그분은 당신이 그분이 하고 계신 일에 동참하기를 원하십니다. 그분이 무엇을 하고 계신지를 알면 그분이 당신을 통해 하시고자 하는 일이 무엇인지 알게 됩니다.

## 덮어놓고 일하는 것을 그만두라!

우리는 일을 그저 덮어놓고 "하는" 사람들입니다. 우리는 언제든지 무언가를 하고 싶어합니다. 하나님의 뜻을 행한다는 말은 우리를 흥분하게 합니다. 종종 사람들은 이렇게 말합니다. "거기 서 있지만 말고 뭐라도 좀 해요!" 사람들과 교회들은 하나님이 그분의 목적을 달성하시는 것에 도움이 된다고 생각되는 무언가를 하기에 너무 바빠서, 하나님이 진정 그들에게 무엇을 하기 원하시는지를 알아보는 데 시간을 투자하지 않습니다. 우리는 스스로 지쳐서 하나님의 나라에 보탬이 되는 일은 눈곱만큼밖에는 하지 못합니다.

제가 생각하기에 하나님께서는 우리에게 이렇게 외치고 계십니다. "덮어놓고 아무 일이나 하지 말고 거기 그냥 서 있어라! 나와의 사랑의 관계 속으로 들어와서 나와 좀 사귀어 보자. 네 삶을 내게 맞추어라. 나로 너를 사랑하게 하고 너를 통해 일함으로 나를 너에게 보여주고 싶구나." 무언가를 해야 할 때가 반드시 옵니다. 그러나 하나님과의 사랑의 관계를 건너뛸 수는 없습니다. 하나님과의 관계가 최우선이 되어야 합니다.

예수님께서 말씀하셨습니다. "나는 포도나무요 너희는 가지라 그가 내 안에, 내가 그 안에 거하면 사람이 열매를 많이 맺나니 나를 떠나서는 너희가 아무것도 할 수 없음이라"(요 15:5). 당신은 그분을 믿니까? 그분이 없이는 당신은 아무것도 할 수 없습니다. 그분의 말씀은 바로 이 뜻입니다. 그분을 신뢰하고 그분이 하시는 말씀이 진리인 것을 확신하십시오. 당신이 지금 열매가 없는 삶을 살고 있다면 하나님이 주도하시지 않은 어떤 일을 하려고 스스로 노력하고 있는 것일 수 있습니다.

하나님은 당신이 경험을 통해 하나님에 대한 더 큰 지식을 갖기를 바라십니다. 그분은 당신과 사랑의 관계에 있기를 원하십니다. 하나님은 당신이 그분의 나라를 위한 일에 참여하기를 원하시며 당신을 통해서 일하고 싶어하십니다. 그러나 오직 하나님만이 당신이 무슨 일에 참여해야 할지를 결정할 권리를 가지고 계십니다. 당신이 하나님께서 당신을 인도하시도록 할 때, 당신을 통해서 일하시도록 할 때, 그분이 당신을 통해 자신의 일을 성취하십니다.

자기 스스로의 힘으로 뭔가 해보려다가 제풀에 지친 사람들에게 예수님이 뭐라고 말씀하시는지 눈여겨 보십시오. "수고하고 무거운 짐 진 자들아 다 내게로 오라 내가 너희를 쉬게 하리라 나는 마음이 온유하고 겸손하니 나의 멍에를 메고 내게 배우라 그리하면 너희 마음이 쉼을 얻으리니 이는 내 멍에는 쉽고 내 짐은 가벼움이라 하시니라"(마 11:28-30).

멍에란 두 마리의 소가 함께 일하도록 그들을 묶는 도구입니다. 예수님의 초청은 그분의 멍에를 지는 것입니다. 즉, 그분의 일에 동참하는 것입니다. 그분이 이미 일하고 계신 곳에서 일할 때 쉽고 가벼운 그분의 멍에를 멘 당신을 통해 하나님은 자신의 일을 성취하십니다.

## 하나님은 사랑의 관계에 관심을 가지고 계신다

저는 이런 질문을 많이 받았습니다. "하나님은 당신의 인생을 영원을 위해 계획해 놓으시고 난 후 그분의 계획을 성취하도록 당신을 풀어놓으십니까?" 하나님의 계획은 당신과의 사랑의 관계입니다. 하나님에게 우리가 무엇이 되기를 원하시느냐고 묻는 것이 문제의 발단입니다. 그리스도인 사업가가 될 것인지, 음악 지도자, 교육 지도자, 목사 혹은 선교사…. 또한 우리는 우리가 국내에서 섬겨야 할 것인지 혹은 일본이나 캐나다로 가야 할 것인지를 알기 원합니다. 하나님은 보통 한 가지 임무를 주시고 그곳에 영원히 머무르게 하지 않으십니다. 어느 직장, 어느 곳에 하나님이 당신을 오래 머물게 하셨을 수도 있습니다. 그러나 하나님이 주시는 사명은 매일 매일 다가옵니다.

하나님은 그분이 주인이 되시는 관계로 당신을 초청하셨습니다. 하나님이 선택하시는 것이라면 무엇이든지 하고 하나님이 원하시는 것이면 어떤 모양이라도 되는 관계 속으로 말입니다. 당신이 그분을 주인으로 대하면 당신이 꿈도 꾸어보지 못한 일들을 하도록, 그런 사람이 되도록 당신을 인도하십니다. 당신이 그분을 주인으로 믿고 따르지 않으면 자신을 어떤 직업이나 사명에 묶어둔 채 하나님이 당신을 통해 하시려는 일을 놓치게 될 것입니다. 저는 사람들이 이런 말을 하는 것을 듣습니다. "하나님은 나를 무엇무엇이 되라고 부르셨어. 그러니까 그와 다른 것은 그분의 뜻일 수 없어." 또는 "나의 영적인 은사는 무엇무엇이야. 그러니 이 사역은 나를 위한 하나님의 뜻이 아니야."

하나님은 당신에게 능력을 주지 않으실 어떤 사명을 절대 허락하지 않으십니다. 하나님이 당신에게 주신 사명을 완수할 수 있도록 주시는 초자연적 능력, 그것이 바로 영적인 은사입니다.

그러나 하나님의 뜻을 분별할 때 당신의 재주나 능력 또는 관심사에 초점을 두지 마십시오. 저는 너무나도 많은 사람들이 이렇게 얘기하는 것을 들었습니다. "나는 이것을 무척 하고 싶어. 그러니까 이건 하나님의 뜻이 분명해." 그런 반응은 자기 중심적인 것입니다. 우리는 오히려 하나님 중심이 되어야만 합니다.

만일 하나님이 주인이시라면 당신의 응답은 다음과 같아야 합니다. "주님, 당신의 나라를 위해서라면 저는 어떤 일이라도 하겠습니다. 당신이 가라는 곳이 어디든 가겠습니다. 환경이 어떻든지 간에 저는 주님을 따르겠습니다. 당신이 제 인생을 통해서 하실 일이 무엇이든지 저는 당신의 종입니다. 주님이 시키시는 일은 무엇이든 하겠습니다."

## 그 농부가 나의 지도였다

저는 캐나다의 새스커툰에서 12년 동안 목회를 했습니다. 어느 날 한 농부가 제게 자기 농장으로 찾아오지 않겠느냐고 제의했습니다. 그는 찾아오는 방법을 설명해 주었습니다. "시내를 지나서 한 400미터쯤을 가다 보면 왼쪽으로 빨간색을 칠한 큰 축사가 보일 것입니다. 그러면 다음 길에서 왼쪽으로 도세요. 그 길을 따라 약 1,200미터 정도 더 가시면 나무가 한 그루 있습니다. 거기서 오른쪽으로 돌아 6,400미터쯤 가면 큰 바위가 하나 있습니다." 저는 그가 말하는 그대로 쪽지에 적어 두었습니다. 그리고 어느 날 그곳을 찾아갔습니다.

다음 번에 그 농부의 농장에 갈 때는 그가 저와 함께 동행했습니다. 그의 농장으로 가는 길은 여러 갈래가 있기 때문에 그는 그가 원하는 길로 저를 데려갈 수 있었습니다. 이번에는 저에게 그 쪽지가 필요없었습니다. 그가 바로 제 '지도'였던 것입니다. 제가 해야 했던 일은 무엇이었습니까? 그저 그의 말을 듣고 그대로 따라한 것뿐이었습니다. 그가 "돌아라" 하면 그렇게 했습니다. 그는 제가 한 번도 가 본 적이 없는 길도 갈 수 있게 해주었습니다. 저 혼자서는 그 길을 절대로 갈 수 없었을 것입니다. 그 농부가 제 지도였습니다. 그가 길을 알고 있었던 것입니다.

### 예수님이 당신의 길이다

많은 경우 사람들은 하나님의 뜻을 알고 행할 때 이런 방법을 씁니다. 그들은 이렇게 묻습니다. "주여, 제가 무엇을 하길 원하십니까? 언제, 어떻게 하길 원하십니까? 어디서 해야 할까요? 그리고 결과는 어떻게 됩니까?"

이것이 우리가 대개 행하는 방법이 아닙니까? 우리는 하나님께 자세한 지도를 달라고 조릅니다. "하나님, 제가 어디를 어떻게 가야 하는지만 알려 주십시오. 그러면 제가 알아서 찾아갈게요"라고 말합니다.

하나님께서는 이렇게 말씀하십니다. "그럴 필요 없다. 네가 할 일은 하루하루 나를 따라오는 것이다." 우리는 하나님께 이런 자세로 나와야 합니다. "주여, 제가 뭘 해야 할지 한 단계씩만 가르쳐 주세요. 제가 하겠나이다."

누가 진정 하나님의 목적을 당신 삶에서 이루는 방법을 알고 있습니까? 바로 하나님께서 아십니다! 예수님은 "내가 곧 길이요, 진리요, 생명이니"(요 14:6)라고 말씀하십니다.

- 예수님은 "내가 길을 보여주겠다"고 하지 않으셨습니다.
- 예수님은 "내가 지도를 주겠다"고 하지 않으셨습니다.
- 예수님은 "내가 어떤 방향으로 가라고 말해 주겠다"고 하지 않으셨습니다.
- 예수님은 "내가 곧 길이다"라고 하셨습니다.

매일 매일 예수님이 당신에게 하라고 하시는 모든 것을 하고 있다면 당신은 하나님이 원하시는 바로 그곳의 정중앙에 항상 있게 됩니다. 당신을 그렇게 인도하실 하나님을 신뢰하십니까? 당신은 이렇게 대답할 수도 있습니다. "아니오. 예수님은 하나님이 내 인생에서 무엇을 원하시는지 잘 모릅니다." 그러나 예수님은 알고 계십니다! 예수님이 하나님이십니다. 또는 이렇게 답할지도 모릅니다. "예수님은 나를 잘못된 길로 인도하실지도 모릅니다." 그분은 그렇게 하지 않으십니다. 당신은 예수님이 모든 자세한 내용을 설명해 주실 때까지 기다려야 한다고 생각할지도 모릅니다. 그러나 그것은 예수님의 삶이나 성경에 나오는 패턴이 아닙니다.

하나님은 당신이 오히려 이렇게 응답하기를 원하십니다. "예. 예수님을 하루하루 따라가면 저는 하나님의 뜻 안에서 생활할 수 있습니다." 당신이 걸음을 뗄 때마다 예수님이 당신을 인도해 주신다는 사실을 믿게 되면, 당신은 새로운 자유를 경험하게 될 것입니다. 당신이 예수님을 이렇게 믿지 않으면서 어떤 결정을 내려야 할 순간 어떻게 해야 할지 모른다고 생각해 보십시오. 그 때마다 당신은 걱정하고 고민해야 합니다. 뿐만 아니라 경직되어서 결정을 내리지도 못합니다. 하나님은 당신이 이런 삶을 살기를 원치 않으십니다.

저는 제 인생에서 하나님께 모든 주도권을 내어드릴 수 있다는 사실을 발견했습니다. 하루하루 저는 하나님께서 제게 명령하시는 모든 일을 해나가는 것입니다. 주님은 제게 하루 동안 충분히 할 수 있는 일들을 주십니다. 한 가지 한 가지가 모두 뜻이 있고 목적이 있는 일들입니다. 예수님이 하라고 하시는 일을 다하면, 저는 하나님의 뜻 가운데 살고 있으므로, 하나님께서는 원하시는 때에 저를 하나님의 특별한 사역을 수행하는 도구로 쓰십니다.

**하루하루 따라간 아브람**

아브람(후에 하나님께서 아브라함이라는 새 이름을 주심)은 이 원리를 아주 적절하게 뒷받침해주는, 성경에 나오는 인물의 예입니다. 그는 믿음으로 행하고, 보이는 대로 행하지 않았습니다. 다음에 나온 하나님께서 아브람을 부르신 장면을 읽어보십시오. 하나님께서 아브람에게 "나를 따르라"고 하시기 전에 얼마나 자세히 할 바를 일러주셨는지 살펴보십시오.

여호와께서 아브람에게 이르시되 너는 너의 고향과 친척과 아버지의 집을 떠나 내가 네게 보여 줄 땅으로 가라 내가 너로 큰 민족을 이루고 네게 복을 주어 네 이름을 창대하게 하리니 너는 복의 근원이 될지라 너를 축복하는 자에게는 내가 복을 내리고 너를 저주하는 자에게는 내가 저주하리니 땅의 모든 족속이 너로 말미암아 복을 얻을 것이라 하신지라 이에 아브람이 여호와의 말씀을 따라갔고 롯도 그와 함께 갔으며 아브람이 하란을 떠날 때에 칠십오 세였더라 아브람이 그 아내 사래와 조카 롯과 하란에서 모은 모든 소유와 얻은 사람들을 이끌고 가나안 땅으로 가려고 떠나서 마침내 가나안 땅에 들어갔더라(창 12:1-5).

하나님은 "고향과 친척과 아버지의 집을 떠나"라고 하셨습니다. 얼마나 상세하게 얘기해 주십니까? "내가 네게 보여 줄 땅으로 가라"는 정보밖에는 주지 않으셨습니다. 그것이 아브람에게 하라고 하신 일의 전부입니다. 그 나머지는 하나님이 하겠다고 약속하셨습니다. 당신도 그렇게 상세하지 않은 하나님의 지시를 따르기 원하십니까?

**하나님은 미리 자세한 설명을 하지 않으신다**

하나님은 모든 자세한 사항을 설명하지 않으신 채 자신을 따르라고 사람들을 초청하십니까? 아브람의 경우에서와 같이 하나님은 사람들에게 그저 그분을 따르라고 초청하십니다. 하나님은 당신이 하나님을 순종하기 전에 모든 자세한 사항을 알려주시지 않습니다. 대부분 하루하루 그분을 따르라고 초청하십니다.

어떤 경우에는 다른 경우보다 좀더 자세히 알려주실 때도 있습니다. 우리는 모세의 부르심을 살펴보게 될 텐데 그 경우, 하나님은 그의 사명에 대해서 평소보다 조금 더 자세하게 보여주셨습니다. 그러나 모든 경우에 있어서, 사람들은 매일 주님의 인도하심에 바싹 붙어 있어야 했습니다. 하나님은 낮에는 구름기둥, 밤에는 불기둥으로 모세와 이스라엘 백성을 매일 인도해 주셨습니다.

베드로, 안드레, 야고보, 요한(마 4:18-20, 21-22), 마태(마 9:9) 그리고 바울(행 9:1-20)의 경우에 하나님은 그들의 사명에 대해 거의 알려주지 않으셨습니다. 그분은 근본적으로 이렇게 말씀하신 것입니다. "그냥 나를 따라와라. 내가 보여주겠다." 하나님이 당신에게 원하시는 것은 이것입니다.

"너희는 먼저 그의 나라와 그의 의를 구하라 그리하면 이 모든 것을 너희에게 더하시리라 그러므로 내일 일을 위하여 염려하지 말라 내일 일은 내일 염려할 것이요 한 날의 괴로움은 그 날에 족하니라"(마 6:33-34).

 요약

하나님은 당신과의 사랑의 관계에 관심이 있으십니다. 당신이 그분을 위해 무엇을 할 수 있느냐는 관심 밖입니다. 그분은 당신이 그분을 사랑하기를 원하십니다. 그분이 당신을 그분의 임재로 채우시면 당신이 할 일을 지도해 주실 것입니다. 그러나 당신이 그런 일을 할 때에도 그분은 자신의 목적을 성취하시기 위해 당신을 통해서 일하시는 것입니다. 그분은 당신이 필요로 하는 모든 것입니다.

당신 안에 계신 그리스도가 당신의 길입니다. 그분이 당신의 지도입니다. 그분의 지도를 하루하루 따라가면 당신은 항상 당신을 향한 하나님의 뜻 가운데 살게 됩니다.

 **오늘의 하나님을 경험하는 삶**

하나님은 절대적으로 신뢰할 만한 분이십니다. 당신은 그분이 당신을 인도하시고, 당신의 모든 필요를 공급하시는 분임을 믿을 수 있습니다. 이것을 기억하십시오. "너희 안에서 행하시는 이는 하나님이시니 자기의 기쁘신 뜻을 위하여 너희로 소원을 두고 행하게 하시나니"(빌 2:13). 다음 사항에 동의하시겠습니까?

· 하루하루 하나님을 따르는 삶을 살 것을 동의합니다.
· 하나님이 모든 것을 자세히 가르쳐 주시지 않아도 그분을 따를 것을 동의합니다.
· 하나님이 나의 길이 되시는 것에 동의합니다.

이제 다음의 기도를 해보십시오. "주님, 당신의 나라를 위해서라면 저는 어떤 일이라도 하겠습니다. 당신이 가라는 곳이 어디든 가겠습니다. 환경이 어떻든지 간에 저는 주님을 따르겠습니다. 당신이 제 인생을 통해서 하실 일이 무엇이든지 저는 당신의 종입니다. 주님이 시키시는 일은 무엇이든 하겠습니다."

# 4장 하나님의 종으로 사는 것

사람이 나를 섬기려면 나를 따르라
나 있는 곳에 나를 섬기는 자도 거기 있으리니
사람이 나를 섬기면 내 아버지께서 그를 귀히 여기시리라
요한복음 12:26

하나님의 역사에 동참하려면 당신은 종이어야만 합니다. 성경의 많은 구절들이 예수님을 하나님의 종으로 표현합니다. 그는 하나님의 종으로 세상에 오셔서 하나님의 뜻인 인류의 구원을 이루셨습니다. 바울은 예수님의 종으로서의 자세를 표현하면서 우리에게 이렇게 명령합니다.

너희 안에 이 마음을 품으라 곧 그리스도 예수의 마음이니 그는 근본 하나님의 본체시나 하나님과 동등됨을 취할 것으로 여기지 아니하시고 오히려 자기를 비워 종의 형체를 가지사 사람들과 같이 되셨고 사람의 모양으로 나타나사 자기를 낮추시고 죽기까지 복종하셨으니 곧 십자가에 죽으심이라(빌 2:5-8).

우리는 겸손과 순종을 요구하는 그리스도의 종의 자세를 우리 안에 개발시켜야 합니다. 제자들에게 섬김의 도를 가르치시면서 예수님(인자)은 자신의 종으로서의 역할을 이렇게 표현하셨습니다.

"너희 중에 누구든지 으뜸이 되고자 하는 자는 너희의 종이 되어야 하

리라 인자가 온 것은 섬김을 받으려 함이 아니라 도리어 섬기려 하고 자기 목숨을 많은 사람의 대속물로 주려 함이니라"(마 20:27-28).

예수님은 또한 예수님과 우리의 관계를 이렇게 설명하셨습니다. "아버지께서 나를 보내신 것같이 나도 너희를 보내노라"(요 20:21). 당신을 구원하실 때 하나님은 세상을 구속하시는 그분의 역사로 당신을 초청하신 것입니다. 구원은 사역으로의 초청입니다. 이 새로운 관계에서 당신은 하나님을 주님으로 모시는 종이 되는 것입니다.

어떤 사람들은 종을 이렇게 정의합니다. "종이란 주인의 뜻을 알아낸 후에 그의 뜻을 준행하는 사람이다." 세상적인 종의 개념으로 보면 종은 주인에게 가서 "주인님, 제가 무엇을 하기 원하십니까?"라고 묻고 주인은 그에게 지시합니다. 종은 가서 스스로 그의 할 바를 합니다. 그러나 주님의 종이 되는 것은 인간의 종이 되는 것과는 다릅니다. 인간의 종은 그의 주인을 위해서 일합니다. 그러나 하나님은 그분의 종을 통해서 일하십니다.

제가 이해하는 종의 개념은 토기장이와 진흙의 개념에 가깝습니다. 하나님은 그분과 이스라엘의 관계는 토기장이와 진흙의 관계와 같다고 하십니다.

여호와께로부터 예레미야에게 임한 말씀에 이르시되 너는 일어나 토기장이의 집으로 내려가라 내가 거기서 내 말을 네게 들려 주리라 하시기로 내가 토기장이의 집으로 내려가서 본즉 그가 녹로로 일을 하는데 진흙으로 만든 그릇이 토기장이의 손에서 터지매 그가 그것으로 자기 의견에 좋은 대로 다른 그릇을 만들더라 그 때에 여호와의 말씀이 내게 임하니라 이르시되 여호와의 말씀이니라 이스라엘 족속아 이 토기장이가 하는 것같이 내가 능히 너희에게 행하지 못하겠느냐 이스라엘 족속아 진흙이 토기장이의 손에 있음같이 너희가 내 손에 있느니라(렘 18:1-6).

진흙이 유용해지려면 우선 토기장이에 의해 빚어져야 합니다. 그리고 어떤 그릇이 되면 토기장이의 손에 남아 있어야 합니다. 토기장이의 마음대로 빚어지기 싫은 진흙은 소용이 없습니다. 진흙은 토기장이가 원하는 것을 만들도록 응해야 합니다. 그리고 토기장이의 손에 남아 있어야 합니다. 토기장이가 자기가 원하는 그릇을 만들고 나면 그 그릇은 스스로 어떤 일도 할 능력이 없습니다. 그릇은 토기장이의 손에 남아 있어야 합니다. 토기장이가 진흙을 빚어 컵을 하나 만들었다고 가정합시다. 그 컵은 토기장이가 원하는 대로 쓸 수 있도록 그의 손에 남아 있어야 합니다.

## 종인 인간과 주인이신 하나님

이것은 인간 주인을 섬기는 세상적인 종의 개념과는 매우 다릅니다. 하나님 앞에 그분의 종으로서 나올 때, 하나님은 우선 당신을 그분이 원하시는 도구로 새로 빚으시고 만드시도록 허락하기를 바라십니다. 그리고 난 후에야 하나님은 당신의 인생을 거두사 하나님의 목적을 이루시는 곳에서 쓰이도록 인도하십니다. 마치 토기장이의 컵이 토기장이를 떠나서는 아무 일도 할 수 없는 것처럼 당신이 주님이 원하시는 곳에 있지 않으면 주님의 명령을 이행할 수 없습니다. 당신이 순종하면 하나님은 당신을 통해서 그분의 일을 하십니다. 6장에서 예수님의 예를 살펴볼 때 더 자세히 다루겠습니다.

하나님의 종은 두 가지를 해야 합니다. 첫째는 하나님의 빚으심을 받는 것이고, 둘째는 주님의 손에 남아 있는 것입니다. 그제서야 주님은 그의 도구를 원하는 대로 쓰실 수 있습니다. 종은 자기 혼자서는 결코 하나님 나라에 기록될 만한 가치 있는 일을 할 수 없습니다. 예수님이 말씀하셨던 것과 같습니다. "아들이 아버지께서 하시는 일을 보지 않고는 아무것도 스스로 할 수 없나니"(요 5:19). "나를 떠나서는 너희가 아무것도 할 수 없음이라"(요 15:5). 하나님이 그의 종을 통하여 일하시면 그 종은 하나님이 하실 수 있는 모든 것을 할 수 있습니다. 아! 그 무한한 가능성! 종이 되는 것에는 반드시 순종이 요구됩니다. 종은 지시대로 일해야 합니다. 그리고 누가 일을 성취하시는가를 명심해야 합니다. 하나님이 하십니다.

당신이 지금까지 인간적인 방법으로 하나님을 섬겨왔다면 이 개념이 당신이 하나님을 섬기는 방법을 바꾸어 줄 것입니다. 당신은 명령을 받고 나가서 혼자 일을 하는 것이 아닙니다. 하나님과 관계를 맺고 그분에게 반응하고 당신의 인생을 하나님의 뜻에 맞춰 나가야 합니다. 하나님께서 하시고자 하는 일이면 무엇이든지 당신의 인생을 통해서 하실 수 있게 하십시오.

**밴쿠버 세계 박람회**

저는 6년간 브리티시 컬럼비아의 밴쿠버에서 미국 남침례교단에 속한 교회들을 섬겼습니다. 밴쿠버에서 세계 박람회(엑스포 '86)가 열리게 되자, 우리 지방회에서는 그곳에 모일 2,200만 명의 사람들에게 복음을 전하는 것이 하나님의 뜻임을 확신하게 되었습니다. 그러나 밴쿠버 근교의 교인이라고는 우리 지방회에 속한 교회의 교인 약 2,000명밖에 없었습니다. 어떻게 2,000명으로 세계 각지로부터 몰려오는 그 수많은 관광객들에게 큰 영향을 줄 수 있단 말입니까?

박람회가 열리기 2년 전, 우리는 계획을 행동으로 옮기기 시작했습니다. 그 당시 우리 지방회의 총수입은 9,000달러였습니다. 그리고 그 다음 해의 수입은 16,000달러였습니다. 그런데 박람회가 열리던 해에는 예산을 202,000달러로 잡았습니다. 우리는 그 예산의 35퍼센트정도밖에는 가지고 있지 않았습니다. 나머지 65퍼센트는 우리의 기도와 하나님의 공급하심에 달린 문제였습니다.

당신은 기도로 예산을 편성할 수 있습니까? 그 답은 "예"입니다. 그럴 때 당신은 하나님만이 하실 수 있는 무언가를 시도할 수 있는 것입니다. 우리는 대개 어떻게 합니까? 우리는 우리가 할 수 있는 한도 내에서 실질적인 예산을 세웁니다. 그리고 난 후 우리는 우리의 희망 예산을 세웁니다. 그러나 우리가 정말 믿고 사용하는 것은 역시 우리가 감당할 수 있는 한계 내에서의 예산 정도입니다. 실제로 우리는 하나님이 정말 무엇을 해 주시기를 기대하지 않습니다.

지방회 차원으로 우리는 분명히 하나님께서 우리로 하여금 202,000달러의 비용이 드는 일을 하도록 인도하셨음을 믿었습니다. 그것이 우리의 운영예산이 되었습니다. 우리 모두는 하나님께서 그 박람회 기간 동안 우리를 통해 인도하신 모든 것을 하게 하시고, 그에 필요한 모든 것을 공급해 주시기를 기도하기 시작했습니다. 그 해가 끝나갈 무렵 저는 우리 회계에게 우리가 얼마만큼의 헌금을 받았는지 물었습니다. 캐나다, 미국 그리고 또 세계 각지로부터 우리는 264,000달러를 받았습니다.

각지에서 많은 사람들이 도움을 주려고 몰려왔습니다. 박람회가 진행되는 동안 우리는 거의 2만 명이나 되는 사람들이 예수님을 만나도록 촉매역할을 했습니다. 우리는 이것을 하나님이 개입하셨다고밖에는 달리 설명할 수 없습니다. 오로지 하나님만이 그런 일을 하실 수 있습니다. 하나님은 주인이 쓰실 수 있는 종이 되기로 결단하고 항상 하나님께서 원하시는 대로 변화받을 각오로 대기하던 사람들을 사용해서 역사하셨습니다.

### 엘리야는 종이었다

엘리야는 구약에 나오는 이스라엘의 위대한 선지자였으며 하나님의 종이었습니다(왕상 17:1). 아합 왕과 그의 아내 이세벨의 통치하에 있던 이스라엘은 가나안의 다산의 신, 바알을 섬기며 타락했습니다. 열왕기상 18:16-39에 보면, 엘리야는 누구의 신이 진짜 신인지 공개적으로 단번에 판가름 내자고 바알 선지자들에게 제안했습니다. 그는 하나님의 종으로서 큰 위험을 무릅쓴 것입니다. 엘리야는 850 대 1이라는 숫자적인 열세에 있었습니다.

엘리야는 번제물을 준비해서 그들의 신에게 불을 내려서 태우게 하라고 바알 선지자들에게 제안했습니다. 엘리야도 이스라엘의 하나님께 불을 내려달라고 동일하게 호소할 것이었습니다. 바알은 그의 선지자들의 호소에 응답하지 않았습니다. 엘리야는 주님의 제단을 보수했고 그의 번제물을 준비했습니다. 하나님은 엘리야가 제안한 대로 불을 내려서 번제물을 태우셨습니다(돌로 만든 제단까지 태우셨습니다). 하나님이 불을 내려주시는 역사를 보여주시지 않았다면 엘리야는 완전히 실패했을 것입니다. 엘리야는 아마도 목숨을 잃었을 것입니다.

이 과정에서 엘리야는 하나님과 동행하며 하나님께서 시키시는 모든 일을 해야만 했습니다. 그는 이렇게 기도했습니다. "내가 주의 종인 것과 내가 주의 말씀대로 이 모든 일을 행하는 것을 오늘 알게 하옵소서"(왕상 18:36). 엘리야는 하나님의 명령에 순종했을 뿐, 자기 주도로 일하지 않았습니다. 그는 하나님이 가라고 하신 곳으로, 하나님이 가라고 하신 때에, 하나님이 말씀하신 것을 행했습니다. 그때 하나님은 엘리야를 통해 자신의 뜻을 이루셨습니다. 엘리야는 "주 여호와는 하나님이신 것과 주는 그들의 마음을 돌이키심을 알게 하옵소서"(왕상 18:37)라고 기도하면서 하나님이 그 일을 하셨음을 시인했습니다. 엘리야는 사람들이 하나님을 한 분이신 참 하나님으로 확인하기를 바랐습니다. 그리고 사람들은 그대로 반응했습니다!

엘리야가 하늘에서 불을 내렸습니까, 아니면 하나님께서 내리셨습니까? 물론 하나님이시죠. 그럼 엘리야는 무엇을 하고 있었습니까? 그는 하나님께 순종하고 있었습니다. 엘리야에게는 하나님께서 하시고자 하는 일을 할 만한 능력이 전혀 없었습니다. 하나님께서 하나님만이 하실 수 있는 일을 하시자, 모든 사람들은 하나님만이 참 하나님이심을 깨달았습니다. 그리고 하나님은 그의 순종하는 종, 엘리야를 통해서 이 놀라운 일을 하셨습니다.

## 평범한 사람들

잃어버린 세상을 구속하는 하나님의 역사에 동참한다는 것을 생각할 때, 당신은 이런 질문을 할지도 모릅니다. "한 명의 평범한 사람이 무슨 일을 할 수 있습니까?" 이럴 때 용기를 주는 놀라운 말씀이 바로 엘리야에 관한 말씀입니다. "엘리야는 우리와 성정이 같은 사람이로되 그가 비가 오지 않기를 간절히 기도한즉 삼 년 육 개월 동안 땅에 비가 오지 아니하고 다시 기도한즉 하늘이 비를 주고 땅이 열매를 맺었느니라"(약 5:17-18).

이 구절에 의하면 하나님의 능력의 사람도 당신과 저와 동일한 평범한 사람이었습니다. 우리처럼 엘리야도 "평범한" 사람이었습니다. 그러나 그가 기도했을 때, 하나님은 응답하셨습니다. 엘리야는 평범했지만 겸손하게 종으로서의 역할을 기꺼이 감당했습니다. 그는 하나님이 지시한 모든 것대로 순종하였고, 하나님이 엘리야에게 능력을 주시고 그를 통해서 일하심으로써 한 국가가 하나님께로 돌아오는 놀라운 영향력을 발휘하게 하셨습니다.

### 베드로와 요한

베드로와 요한은 예수님의 첫 제자들 중 두 사람입니다. 예수님의 부활 후에 하나님께서 베드로를 통해 앉은뱅이를 고쳐주셨습니다. 그때 베드로와 요한은 유대인의 공회에 끌려가서 그들이 행한 일을 설명해야 했습니다. 베드로는 성령의 충만함을 입고 담대하게 유대 종교 지도자들 앞에서 증거하였습니다. 지도자들의 반응을 살펴봅시다.

"그들이 베드로와 요한이 담대하게 말함을 보고 그들을 본래 학문 없는 범인으로 알았다가 이상히 여기며 또 전에 예수와 함께 있던 줄도 알고"(행 4:13).

성경에 나오는 인물들은 모두 평범한 사람들이었습니다. 하나님과의 관계와 하나님이 그들에게 역사하심이 그들을 특별하게 만들었습니다. 유대교 지도자들이 베드로와 요한을 보고 "예수와 함께 있던 줄" 알았다는 구절이 당신의 눈에 띄었습니까? 시간을 투자해서 하나님과 친밀한 관계를 맺고 싶어하는 사람은 누구나 하나님이 그 사람의 인생에서 상상을 초월하는 일들을 하시는 것을 볼 수 있습니다.

### 평범한 신발 외판원, D. L. 무디

드와이트 L. 무디는 학벌도 없고 목사 안수도 받지 못한 신발 외판원이었지만 복음을 전파하라는 하나님의 부르심을 느끼게 되었습니다. 어느 날 이른 아침, 그와 몇몇 친구들은 기도와 회개와 성화의 모임을 갖기 위해서 어느 풀밭에 모였습니다. 헨리 바알리가 이렇게 말했습니다.

"이 세상에는 아직 온전히 헌신된 한 사람이 없습니다. 하나님께만 온전히 헌신된 한 사람이 나타나면 하나님께서 그를 통해서, 그와 함께, 그를 위해, 그 안에서 얼마나 큰 일을 하실지 세상은 알지 못합니다."

무디는 그 말에 깊은 감명을 받았습니다. 그가 훌륭한 설교자인 찰스

H. 스펄전 목사님의 설교를 듣고 어떻게 반응했는지를 후세의 전기 작가는 이렇게 표현합니다.

"그래, 세상은 아직 그 한 사람을 보지 못했어! 그를 통해서, 그와 함께, 그를 위해, 그 안에서 얼마나 큰 일을 하실지를! 바알리는 누구든 가능하다고 했어. 바알리는 그 사람의 교육수준이 높아야 한다든지, 뛰어나야 한다든지 하는 그 어떤 조건에 대해서도 말하지 않았어! 단지 '한 사람'이라고만 했지! 성령님이 내 안에 거하시면 나 무디도 그런 사람이 되는 거야." 갑자기 무디는 지금까지 한 번도 깨닫지 못하던 무언가를 그 교회당에서 보았습니다. 그것은 스펄전 목사님이 아니었습니다. 결국 모든 것을 하고 계신 분, 하나님을 본 것입니다. "하나님이 스펄전 목사님을 쓰신다면 그 외의 사람들을 안 쓰실 리 없다. 주님의 발 앞에 머리를 조아리고 '나를 보내주세요, 나를 써주세요!'라고 말씀드리자."

드와이트 L. 무디는 예수님께 온전히 헌신되기를 원하던 평범한 사람이었습니다. 그의 평범한 삶을 통해서 하나님은 특별한 일을 시작하셨습니다. 무디는 근대의 가장 훌륭한 복음전도자 중 한 사람이 되었습니다. 그는 19세기 전반에 걸쳐 미국과 영국에서 복음전도 집회를 열고 설교하여 수많은 사람들을 예수님께로 인도하였습니다.

하나님께서 하나님 나라의 중요한 일을 성취하시기 위해 특별한 방법으로 당신의 삶을 통해 일하실 수 있습니까? 당신은 "글쎄, 나는 무디가 아닌데…"라고 말할지도 모릅니다. 당신이 무디일 필요는 없습니다. 하나님은 당신이 무디가 되기를 원치 않으십니다. 하나님은 당신이 당신 자신이길 원하시고, 당신을 통해서 그분이 선택하신 것을 하기 원하십니다. 당신이 아무런 중요한 일도 당신을 통해서는 일어날 수 없다고 얘기할 때, 당신은 당신 자신에 대해 얘기했다기보다는 하나님에 대한 당신의 믿음에 대해서 얘기한 것입니다. 당신은 하나님이 당신을 통해 중요한 일을 하실 능력이 없다고 말하는 것입니다. 사실 하나님은 평범한 한 사람이 헌신했을 때, 하나님이 기뻐하시는 어떤 일도 하실 수 있습니다.

### 침(세)례 요한

하나님이 우수하다고 평가하는 기준과 사람의 평가기준이 다르다는 사실에 놀라지 마십시오. 침(세)례 요한이 공중 앞에서 사역한 기간은 얼마 동안이었습니까? 아마도 6개월 정도였겠지요? 침(세)례 요한의 삶에 대한 예수님의 평가는 어떠했습니까? "내가 너희에게 말하노니 여자가 낳은 자 중에 요한보다 큰 자가 없도다"(눅 7:28). 더 큰 자가 없도다! 6개월을 온전히 하나님께 바친 요한의 삶에 하나님의 아들이 승인 도장을 쾅 찍어주셨습니다.

당신의 삶을 세상의 기준으로 판단하지 마십시오! 그러나 많은 교회와 목회자들과 지도자들이 그렇게 하고 있습니다. 생각해 보십시오. 그러한 개인이나 교회가 세상적으로는 괜찮아 보일 수 있습니다. 그러나 하나님의 눈에는 절대로 용납할 수 없게 보일 것입니다. 반대로, 하나님을 기쁘시게 하는 교회가 세상 사람들에게는 하찮아 보일 수 있습니다. 시골 한구석 작은 마을에서 하나님을 신실하게 섬기는 목사님이 하나님을 기쁘시게 할 수 있을까요? 물론입니다. 하나님께서 그분을 거기로 보내셨다면요. 하나님은 책임의 경중을 막론하고 충성을 다하는 사람에게 상을 주십니다.

하나님은 평범한 사람을 쓰는 것을 가장 좋아하십니다. 사도 바울은 고린도전서 1:26-31에서, 하나님은 세상에서 약하고 멸시받는 것을 일부러 찾으신다고 했습니다. 거기서 하나님이 가장 큰 영광을 받으시기 때문입니다. 그래야 모든 사람들이 하나님이 하신 일임을 믿게 됩니다. 당신이 약하다고, 제한된 존재라고, 평범하다고 느낀다면 당신이야말로 하나님이 쓰시기에 적합한 사람입니다!

 요약

구원은 잃어버린 세상을 그리스도를 통해 하나님 자신과 화목케 하는 사명에 동참자로의 부르심입니다. 이 부르심은 당신이 하나님의 종이 될 것을 요구합니다. 예수님은 겸손과 순종을 요구하는 종의 자세를 가장 잘 보여준 본보기이십니다. 당신이 종으로서 해야 할 일은 주님이 빚으시기 좋게 되는 것과 주님께 쓰임 받기 위해 그분의 손에 남아 있는 것입니다.

당신은 스스로가 평범한 사람이라고 생각할지 모르나 하나님은 당신을 준비시켜 주실 것입니다. 그분은 당신을 통해 자신의 일을 하심으로써 바라보고 있는 세상에 자신을 나타내실 것입니다.

 오늘의 하나님을 경험하는 삶

당신은 하나님의 종이 되기 원하십니까? 당신은 오직 하나님만이 하실 수 있는 어떤 일이 당신을 통해 일어나기를 원하십니까? 당신은 예수님께서 마태복음 11:28-30에서 말씀하시는 쉼과 성공을 경험하기 원하십니까? 그렇다면 주인이 어디 계신지 찾으십시오. 그곳이 당신이 있어야 할 곳입니다. 주님이 무엇을 하고 계신지 알아보십시오. 그것이 당신이 해야 할 일입니다. 예수님은 이렇게 말씀하십니다.

"사람이 나를 섬기려면 나를 따르라 나 있는 곳에 나를 섬기는 자도 거기 있으리니 사람이 나를 섬기면 내 아버지께서 저를 귀히 여기시리라"(요 12:26).

예수님의 본을 좇으면서 당신은 아무것도 할 수 없다는 것과 하나님은 무엇이든 하실 수 있다는 사실을 염두에 두십시오. 지금 하나님 앞에 자신을 낮추고 겸손히 기도하며 이 사실을 시인하십시오. 당신의 절대적인 항복을 선언하고, 하나님이 당신에게 동참하라고 부르시는 것이면 무엇이든 순종하겠다고 결단하십시오.

# 5장 하나님을 경험하는 삶의 일곱 가지 실체

주 여호와께서는 자기의 비밀을
그 종 선지자들에게 보이지 아니하시고는
결코 행하심이 없으시리라
아모스 3:7

하나님은 무슨 일을 하실 준비가 되셨을 때, 한 사람 혹은 그분의 백성에게 자신이 무엇을 하실 것인지를 보여주십니다. 하나님은 자신의 백성을 통해 자신의 역사를 이루십니다. 이것이 하나님이 당신과 일하시는 방법입니다. 성경에는 하나님이 일하시는 방법들이 이해하기 쉽게 디자인되어 있습니다. 그리고 하나님이 당신의 인생에 개입하시기 시작하면 당신은 그분이 하나님이심을 깨닫게 됩니다.

하나님이 성경의 인물들의 삶에 개입하시는 방법을 연구하면서 저는 그들에게 공통적인 점 세 가지를 발견했습니다.

- 하나님이 말씀하셨을 때, 그들은 그분이 하나님이심을 알았다.
- 그들은 하나님이 무슨 말씀을 하시는지 알았다.
- 그들은 하나님 말씀에 대한 반응으로 무엇을 해야 할지를 알았다.

저는 또한 제가 "하나님을 경험하는 삶의 일곱 가지 실체"라고 부르는 경험을 공통적으로 발견했습니다. 이것은 하나님의 뜻을 알고 경험하는 데 있어서의 어떤 단계가 아닙니다. 그러나 이것은 하나님이 한 개인이나 한 무리의 사람들로 하여금 자신의 역사에 동참케 하시는 방법을 확인시켜 줍니다.

이 책의 나머지 부분에서 저는 이 실체들에 초점을 맞추어서 당신의 인생에서 하나님이 어떻게 일하시는지를 이해하도록 당신을 도울 것입니다. 이 장은 개관입니다. 아마도 당신은 제가 자주 이 실체의 다른 면들을 반복해서 다루는 것을 알게 될 것입니다. 제가 나누는 개인적인 경험들은 대개 한 가지 범주에 국한될 수 없는 경우가 많습니다. 어떤 경우에는 일곱 가지 실체들 중 몇 가지가 두드러지게 나타날 것입니다. 여러 가지 다른 경우마다 반복을 통해서 당신의 인생에 개입하시는 하나님의 역사에 당신이 어떻게 반응해야 하는지를 배울 수 있도록 도와드릴 것입니다.

일곱 가지 실체를 읽으면서 아마도 다음과 같은 질문을 했을 것입니다.

## 하나님을 경험하는 삶의 일곱 가지 실체

1. 하나님은 항상 당신의 주위에서 일하고 계십니다.
2. 하나님은 당신과 실제적이고 개인적인, 지속적인 사랑의 관계를 추구하십니다.
3. 하나님은 당신이 그분의 일에 참여하도록 당신을 초청하십니다.
4. 하나님은 하나님 자신과 자신의 목적과 길을 보여주기 위하여, 성령님에 의해 성경, 기도, 환경과 교회를 통해서 말씀하십니다.
5. 하나님의 부르심은 항상 당신을 믿음의 갈등으로 몰아넣고, 결단과 그에 따른 행동을 요구합니다.
6. 당신은 하나님의 역사에 참여하기 위해서 당신의 인생을 하나님의 뜻에 맞게 조정해야 합니다.
7. 당신이 하나님께 순종하고, 하나님이 당신을 통해서 그분의 일을 성취하심으로 말미암아, 당신은 경험으로 하나님을 알게 됩니다.

- 하나님과 사랑의 관계에 들어가려고 할 때 필요한 것이 무엇인가?
- 하나님이 언제 나에게 말씀하고 계신지를 어떻게 알 수 있는가?
- 하나님이 어디서 일하고 계신지 어떻게 아는가?
- 하나님은 내 인생에 어떤 조정을 해야 한다고 요구하시는가?
- 조정하는 것과 순종하는 것의 차이점은 무엇인가?

많은 사람들과 개인적으로 혹은 그룹으로 함께 공부하면서 저는 이런 질문들을 많이 받아왔습니다. 이 책의 나머지 부분에서는 당신이 갖고 있을 질문들에 대해 될 수 있는 대로 많이 답하도록 노력하겠습니다.

## 모세의 예

모세의 부르심과 그의 사역은 하나님께서 성경의 인물들과 어떻게 함께 일하셨는지를 보여주는 좋은 예입니다. 출애굽기 2-4장을 살펴보면 모세의 유년기와 하나님의 부르심에 관해 기록되어 있습니다.

다음의 연구에 대한 배경으로 그 부분을 읽도록 하십시오. 성경의 다른 부분들도 모세가 어떻게 하나님의 뜻을 알고 따르게 되었는지 우리에게 가르쳐 줍니다. 불붙은 떨기나무에서의 모세의 경험은 일곱 가지 실체를 잘 나타내주고 있습니다. 저는 하나님이 어떻게 인간을 통해서 자신의 뜻을 이루시는지를 보여주는 성경의 예로 모세의 경우를 사용하기로 했습니다. 다음에 나와 있는 하나님을 경험하는 삶의 일곱 가지 실체에 관한 도표는 하나님이 어떻게 모세와 함께 일하셨는지를 보여줍니다.

각 실체에서 열쇠가 되는 단어들이 도표에 적혀 있습니다. 각 실체들을 살펴보면서 모세가 그것을 어떻게 경험했는지 알아봅시다.

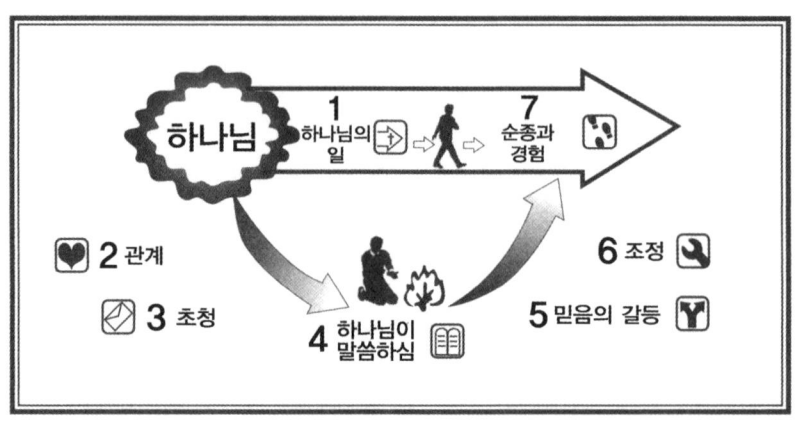

## 실체 1. 하나님은 항상 당신의 주위에서 일하고 계십니다.

하나님은 세계를 창조하시고 그것이 스스로 돌아가도록 내버려 두지 않으셨습니다. 하나님은 역사 전반에 걸쳐 적극적으로 참여해 오셨습니다. 사실, 그분이 역사를 주관해 오셨습니다. 죄 때문에 인류는 하나님과의 올바른 관계로부터 단절되어 왔습니다. 하나님은 하나님 없이 죽어가는 잃어버린 영혼들을 구속하시기 위해 세상에서 스스로 일하고 계십니다. 아버지 하나님은 그리스도를 통해서 세상을 자신과 화목케 하십니다. 어떤 이유에서 하나님은 그분의 백성을 통해서 자신의 일을 하기로 정하셨습니다. 하나님은 자신의 일을 성취시키시는 과정에서 한 사람을 움직여 하나님의 활동의 주류에 합류케 하십니다.

불붙은 떨기나무에서 모세에게 나타나셨을 때 하나님은 이미 모세 주위에서 일하고 계셨습니다. 하나님은 모세 당대에 목적하신 일을 추구하고 계셨습니다. 광야에서 도망자 신세로 있었지만 모세는 하나님의 계획에 꼭 맞게 준비되어 있었으며 하나님이 정하신 때와 하나님의 뜻 한가운데 서 있었습니다.

하나님은 아브라함에게 그의 후손이 이방에서 객이 될 것이지만 하나님이 그들을 약속의 땅으로 구원해 내셔서 그 땅을 그들에게 주실 것을 이미 오래 전에 말씀하셨습니다. 하나님은 이스라엘을 향한 자신의 목적을 이루실 정확한 시간을 기다리고 계셨습니다.

"이스라엘 자손은 고된 노동으로 말미암아 탄식하며 부르짖으니 그 고된 노동으로 말미암아 부르짖는 소리가 하나님께 상달된지라 하나님이 그들의 고통 소리를 들으시고 하나님이 아브라함과 이삭과 야곱에게 세운 그의 언약을 기억하사 하나님이 이스라엘 자손을 돌보셨고 하나님이 그들을 기억하셨더라"(출 2:23-25).

이제 시간이 왔습니다. 하나님이 이스라엘 백성을 구속하실 때 중요했던 것은 모세 개인을 향한 하나님의 뜻이 아니었습니다. 중요한 것은 이스라엘 백성 전체를 위한 하나님의 뜻이었습니다. 하나님은 이스라엘과 일하고 계셨고, 모세를 그분의 역사의 주류로 합류시키기 위해 준비하고 계셨습니다.

## 실체 2. 하나님은 당신과 실제적이고 개인적인, 지속적인 사랑의 관계를 추구하십니다.

하나님은 자신과의 사랑의 관계를 위해서 인류를 창조하셨습니다. 하나님은 그 무엇보다도 우리가 우리의 전 존재를 바쳐 그분을 사랑하기를 바라십니다. 그분이 사랑의 관계를 주도하는 분이십니다. 하나님은 그분의 아들, 예수님을 보내실 때 그것을 시작하셨습니다. 사랑의 관계를 회복시키기 위해 예수님의 죽음을 허락하신 것을 보면 그것이 얼마나 중요한 것인지를 명확히 알 수 있습니다.

하나님과의 이 사랑의 관계는 실제적이고 개인적입니다. 그것은 친밀한 사랑의 관계입니다. 이것이 하나님의 뜻을 알고 행하는 데 있어서 가장 중요한 요소일 것입니다. 하나님과의 사랑의 관계가 제대로 되어 있지 않다면 그 무엇도 제대로 된 것이 없을 것입니다.

하나님이 주도하셔서 모세에게로 오셨고, 실제적이고 개인적인 사랑의 관계를 시작하셨습니다. 모세는 자기가 치던 양떼를 인도하여 "하나님의 산 호렙"(출 3:1)에 다다랐습니다. 아마도 십중팔구 모세는 예배하러 그 산에 왔을 것입니다. 그런데 하나님이 불붙은 떨기나무에서 자신을 계시하심으로써 모세의 계획을 방해하십니다. 하나님은 자신이 모세와 함께 애굽으로 가실 것을 말씀하십니다. 하나님이 모세와의 지속적인 사랑의 관계를 추구하신 예들이 출애굽기, 레위기, 민수기 그리고 신명기의 여러 부분에 나와 있습니다. 다음이 한 예입니다.

> 여호와께서 모세에게 이르시되 너는 산에 올라 내게로 와서 거기 있으라 네가 그들을 가르치도록 내가 율법과 계명을 친히 기록한 돌판을 네게 주리라…모세가 산에 오르매 구름이 산을 가리며 여호와의 영광이 시내산 위에 머무르고…모세는 구름 속으로 들어가서 산 위에 올랐으며 모세가 사십 일 사십 야를 산에 있으니라 (출 24:12, 15-16, 18).

하나님은 끊임없이 여러 번 모세와 이야기하고, 함께 있자고 초청하셨습니다. 하나님이 먼저 모세와 관계를 맺으시고 지속시키셨습니다. 이 관계는 사랑에 기초하고 있었고, 하나님은 매일 하나님의 '친구'인 모세를 통해서 자신의 목적을 이루어 나가셨습니다. 모세의 지도하에서 하나님이 자신의 백성들을 인도하고 그들의 필요를 공급해 주시는 과정을 볼 때, 하나님과의 관계는 매우 실제적인 것이었습니다.

## 실체 3. 하나님은 당신이 그분의 일에 참여하도록 당신을 초청하십니다.

하나님은 온 우주의 통치자이십니다. 그분은 일하고 계시며 오직 그분만이 주도하셔서 역사를 시작하실 권리가 있으십니다. 그분은 우리가 그분을 위해 꿈을 꾸고 다 계획하고 나서 복을 달라고 조르는 것을 원치 않으십니다. 그분은 우리에게 오실 때 이미 일을 하고 계시는 상태입니다. 하나님의 소원은 우리를 있던 자리에서 데리고 나와서 그분이 일하시는 곳으로 데려가는 것입니다. 하나님은 당신에게 자신이 어디서 역사하고 계신지를 보여주십니다. 그것이 하나님께 동참하라는 초청입니다. 하나님이 자신의 일을 당신에게 보여주실 때가 당신이 그분께 반응해야 하는 시간입니다.

하나님의 목적은 이스라엘 백성을 구속하여 한 나라를 세우시는 것이었습니다. 하나님은 모세를 통해서 그 일을 성취시키기 원하셨습니다. 하나님은 자신의 역사에 동참하도록 모세를 초청하셨습니다. 하나님은 이렇게 말씀하셨습니다.

"내가 내려와서 그들을 애굽인의 손에서 건져내고 그들을 그 땅에서 인도하여 아름답고 광대한 땅, 젖과 꿀이 흐르는 땅 곧 가나안 족속, 헷 족속, 아모리 족속, 브리스 족속, 히위 족속, 여부스 족속의 지방에 데려가려 하노라…이제 내가 너를 바로에게 보내어 너에게 내 백성 이스라엘 자손을 애굽에서 인도하여 내게 하리라"(출 3:8, 10).

## 실체 4. 하나님은 하나님 자신과 자신의 목적과 길을 보여주기 위하여, 성령님에 의해 성경, 기도, 환경과 교회를 통해서 말씀하십니다.

창세기에서 요한계시록에 이르기까지 성경은 하나님이 그의 백성에게 말씀하신다는 사실을 증거합니다. 오늘날도 하나님은 성령님을 통해서 우리에게 말씀하십니다. 하나님은 말씀, 기도, 환경 그리고 교회(다른 신자들)를 통해서 말씀하십니다. 이 방법들 중 어떤 특정한 한 가지만으로는 그것이 확실한 하나님의 인도 지침이 될 수 없습니다. 그러나 하나님이 각 방법을 통해 동일한 말씀을 주시면 당신은 실행할 확신을 가질 수 있습니다.

하나님은 당신에게 자신을 드러내셔서 당신이 그분을 의지하고 믿을 수 있게 하십니다. 하나님은 자신의 목적을 당신에게 가르쳐주셔서 당신이 어떤 다른 일이 아닌 하나님의 역사에 동참하게 하십니다. 하나님은 자신의 방법을 보여주셔서 당신이 하나님을 영화롭게 하는 방법으로 주님의 일을 이루게 하십니다. 하나님의 길은 우리의 길과 다릅니다. 당신은 하나님에 관한 진리를 스스로 발견할 수 없습니다. 진리는 계시되는 것입니다.

하나님은 불붙은 떨기나무에서의 독특한 경험을 통해 모세를 만나시고 하나님 자신과 자신의 목적과 길을 보여주셨습니다.

여호와의 사자가 떨기나무 가운데로부터 나오는 불꽃 안에서 그에게 나타나시니라…하나님이 떨기나무 가운데서 그를 불러 이르시되 모세야 모세야 하시매 그가 이르되 내가 여기 있나이다 하나님이 이르시되 이리로 가까이 오지 말라 네가 선 곳은 거룩한 땅이니 네 발에서 신을 벗으라 또 이르시되 나는 네 조상의 하나님이니 아브라함의 하나님, 이삭의 하나님, 야곱의 하나님이니라…내가 애굽에 있는 내 백성의 고통을 분명히 보고 그들이 그들의 감독자로 말미암아 부르짖음을 들고 그 근심을 알고 내가 내려가서 그들을 애굽인의 손에서 건져내고 그들을 그 땅에서 인도하여 아름답고 광대한 땅, 젖과 꿀이 흐르는 땅에…데려가려 하노라(출 3:2-8).

내 말을 들으라 너희 중에 선지자가 있으면 나 여호와가 환상으로 나를 그에게 알리기도 하고 꿈으로 그와 말하기도 하거니와 내 종 모세와는 그렇지 아니하니 그는 내 온 집에 충성함이라 그와는 내가 대면하여 명백히 말하고…(민 12:6-8).

하나님은 모세에게 나타나셔서 자신의 뜻에 대해서 말씀하셨습니다. 하나님은 모세가 애굽으로 가기를 원하셨으며, 그 결과 하나님은 그를 통하여 이스라엘 민족을 구원하실 수 있었습니다. 하나님은 아브라함에게 한 약속을 이행하시고, 이스라엘에게 약속하신 땅뿐 아니라 앞의 구절에 열거되지 않은 다른 복들을 주시기 위해 모세에게 자신의 거룩하심, 자비하심, 능력, 자신의 이름 그리고 목적을 계시하셨습니다. 하나님이 이 불붙은 떨기나무의 경험을 통해 말씀하셨을 때 모세는 그것이 하나님이신 줄을 알았습니다. 그는 하나님이 무슨 말씀을 하시는지 알았으며, 주님께 대한 반응으로 무엇을 해야 하는지도 알았습니다.

## 실체 5. 하나님의 부르심은 항상 당신을 믿음의 갈등으로 몰아넣고, 결단과 그에 따른 행동을 요구합니다.

하나님은 세상에 자신을 계시하기 원하십니다. 하나님은 사람들이 당신이 하는 것만을 보게 하시기 위해 당신을 부르신 것이 아닙니다. 하나님은 당신을 부르셔서 하나님 없이는 절대로 할 수 없는 사명을 감당케 하십니다. 그 사명은 하나님 크기의 차원입니다.

하나님이 당신에게 당신이 할 수 없는 무언가를 시키시면 당신은 믿음의 갈등에 부딪히게 됩니다. 당신이 하나님에 대해서 무엇을 믿고 있는가가 이때 드러납니다. 하나님이 당신을 통해서 하시겠다고 하신 일을 하실 수 있습니까? 당신이 뭐라고 말하든지 하나님의 초청에 대한 반응으로 무엇을 하느냐가 당신이 하나님에 대해서 무엇을 믿는지를 드러냅니다.

여기가 많은 사람들이 걸려 넘어지는 전환점입니다. 그들은 하나님이 그들을 통해서 나타내실 놀라운 능력을 경험하는 기회를 놓칩니다. 그들은 어떤 일이 가능할지 정확하게 알지 못하면 앞으로 나아가지 못합니다. 그들은 보는 것에 따라 하나님과 동행하려 합니다. 하나님을 좇으려면 당신은 믿음으로 사는 것을 배워야 하는데 믿음은 항상 행동을 요구합니다.

하나님의 초청은 모세를 믿음과 행동을 요구하는 믿음의 갈등으로 몰아넣었습니다. 모세는 다음과 같이 하나님께 말하면서 그의 믿음의 갈등을 표현했습니다.

- "내가 누구이기에 바로에게 가며 이스라엘 자손을 애굽에서 인도하여 내리이까"(출 3:11).
- "내가 이스라엘 자손에게 가서 이르기를 너희 조상의 하나님이 나를 너희에게 보내셨다 하면 그들이 내게 묻기를 그의 이름이 무엇이냐 하리니 내가 무엇이라고 그들에게 말하리이까"(출 3:13).
- "그러나 그들이 나를 믿지 아니하며 내 말을 듣지 아니하고 이르기를 여호와께서 네게 나타나지 아니하셨다 하리이다"(출 4:1).
- "주여 나는 본래 말을 잘하지 못하는 자니이다 주께서 주의 종에게 명하신 후에도 그러하니 나는 입이 뻣뻣하고 혀가 둔한 자니이다"(출 4:10).
- "주여 보낼 만한 자를 보내소서"(출 4:13).

모세는 많은 핑계들을 나열했습니다. 그는 과연 하나님께서 자기를 사용하셔서 뜻을 이루실 수 있을지(출 3:11), 그리고 백성들이 하나님이 자기에게 나타나신 것을 믿을지(출 4:1), 또한 그가 사명을 이루기에 충분할 정도로 말을 잘할 수 있을지 확신이 없었습니다(출 4:10).

각각의 경우에서 모세는 자기의 능력을 의심했다기보다는 하나님을 의심한 것입니다. 그는 믿음의 갈등에 부딪힌 것입니다. 과연 하나님은 그가 말씀하시는 모든 것을 이루실 수 있을까? 하나님은 마침내 하나님이 이스라엘을 구원하는 역사에 모세가 참여하게 될 것임을 납득시켜 주셨습니다. 그러나 히브리서에 보면, 모세의 믿음은 자기를 희생하며 전능하신 하나님을 의지한 좋은 본보기라고 나와 있습니다. 하나님은 자신이 무엇을 하시려는지를 모세에게 알려주셨습니다. 그 계시는 모세로 하여금 하나님의 일에 동참하라는 하나님의 초청이었습니다. 히브리서 기자는 모세의 믿음과 행동을 이렇게 표현합니다.

믿음으로 모세는 장성하여 바로의 공주의 아들이라 칭함 받기를 거절하고 도리어 하나님의 백성과 함께 고난받기를 잠시 죄악의 낙을 누리는 것보다 더 좋아하고 그리스도를 위하여 받는 수모를 애굽의 모든 보화보다 더 큰 재물로 여겼으니 이는 상 주심을 바라봄이라 믿음으로 애굽을 떠나 왕의 노함을 무서워하지 아니하고 곧 보이지 아니하는 자를 보는 것같이 하여 참았으며 믿음으로 유월절과 피 뿌리는 예를 정하였으니 이는 장자를 멸하는 자로 그들을 건드리지 않게 하려 한 것이며 믿음으로 그들은 홍해를 육지 같이 건넜으나 애굽 사람들은 이것을 시험하다가 빠져 죽었으며…(히 11:24-29).

## 실체 6. 당신은 하나님의 역사에 참여하기 위해서 당신의 인생을 하나님의 뜻에 맞게 조정해야 합니다.

여기가 많은 사람들이 하나님을 경험하는 기회를 놓치게 되는 두번째 전환점입니다. 당신이 있던 곳에서 하나님이 계신 곳으로 옮겨가는 작업은 대대적인 조정을 요구합니다. 이 조정은 당신의 사고, 환경, 관계, 헌신, 행동 혹은 신조와 관련된 것일 수 있습니다. 어떤 이들은 이 조정이 그리 대대적인 것이 아니라고 생각합니다. 그러나 언제든지 당신 자신이 처한 곳에서 하나님이 계신 곳으로 옮겨가려면 대대적인 조정을 해야만 합니다. 당신의 사고방식이나 행동양식으로부터 하나님의 사고방식과 행동양식으로 옮겨가려면 조정이 필수적입니다. 당신은 자기 자리에 머물러 있으면서 동시에 하나님과 함께 동행할 수 없습니다.

모세는 하나님이 하고 계신 역사에 동참하기 위해 자기 인생에서 대대적인 조정을 단행했습니다. 모세는 광야에 있으면서 동시에 바로 앞에 설 수 없었습니다. 하나님이 말씀하십니다.

"여호와께서 미디안에서 모세에게 이르시되 애굽으로 돌아가라 네 목숨을 노리던 자가 다 죽었느니라 모세가 그 아내와 아들들을 나귀에 태우고 애굽으로 돌아가는데…"(출 4:19–20).

모세는 하나님께로 자기의 인생 방향을 조정했습니다. 모세는 하나님께서 모든 것을 하시겠다고 말씀하신 장소로 와야만 했습니다. 그리고 자기 직업과 처가를 떠나서 애굽으로 이사를 해야만 했습니다. 이렇게 삶을 조정한 후에야 그는 하나님께 순종할 수 있는 자리에 서게 되었습니다.

그러나 그것은 모세가 하나님을 위해서 뭔가를 자기 힘으로 해보겠다는 뜻은 아니었습니다. 그것은 모세가 하나님이 이미 일하고 계신 곳으로 가겠다는 뜻이며, 그 결과 하나님이 처음부터 계획하신 목적을 이룰 수 있게 되었다는 뜻입니다. 모세는 하나님께서 빚으실 수 있는 하나님의 종으로서, 그분이 선택하시는 대로 쓰임받고자 하나님의 손 안에 머물러 있었습니다. 하나님이 그를 통해 자신의 목적을 이루셨습니다.

## 실체 7. 당신이 하나님께 순종하고, 하나님이 당신을 통해서 그분의 일을 성취하심으로 말미암아, 당신은 경험으로 하나님을 알게 됩니다.

일단 믿음으로 하나님을 따르기로 결단하고 요구되는 조정을 했으면, 당신은 하나님께 순종해야만 합니다. 그것이 얼마나 상식을 벗어나는 것으로 보이든, 하나님이 하라고 말씀하시는 대로 당신이 순종하면, 하나님은 당신을 통해서 자신의 목적을 이루십니다. 당신뿐 아니라 당신이 하고 있는 일을 바라보는 사람들도 하나님의 능력과 임재를 경험하게 됩니다.

모세는 하나님께 순종하면서 그분을 경험으로 알게 되었고, 하나님은 모세를 통해서 자신의 일을 성취하셨습니다. 출애굽기, 레위기, 민수기, 신명기의 여러 곳에 걸쳐 하나님이 어떻게 자신을 모세에게 나타내셨는지가 기록되어 있습니다. 모세가 하나님께 순종할 때 하나님은 모세가 할 수 없는 일을 모세를 통해서 이루셨습니다. 모세와 백성들이 하나님을 그들의 구원자로 경험하게 된 한 예가 다음에 있습니다. 그들은 애굽에서 도망하여 나오면서 홍해에 이르렀습니다. 그들은 앞으로 전진할 수 없는 상태였고, 애굽 군대는 그들을 추격하고 있었습니다. 백성들은 도망갈 구멍을 찾을 수 없었습니다. 그때 하나님이 말씀하셨습니다.

여호와께서 모세에게 이르시되 너는 어찌하여 내게 부르짖느냐 이스라엘 자손에게 명령하여 앞으로 나아가게 하고 지팡이를 들고 손을 바다 위로 내밀어 그것이 갈라지게 하라 이스라엘 자손이 바다 가운데서 마른 땅으로 행하리라 내가 애굽 사람들의 마음을 완악하게 할 것인즉 그들이 그 뒤를 따라 들어갈 것이라 내가 바로와 그의 모든 군대와 그 병거와 마병으로 말미암아 영광을 얻으리니…모세가 바다 위로 손을 내밀매 여호와께서 큰 동풍이 밤새도록 바닷물을 물러가게 하시니 물이 갈라져 바다가 마른 땅이 된지라 이스라엘 자손이 바다 가운데를 육지로 걸어가고 물은 그들의 좌우에 벽이 되니 애굽 사람들과 바로의 말들, 병거들과 그 마병들이 다 그들의 뒤를 추격하여 바다 가운데로 들어오는지라…여호와께서 모세에게 이르시되 네 손을 바다 위로 내밀어 물이 애굽 사람들과 그들의 병거들과 마병들 위에 다시 흐르게 하라 하시니 모세가 곧 손을 바다 위로 내밀매 새벽이 되어 바다의 힘이 회복된지라 애굽 사람들이 물을 거슬러 도망하나 여호와께서 애굽 사람들을 바다 가운데 엎으시니…그러나 이스라엘 자손은 바다 가운데를 육지로 행하였고 물이 좌우에 벽이 되었더라 그 날에 여호와께서 이같이 이스라엘을 애굽 사람의 손에서 구원하시매 이스라엘이 바닷가에서 애굽 사람들이 죽어 있는 것을 보았더라 이스라엘이 여호와께서 애굽 사람들에게 행하신 그 큰 능력을 보았으므로 백성이 여호와를 경외하며 여호와와 그 종 모세를 믿었더라(출 14:15-17, 21-23, 26-27, 29-31).

모세는 그렇게 엄청나고 중요한 일에 자신이 쓰임받았음을 깨닫고 지극히 겸손한 마음이 되어 자기가 얼마나 무가치한 존재인가를 느꼈을 것입니다. 모세는 순종함으로써 하나님이 그에게 말씀하신 모든 것을 행하였습니다. 그러는 동안 하나님은 모세를 쓰셔서 하시고자 했던 모든 일을 성취하셨습니다. 각 순종의 단계는 모세(그리고 이스라엘 백성들)로 하여금 하나님을 더욱 깊이 알게 해주었습니다(출 6:1-8을 보라.).

 요약

하나님은 세상을 자신과 화목케 하시려 일하고 계십니다. 하나님은 당신을 사랑하시기 때문에 당신이 그분의 일에 동참하기를 원하십니다. 하나님은 실제적이고 개인적인 사랑의 관계를 추구하심으로 시작하십니다. 그리고는 하나님의 일에 참여하라고 당신을 초청하십니다. 그분은 자신과 자신의 목적과 길을 계시하십니다. 하나님의 놀라운 능력이 당신 안에서, 그리고 당신을 통해서 역사하시는 것을 경험하기 원한다면, 당신은 믿음의 발을 내디뎌야 하고, 대대적인 조정을 해야 하며, 하나님이 당신에게 하라고 말씀하시는 모든 것에 순종해야만 합니다.

 오늘의 하나님을 경험하는 삶

하나님 아버지께 기도하는 시간을 가지십시오. "하나님을 경험하는 삶의 일곱 가지 실체"를 음미하면서 기도하십시오. 하나님이 어떻게 그분의 백성들과 일하시는지를 이해하도록 도와달라고 청하십시오.

당신의 현재 삶에서 일곱 가지 실체 중 어떤 영역에 초점을 맞추어야 하는지를 보여달라고 기도하십시오. 하나님의 동역자가 되고픈 당신의 의욕과 열망을 주님께 나타내십시오.

· 하나님은 항상 당신의 주위에서 일하고 계십니다.
· 하나님은 당신과 실제적이고 개인적인, 지속적인 사랑의 관계를 추구하십니다.
· 하나님은 당신이 그분의 일에 참여하도록 당신을 초청하십니다.
· 하나님은 하나님 자신과 자신의 목적과 길을 보여주기 위하여, 성령님에 의해 성경, 기도, 환경과 교회를 통해서 말씀하십니다.

- 하나님의 부르심은 항상 당신을 믿음의 갈등으로 몰아넣고, 결단과 그에 따른 행동을 요구합니다.
- 당신은 하나님의 역사에 참여하기 위해서 당신의 인생을 하나님의 뜻에 맞게 조정해야 합니다.
- 당신이 하나님께 순종하고, 하나님이 당신을 통해서 그분의 일을 성취하심으로 말미암아, 당신은 경험으로 하나님을 알게 됩니다.

# 6장 하나님은 당신 주위에서 일하고 계신다

예수께서 그들에게 이르시되
내 아버지께서 이제까지 일하시니 나도 일한다 하시매…
그러므로 예수께서 그들에게 이르시되
내가 진실로 진실로 너희에게 이르노니
아들이 아버지께서 하시는 일을 보지 않고는 아무것도 스스로 할 수 없나니
아버지께서 행하시는 그것을 아들도 그와 같이 행하느니라
아버지께서 아들을 사랑하사 자기가 행하시는 것을 다 아들에게 보이시고
또 그보다 더 큰 일을 보이사 너희로 놀랍게 여기게 하시리라
요한복음 5:17, 19-20

  어떻게 하나님의 뜻을 알고 행하는지 배우고자 할 때, 저는 항상 예수님을 바라봅니다. 저는 예수님보다 더 좋은 본보기를 찾을 수가 없습니다. 예수님은 하나님이신 동시에 완전한 인간이셨습니다. 지상에 계셨던 33년 동안 예수님은 하나님이 주신 모든 사명을 완수하셨습니다. 예수님은 아버지의 뜻을 행하는 데 실패한 적이 없으셨습니다.

  예수님이 어떻게 하나님의 뜻을 알고 행하셨는지를 알고 싶지 않으십니까? 예수님은 자신이 어떤 절차를 밟는지를 요한복음 5장에서 설명하십니다. 이것은 예수님이 무엇을 할지를 어떻게 아셨나를 가장 명확하게 밝혀주는 성경구절 중 하나입니다. 아버지의 뜻을 알고 행하는 예수님의 접근 방법에 대해 논하기 전에 예수님이 하나님과 가지셨던 관계를 살펴봅시다.

# 삼위일체

예수님은 하나님이셨고 지금도 하나님이십니다. 우리가 이해하기는 힘들어도 아버지 하나님, 독생자 예수님 그리고 성령님은 삼위일체이십니다. 그들은 분리된 세 신이 아닙니다. 그들은 한 분이신 하나님이십니다. 하나님은 너무나 위대하시고 광대하시기 때문에 우리 인간의 머리로 그분의 본질을 다 이해한다는 것은 불가능합니다.

성경 전체를 통해 보면 하나님은 아버지 하나님으로서, 아들로서, 혹은 성령님으로서 자기 자신을 인류에 계시해 오셨습니다. 하나님이 역사하고 계실 때는 언제나 삼위일체가 일하고 계신 것입니다.

열두 제자들도 이 진리를 이해하는 데 애를 먹었습니다. 예수님과 3년을 함께한 후에도 빌립은 이렇게 말합니다. "주여 아버지를 우리에게 보여주옵소서 그리하면 족하겠나이다"(요 14:8).

예수님이 이렇게 답하십니다. "빌립아 내가 이렇게 오래 너희와 함께 있으되 네가 나를 알지 못하느냐 나를 본 자는 아버지를 보았거늘 어찌하여 아버지를 보이라 하느냐 내가 아버지 안에 거하고 아버지는 내 안에 계신 것을 네가 믿지 아니하느냐 내가 너희에게 이르는 말은 스스로 하는 것이 아니라 아버지께서 내 안에 계셔서 그의 일을 하시는 것이라"(요 14:9-10).

예수님의 사역을 함께 살펴볼 때, 우리는 예수님이 온전히 인간이셨다는 사실을 염두에 두어야 합니다. 그러므로 예수님은 완벽한 인류가 어떠해야 하는지의 표본이십니다. 예수님은 우리가 따를 수 있는 최선의 본보기입니다. 그러나 동시에 예수님은 온전한 하나님이십니다. 예수님은 아버지 하나님이 하나님 자신의 역사를 어떻게 지도하시는지를 표현하시지만, 그분과 그분의 아버지는 하나임을 또한 말씀하십니다. 이런 위대한 진리가 당신이 예수님의 본을 따르는 데 추호도 방해거리가 되지 않기를 바랍니다.

## 하나님이 우리를 참여시키신다

예수님이 제일 먼저 인지하신 것은 하나님이 항상 일하고 계시다는 사실입니다. 하나님은 세상을 창조하신 뒤 그것이 스스로 돌아가도록 방치해 두지 않으셨습니다. 하나님은 천상의 보좌에 앉아서 소극적으로 지구상에 일어나고 있는 일들을 관찰하고 계시지 않습니다. 하나님은 역사를 이끌어 오셨습니다. 하나님은 모든 역사의 중심부에서 활동하고 계십니다. 잃어버린 세상을 구속하고 계신 분은 하나님이십니다. 하나님은 그분의 백성과 종들이 동참하기를 바라십니다. 바울은 고린도교회에 보낸 서신에서 이 관계를 표현합니다.

> 그런즉 누구든지 그리스도 안에 있으면 새로운 피조물이라 이전 것은 지나갔으니 보라 새 것이 되었도다 모든 것이 하나님께로 났으며 그가 그리스도로 말미암아 우리를 자기와 화목하게 하시고 또 우리에게 화목하게 하는 직책을 주셨으니 곧 하나님께서 그리스도 안에 계시사 세상을 자기와 화목하게 하시며 그들의 죄를 그들에게 돌리지 아니하시고 화목하게 하는 말씀을 우리에게 부탁하셨느니라 그러므로 우리가 그리스도를 대신하여 사신이 되어 하나님이 우리를 통하여 너희를 권면하시는 것같이 그리스도를 대신하여 간청하노니 너희는 하나님과 화목하라 (고후 5:17-20).

하나님은 세상에서 계속 일해 오셨습니다. 현재도 일하고 계십니다. 그분의 사랑 때문에 하나님은 우리가 하나님의 대사로 일하는 영광을 누리기를 바라십니다. 그러나 하나님 자신이 우리를 통해서 자신의 일을 하십니다.

예수님은 아버지가 일하고 계신 것을 알았을 뿐 아니라 아버지가 자기도 일하게 하신다는 사실도 말씀하셨습니다. 그리고 나서 예수님은 하나님의 뜻을 알고 행하는 자신의 접근 방법을 표현하십니다. 다음에 제가 예수님의 방법을 요약해 보았습니다.

### 예수님의 예

아버지께서 이제까지 일하신다.
나도 일한다.
나는 아무것도 스스로 할 수 없다.
나는 아버지께서 하시는 일을 주시하여 본다.
나는 아버지께서 이미 행하고 계신 일을 보고 행한다.
아버지께서는 아들을 사랑하신다.
아버지께서는 자기의 행하시는 것을 다 아들에게 보이신다.

### 예수님을 통한 하나님 아버지의 일

위에 열거된 예수님의 방법은 "하나님을 경험하는 삶의 일곱 가지 실체"에 있어서 열쇠가 되는 요소들을 몇 가지 보여줍니다. 하나님은 일하고 계십니다. 하나님은 사랑의 관계를 추구하시고 예수님에게 자신이 무엇을 하고 계신지를 보여주심으로써 예수님을 동참하라고 초청하십니다. 그때 예수님은 아버지의 일을 하기 위해 조정하십니다. 예수님은 이 관계에 대해서 여러 번 말씀하셨습니다.

- 내 교훈은 내 것이 아니요 나를 보내신 이의 것이니라(요 7:16).
- 너희가 인자를 든 후에 내가 그인 줄 알고 또 내가 스스로 아무것도 하지 아니하고 오직 아버지께서 가르치신 대로 이런 것을 말하는 줄도 알리라(요 8:28).
- 만일 내가 내 아버지의 일을 행하지 아니하거든 나를 믿지 말려니와 내가 행하

거든 나를 믿지 아니할지라도 그 일은 믿으라 그러면 너희가 아버지께서 내 안에 계시고 내가 아버지 안에 있음을 깨달아 알리라(요 10:37–38).
- 내가 내 자의로 말한 것이 아니요 나를 보내신 아버지께서 내가 말할 것과 이를 것을 친히 명령하여 주셨으니(요 12:49).
- 내가 아버지 안에 거하고 아버지는 내 안에 계신 것을 네가 믿지 아니하느냐 내가 너희에게 이르는 말이 스스로 하는 것이 아니라 아버지께서 내 안에 계셔서 그의 일을 하시는 것이라(요 14:10).
- 나는 아버지께서 내게 주신 말씀들을 그들에게 주었사오며(요 17:8).

후에 베드로는 이것이 예수님이 아버지 하나님과 맺고 있던 관계였음을 깨닫고 이렇게 증거하였습니다. "이스라엘 사람들아 이 말을 들으라 너희도 아는 바와 같이 하나님께서 나사렛 예수로 큰 권능과 기사와 표적을 너희 가운데서 베푸사 너희 앞에서 그를 증거하셨느니라"(행 2:22). 아버지 하나님이 독생자 예수님을 통해서 일하셨습니다.

예수님은 스스로 아무것도 할 수 없음을 아셨지만 아버지 하나님께서 그 안에서 일하고 계시므로 무엇이든지 할 수 있음을 아셨습니다. 예수님께서 그렇게 하나님께 의존하셨다면, 우리 안에서 그리고 우리를 통해서 하나님이 역사하실 때 우리는 더욱더 하나님께 의존해야 합니다.

이것은 하나님의 뜻을 알고 행하는 데 있어서 어떤 단계적인 접근 방법이 아닙니다. 하나님이 사용하셔서 목적을 성취시키시는 사랑의 관계를 표현합니다. 하나님과의 친밀한 사랑의 관계를 갖고 있다면 하나님은 당신에게 자신이 하고 계신 일을 보여주실 것입니다. 종으로서 당신이 할 일은 예수님의 본보기를 따르는 것입니다. 하나님이 이미 하고 계신 일을 하십시오. 하나님이 어디서 일하고 계신지를 보고 그분께 동참하십시오!

### 대학 캠퍼스에서 하나님의 역사를 발견하는 것

새스커툰의 페이스 침례교회에서 목회하던 당시, 우리는 대학 캠퍼스에 나가서 선교하라는 하나님의 인도하심을 느끼기 시작했습니다. 저는 대학생 선교의 경험이 전혀 없었습니다. 우리 교단의 학생선교부에서는 우리에게 기숙사에서 성경공부반 하나를 시작하는 것으로 출발해 보라고 권유했습니다. 우리는 1년이 넘게 기숙사에서 성경공부반을 조직하려고 애썼지만 허사였습니다.

어느 주일날 저는 교회 학생들을 모두 불러모아 놓고 이렇게 얘기했습니다. "이번 주에는 여러분이 캠퍼스로 나가서 하나님께서 어디서 일하고 계신지 찾아서 그분의 일에 동참하기를 바랍니다." 학생들은 저에게 그것이 무슨 의미인지를 설명해 달라고 했습니다. 하나님께서는 제 마음에 두 개의 성경구절을 떠오르게 하셨습니다. 로마서 3:10-11의 "기록한 바 의인은 없나니 하나도 없으며 깨닫는 자도 없고 하나님을 찾는 자도 없고"와 요한복음 6:44의 "나를 보내신 아버지께서 이끌지 아니하시면 아무도 내게 올 수 없으니 오는 그를 내가 마지막 날에 다시 살리리라"는 말씀이었습니다.

이 구절을 읽은 후 저는 설명을 계속했습니다. "이 말씀에 따르면 아무도 자기 스스로 하나님을 찾는 사람은 없다고 합니다. 하나님께서 그 사람의 인생에 개입하시지 않는 한 아무도 영적인 것에 대해 질문하지 않을 것입니다. 어떤 사람이 하나님을 찾고 있거나 영적인 것에 대해 묻는 것을 보면 당신은 바로 하나님께서 일하고 계신 것을 보는 것입니다."

예를 들어, 예수님은 군중 속을 지나가시면서도 하나님이 어디서 일하고 계신지를 늘 찾고 계셨습니다. 큰 무리는 추수밭이 아니었습니다. 추수밭은 큰 무리 틈에 섞여 있었습니다. 여리고에 이르렀을 때 예수님은 나무 위의 삭개오를 보셨습니다. 예수님은 스스로에게 이렇게 말씀하셨을지도 모릅니다. "아버지께서 그의 마음에 일하고 계시지 않는 한 아무도 나를 저렇게 열성적으로 찾지 않을 것이다." 그래서 예수님은 무리를 떠나 삭개오를 부르셨습니다. "삭개오야 속히 내려오라 내가 오늘 네 집에 유하여야 하겠다"(눅 19:5). 무슨 일이 일어났습니까? 그날 밤 구원이 그 집에 이르렀습니다. 예수님은 항상 아버지의 활동을 찾고 계셨고 찾았을 때 동참하셨습니다. 아버지의 활동에 자신의 삶을 동참시킨 것의 결과로 구원이 이르렀습니다.

저는 학생들에게 또 이렇게 말했습니다. "만일 어떤 사람이 당신에게 영적인 질문을 하면 당신이 계획했던 다른 모든 것을 제쳐두십시오. 당신이 하고 있던 일을 중단하십시오. 그 사람과 함께 가서 하나님께서 그의 인생에 어떻게 일하고 계신지 알아보십시오." 그 주간에 학생들은 하나님께서 어디서 일하고 계신지 찾아나서서 하나님께서 하고 계신 일에 동참하였습니다.

그 다음 수요일, 한 여학생이 저에게 이런 보고를 하였습니다. "오, 목사님! 오늘 수업이 끝난 뒤, 저와 2년 동안 한 반에서 공부하던 여학생 한 명이 제게로 왔어요. 그녀가 저에게 '내 생각에 너는 그리스도인인 것 같은데 너랑 얘기를 꼭 했으면 좋겠어'라고 하는 게 아녜요? 저는 곧 목사님께서 주일에 하신 말씀을 기억해냈지요. 저는 바로 수업이 있었지만 빠지고 그녀와 함께 구내식당으로 가서 이야기를 했어요. 그녀는 저에게 이렇게 물었어요. '열한 명이 성경을 공부해 왔는데 우리 중에는 그리스도인이 하나도 없어. 혹시 우리 성경공부반을 지도해 주실 만한 분을 누구 알고 있니?'"

이것을 계기로 우리는 여자 기숙사에서 세 반, 남자 기숙사에서 두 반을 맡아 성경공부를 시작하게 되었습니다. 2년간 우리는 스스로 하나님을 위해서 무언가를 해보겠다고 하다가 실패했습니다. 그리고 나서 사흘 동안 하나님께서 어디서 일하고 계신지를 찾아서 그분이 하고 계신 일에 동참하였습니다. 그것이 얼마나 큰 효과를 보았는지요! 그후 몇 해에 걸쳐 많은 학생들이 예수님을 구주와 주인으로 영접했습니다. 그중 많은 수가 전담 사역자로 헌신하였고, 현재 세계 각처에서 목사로, 선교사로 섬기고 있습니다.

## 하나님은 언제나 일하고 계신다

지금 현재 하나님은 당신의 인생에서, 당신의 주위에서 일하고 계십니다. 하나님의 사람들 사이에서의 가장 큰 비극 중 하나는 그들이 하나님을 경험하기를 갈망하고 있지만, 하나님을 매일 경험하고 있으면서도 그것을 인지하지 못하고 있다는 사실입니다. 당신의 신앙생활이 그렇다면 이 책이 당신의 인생과 주위에서 일하시는 하나님을 인지하는 방법을 터득하는 데 도움이 되기를 간절히 기도합니다. 하나님이 당신의 영적인 눈을 열어주셔서 그분이 하고 계신 일을 보여주시기를 기도합니다. 일단 하나님이 어디서 일하고 계신지를 알면 당신은 당신의 인생을 하나님이 역사하고 계신 곳으로 조정하여 동참할 수 있습니다.

하나님과 하나님이 하고 계신 일에 동참하고 나면 하나님이 당신의 인생을 통해 자신의 목적을 이루시는 것을 경험하게 될 것입니다. 이러한 하나님과의 친밀한 사랑의 관계 속으로 들어갈 때, 당신은 하나님의 뜻을 알고 행하며 이전에 알지 못했던 하나님의 길을 경험하게 될 것입니다. 하나님만이 당신을 그러한 관계로 데려오실 수 있습니다. 그분은 그렇게 하실 준비를 하고 서 계십니다.

### 사랑의 관계를 뛰어넘지 말라

많은 사람들이 하나님이 주시는 사명으로 부름받기를 원합니다. 그러나 그들은 사랑의 관계는 살짝 뛰어넘으려 합니다. 나중에 더 살펴보겠지만, 하나님은 사랑의 관계를 위해서 당신을 창조하셨습니다. 하나님께는 사랑의 관계가 당신이 무엇을 하는 것보다 훨씬 더 중요합니다.

그러므로 하나님이 함께 일하기 시작하시면 당신을 친밀하고 실제적이며 개인적인 관계로 이끄실 것을 기대하십시오. 사랑의 관계가 올바르게 되어 있을 때, 하나님은 자유롭게 자신의 주도로 당신에게 사명을 주실 것입니다. 사명이 주어지지 않을 때면 하나님과의 사랑의 관계에 초점을 맞추고 사명이 올 때까지 기다리십시오.

### 사명으로의 초청에 초점을 두라

오늘날 사람들은 하나님으로부터의 사역이나 사명을 찾을 때 거꾸로 하고 있습니다. 우리는 사람들에게 영적인 은사를 발견해서 그 은사를 사용할 사명을 찾아보라고 가르칩니다. 그것은 하나님으로부터 첫번째 사명을 받고자 하는 사람들을 큰 좌절감에 빠지게 하는 경험입니다. 영적인 은사란 하나님이 주신 사명을 감당하는 사람을 통해서 일하고 계신 성령님의 현현입니다. 보통, 사명을 먼저 받기 전에는 그 사람이 어떤 영적인 은사를 가졌는지 알 수 없습니다. 하나님이 사명을 주실 때, 사명을 받은 사람은 순종하고 하나님이 그 사람을 통해서 목적하신 바를 이루십니다. 하나님의 초자연적인 활동의 증거가 우리가 보통 영적인 은사라고 일컫는 것입니다. 하나님에게서 사명을 받아보지 못한 사람은 자기의 영적인 은사를 알 수가 없을 것입니다.

사명이 무엇인지 알기보다 영적인 은사를 찾고 있을 때의 또하나 위험한 점은 그가 과거의 자신의 은사에만 근거해서 미래의 하나님의 사역을 극도로 제한시킬 수 있다는 것입니다. 대다수의 사람들이 영적인 은사에 대해 가르칠 때, 하나님은 당신이 과거에 증명해 보인 은사들을 필요로 하는 사명에만 당신을 사용하실 수 있다고 합니다. 결과적으로 많은 사람들이 하나님께 사명을 받고도 이렇게 말하게 됩니다. "이것은 하나님께로부터 온 것일 수가 없어. 나의 은사가 아니거든." 하나님이 사명을 주시면 당신은 순종해야 합니다. 그러면 당신이 경험해 본 적이 없는 새로운 방법으로 성령님이 역사하시는 것을 경험하게 됩니다.

그리고 당신이 생각하기에 어떤 사명이 당신에게 어울린다고 스스로 결정한다면, 영적인 은사를 취급하는 접근 방법은 흔히 하나님 중심적이기보다는 자기 중심적인 것이 될 수 있습니다. 진리는 발견되는 것이 아니라 계시되는 것입니다. 오직 하나님만이 자신이 무엇을 하고 계신지, 당신의 인생을 통해서 무엇을 하기 원하는지를 말하실 권리를 갖고 계십니다. 당신 스스로는 알아낼 수가 없습니다.

잠깐만요! 제 의견에 강한 반감을 느끼셨을 수도 있습니다. 이 책을 덮으시기 전에 성경에서 말하는 영적인 은사에 대해서 살펴보십시오. 마음에 동요가 일어난다면 잠깐 쉬고 즉각 성령님이 당신의 선생님이 되어주시기를 기도하십시오. 성령님이 확인해 주시고 성경이 그렇게 가르치고 있지 않다면 제 말을 받아들일 필요가 없습니다. 하나님이 주시는 사명과 영적인 은사가 어떤 관계에 있는지를 이해시켜 달라고 하나님께 기도하십시오.

### 구약의 패턴

신약에서 성령님의 역사를 이해하는 데 있어 구약은 유치원 수준입니다. 구약에서 성령님은 하나님이 주시는 어떤 사역을 수행하는 것을 도와주기 위해서 개인들에게 주어졌습니다. 모세는 하나님의 일을 집행하는 자와 민족의 종교적인 지도자의 임무를 부여받았습니다. 그러나 모세는 자기는 이 사명에 은사가 없다고 생각하여 하나님과 변론하였습니다.

하나님은 모세를 부르셨을 때 자신이 무엇을 하고 계신지를 정확하게 알고 계셨습니다. 모세의 성공은 그의 기술이나 능력, 좋아하고 싫어함, 혹은 과거의 어떤 업적에 달려 있지 않았습니다. 하나님이 먼저 모세에게 사명을 주셨고, 성령님을 통해서 그가 집행자로, 지도자로서의 임무를 수행할 수 있게 준비시켜 주셨습니다. 모세가 하나님에게 순종함에 따라 그의 영적인 은사가 드러나는 것을 여러분은 관찰할 수 있습니다. 결과는 하나님이 모세 스스로는 할 수 없는 일을 그를 통해서 하시는 것을 드러냈습니다.

다윗은 목동이었을 때 왕으로 부르심을 받았습니다. 그는 한 번도 왕이 되어 본 적이 없는데 그가 왕이 되는 것이 어떻게 가능했습니까? 다윗의 아버지는 자기 아들 중에서 다윗은 그 나라의 왕이 될 가능성이 가장 적은 아이라고 생각했습니다. 그러나 하나님의 영이 그에게 임하셔서 그가 왕이 되도록 준비시켜 주신 것입니다.

하나님은 사사들에게 임무를 주셨습니다. 그러자 하나님의 영이 각 사람에게 임해서 각자에게 주어진 임무를 완성할 수 있도록 그들을 준비시켜 주셨습니다. 에스겔은 선지자로 부르심을 받았습니다. 그가 어떻게 선지자가 될 수 있었습니까? 성경은 하나님의 영이 그에게 임하여 그로 하여금 하나님이 그에게 이르시는 모든 것을 할 수 있게 했다고 얘기합니다 (겔 2-3장). 다음은 우리가 구약에서 보는 패턴입니다.

- 하나님이 한 사람에게 임무를 주신다.
- 임무를 수행할 수 있도록 준비시키기 위해서 그 사람에게 성령님이 주어진다.
- 성령님이 그 사람에게 임했다는 증거는 그가 성령님의 능력으로 인해서 초자연적으로, 효과적으로 임무를 수행하는 것이다.

성막을 지은 일꾼들이 그 예입니다. 하나님은 모세에게 성막을 짓는 과정의 구체적인 세부 사항까지 일러주셨습니다(출 25-30장). 하나님은 모세에게 명령하신 그대로 성막이 지어지기를 원하셨습니다. 그래서 하나님은 이렇게 말씀하셨습니다.

"내가 유다 지파 훌의 손자요 우리의 아들인 브살렐을 지명하여 부르고 하나님의 영을 그에게 충만하게 하여 지혜와 총명과 지식과 여러 가지 재주로…내가 또 단 지파 아히사막의 아들 오홀리압을 세워 그와 함께 하게 하며 무릇 지혜로운 마음이 있는 모든 자에게 내가 지혜를 주어 그들이 내가 네게 명령한 것을 다 만들게 할지니"(출 31:2-3, 6).

모세가 어떻게 그 사람들에게 하나님의 영이 임한 줄을 알았겠습니까? 아마 모세는 그들이 일하는 것을 보았을 것입니다. 그들이 하나님이 주신 임무를 완수하는 것을 보고 모세는 그들에게 하나님의 영이 임한 것을 알아차렸을 것입니다.

구약 전체를 통해 볼 때, 하나님의 영은 언제나 한 사람이 하나님이 주신 신성한 임무를 수행할 수 있도록 함께 계셨습니다. 하나님은 그에게 어떤 것을 주시지 않았습니다. 그분 자신이 바로 선물이셨습니다. 성령님은 그 사람이 자기에게 주어진 하나님의 사명을 완수할 수 있도록 준비시켜 주심으로써 자신의 임재를 나타내셨습니다. 결과는 하나님의 역사를 반영했습니다.

## 성령님은 각 지체가 그리스도의 몸 안에서 기능을 발휘하도록 준비시켜 주신다

고린도전서 12장의 첫부분에는 성령님이 어떻게 교회의 모든 구성원들에게 능력을 주시는지에 대해서 나와 있습니다. 7절을 보면 "각 사람에게 성령을 나타내심은 유익하게 하려 하심이라"(영역에는 모두에게 유익을 주려 함)고 써 있습니다. 성령은 선물입니다(행 2:38). 성령님은 그리스도의 몸 전체의 공동 유익을 위해서 각 지체에게 자신을 나타내십니다(보이고, 명확하게 하고, 알리고, 계시하신다).

교회의 모든 구성원(그리스도의 몸)이 성령님의 임재하심으로 인해서 선물을 받은 것입니다. 각 사람이 성령님을 체험하는 것은 자기 자신만의 유익을 위한 것이 아니라, 그것을 통해 온 교회가 유익을 얻는 것입니다. 그것이 우리가 서로를 필요로 하는 이유입니다. 건강하고 제대로 기능을 발휘하고 있는 몸이 없는 교회는 하나님이 주시는 모든 좋은 것들의 대부분을 놓치고 말 것입니다.

교회의 구성원들이 영적인 은사에 대해서 고려할 때, 그들은 때때로 하나님이 행정 능력과 같은 어떤 것을 주신다고 생각함으로써 문제에 봉착하게 됩니다. 그분은 어떤 것을 주시지 않습니다. 그분은 자신을 주십니다. 은사는 한 인격체입니다. 성령님은 자신의 행정 능력으로 당신을 무장시키십니다. 그러므로 그분의 행정 능력이 당신의 것이 되기 시작합니다. 영적인 은사가 발휘되는 것을 볼 때, 성령님의 임재를 보는 것입니다. 성령님은 자신의 능력과 재능을 가지고 한 사람이 하나님의 일을 성취할 수 있도록 준비시키시고, 능력을 주시는 것입니다.

예수님은 "아버지께서 내 안에 계셔서 그의 일을 하시는 것이라"고 말씀하셨습니다(요 14:10). 예수님의 이적에서까지도 하나님이 자신을 나타내신 것입니다. 아버지 하나님께서 예수님 안에 계셔서 자신의 목적을 예수님을 통해 이루신 것입니다. 그리고 예수님은 우리에게 이렇게 말씀하십니다. "나를 떠나서는 너희가 아무것도 할 수 없음이라"(요 15:5).

영적인 은사는 하나님이 당신을 통해서 일하고 계신 것이 나타나는 것입니다. 하나님은 당신 안에서, 당신을 통해서 일하셔서 열매를 맺게 하십니다. 초점은 하나님께, 그리고 하나님이 당신을 통해서 무엇을 하실지에 맞추어져야 합니다. 어떤 것에 초점을 맞출 때, 당신은 하나님을 위해 좋은 일을 하게 될 것이지만 초점은 하나님이 아니라 자신에게 맞추어져 있을 것입니다.

지금까지 당신에게 매우 유익한 영적 은사에 대해 공부를 했습니다. 영적인 은사들을 점검하면서 기쁨을 누리는 사람은 하나님의 사명에 이미 참여해 본 경험이 있기 때문입니다. 그런 경험에서 하나님이 역사하신 것을 목격한 것을 그들은 영적인 은사라고 표현합니다. 이것이 제가 성경에서 보는 패턴입니다. 하나님이 사명을 주시면 성령님이 한 개인을 통해서 그 사명을 성취시키심으로써 자신을 나타내십니다.

자신의 역사에 동참하라는 하나님의 사명으로의 초청에 당신의 온 관심을 집중시키십시오. 인생을 하나님께 조정하고 순종하면 성령님께서 당신에게 임하셔서 하나님이 원하시는 모든 것을 성취하도록 당신에게 능력을 주실 것입니다.

## 요약

하나님은 세상에서 항상 일하고 계십니다. 독생자 예수 그리스도를 통해서 세상을 구속하려고 일하십니다. 예수님은 어떻게 아버지 하나님의 뜻을 알고 행했는지를 설명해 주십니다. 아버지는 아들을 사랑하시기에 자신이 하고 계신 일을 아들에게 보여주셨습니다. 예수님은 아버지께서 어디서 일하시고 계신지를 보고 그분께 동참했습니다. 당신도 하나님이 어디서 일하고 계시는지를 주시하는 이 동일한 패턴을 따를 수 있습니다. 하나님이 보여주실 때 그분의 역사에 동참하십시오. 자기의 영적 은사, 개인적인 욕망, 기술, 능력 혹은 자원에 관심을 두지 말고 하나님의 사명에로의 초청에 당신의 관심을 집중시키십시오. 하나님의 사명에로의 초청을 이해하고 나면 순종하십시오. 그럴 때 하나님이 당신을 통해서 그분의 목적을 성취하십니다.

 **오늘의 하나님을 경험하는 삶**

당신 자신의 하나님과의 경험을 묵상해 보십시오. 하나님이 당신 주위에서 일하신다는 것을 당신이 알아차린 적이 있습니까? 하나님이 과거에 어떤 상황에서 당신 주위에서 일하고 계셨는데 하나님의 역사인 줄 모르고 지나갔음을 이제야 깨닫습니까?

주님께 기도하면서 하나님이 스스로 역사하고 계심을 인해서 감사 드리십시오. 하나님과 동역하는 특권을 누리게 해주신 것을 감사하십시오. 하나님이 선택하신 시간(그때가 언제이든지)에 당신 안에 그분의 역사를 시작하시기를 기도하십시오. 이제 하나님 아버지와의 사랑의 관계에 초점을 맞추기 시작하십시오. 무엇을 하는 것보다도 하나님은 당신과의 사랑의 관계를 더 원하십니다. 그리고 나서 당신의 인생에 주신 사명을 발견하기 위해 그분의 역사를 보고 음성에 귀를 기울이십시오. 그분이 당신을 통해서 역사하셔서 임무를 성취하실 것을 믿으십시오.

# 7장 하나님은 사랑의 관계를 추구하신다

예수께서 이르시되
네 마음을 다하고 목숨을 다하고 뜻을 다하여
주 너의 하나님을 사랑하라 하셨으니
이것이 크고 첫째 되는 계명이요
마태복음 22:37-38

하나님은 당신과 사랑의 관계를 추구하십니다. 하나님이 바로 당신을 이러한 관계로 초청하는 장본인이십니다. 하나님은 사랑의 관계를 위해서 당신을 창조하셨습니다. 그것이야말로 당신 인생의 목적인 것입니다. 이 사랑의 관계는 실제적이고 개인적일 수 있으며, 또한 그렇게 되어야만 합니다.

그러나 이 사랑의 관계는 일방적인 관계가 아닙니다. 하나님은 당신이 그분을 알고, 경배하기를 원하십니다. 무엇보다도 당신이 하나님을 사랑하기를 원하십니다. 예수님은 말씀하십니다. "나의 계명을 지키는 자라야 나를 사랑하는 자니 나를 사랑하는 자는 내 아버지께 사랑을 받을 것이요 나도 그를 사랑하여 그에게 나를 나타내리라"(요 14:21).

하나님이 자신을 당신에게 나타내시기를 원하십니까? 그분을 사랑하십시오. 순종하십시오.

## 순종과 사랑

예수님은 "너희가 나를 사랑하면 나의 계명을 지키리라"(요 14:15)고 말씀하셨습니다. 당신이 예수님께 순종할 때, 그것은 예수님을 사랑하고 의지한다는 표현입니다. 아버지는 그의 아들을 사랑하는 자들을 사랑하십니다. 자기를 사랑하는 자들을 예수님도 사랑하시고 그들에게 자신을 나타내겠다고 말씀하셨습니다. 순종은 하나님을 향한 사랑의 외적인 표현입니다. 사랑과 순종에 대한 보상은 예수님이 당신에게 자신을 나타내시는 것입니다. 예수님은 그의 생애를 통해서 당신에게 한 표본을 제시하셨습니다. "오직 내가 아버지를 사랑하는 것과 아버지께서 명하신 대로 행하는 것을 세상이 알게 하려 함이로라"(요 14:31)고 예수님은 말씀하십니다. 예수님은 아버지의 모든 명령을 준행하셨습니다. 예수님은 순종함으로써 아버지에 대한 자신의 사랑을 표현하셨습니다.

하나님과의 사랑의 관계는 하나님에 대한 순종으로 사랑을 표현할 것을 요구합니다. 이것은 명령을 문자 그대로 따르는 것뿐 아니라 그 명령의 동기를 파악해서 그것을 따르는 것을 말합니다. 순종하는 데 문제가 있다면 사랑에 문제가 있는 것입니다. 당신의 관심을 하나님의 사랑에 집중시키십시오.

당신이 주님 앞에 서 있다면 다음과 같은 문장으로 주님과의 관계를 설명할 수 있겠습니까? "주님, 제 마음과 영혼과 뜻 그리고 힘을 다해서 당신을 사랑합니다."

### 관계의 어려움

우리 교회 성도 중 한 분은 사생활, 가정, 직장 그리고 교회에서 항상 어려움을 겪고 있었습니다. 하루는 제가 그분에게 "선생님, 하나님과 선생님의 관계를 '주님 저는 제 마음을 다해서 주님을 사랑합니다'라고 진지하게 고백함으로써 표현하실 수 있으세요?"라고 물었습니다.

그분은 아주 의아하다는 표정을 지었습니다. "아무도 그런 질문을 제게 한 적이 없습니다. 하나님과 저의 관계를 그렇게 설명할 수는 없지요. 저는 다만 제가 그분께 순종하고, 그분을 섬기고, 그분께 예배드리고, 그분을 경외한다고 얘기할 수는 있습니다. 그러나 저는 그분을 사랑한다고 말할 수는 없어요."

저는 그의 인생의 모든 것이 뒤죽박죽되어 있음을 깨닫게 되었는데, 그 이유는 그를 향한 하나님의 근본적인 목적을 잘못 알고 있었기 때문입니다. 하나님은 우리를 그분과의 사랑의 관계를 위하여 창조하셨습니다. 만일 당신이 하나님과의 관계를 설명할 때 '저는 하나님을 제 목숨을 다하여 사랑합니다'라고 하지 못한다면, 지금 당장 그런 관계로 들어갈 수 있게 해달라고 성령님께 기도하십시오.

제가 만일 구약성경을 전체적으로 요약해야 한다면, 다음의 구절을 빌려서 표현할 것입니다. "이스라엘아 들으라 우리 하나님 여호와는 오직 유일한 여호와시니 너는 마음을 다하고 뜻을 다하고 힘을 다하여 네 하나님 여호와를 사랑하라"(신 6:4-5).

### 가장 큰 계명

하나님 마음의 이 절규는 구약 전체를 통해 표현됩니다. 신약의 핵심 또한 동일합니다. 신명기를 인용하시면서, 예수님은 가장 큰 계명이 "네 마음을 다하고 목숨을 다하고 뜻을 다하고 힘을 다하여 주 너의 하나님을 사랑하라 하신 것이요"(막 12:30)라고 하십니다. 모든 것은 이것에 달려 있습니다!

당신의 그리스도인으로서의 삶, 하나님을 알고 경험하고 그분의 뜻을 아는 이 모든 것은 하나님과의 사랑의 관계의 질에 따라 좌우됩니다. 그것이 바로 되어 있지 않다면, 당신의 인생에 있어 아무것도 올바르지 못할 것입니다. 하나님이 사랑의 관계에 관해 뭐라고 말씀하시는지 주의를 기울여 보십시오.

> 내가 오늘 하늘과 땅을 불러 너희에게 증거를 삼노라 내가 생명과 사망과 복과 저주를 네 앞에 두었은즉 너와 네 자손이 살기 위하여 생명을 택하고 네 하나님 여호와를 사랑하고 그의 말씀을 청종하며 또 그를 의지하라 그는 네 생명이시요 네 장수시니…(신 30:19-20).

> 하나님이 세상을 이처럼 사랑하사 독생자를 주셨으니 이는 그를 믿는 자마다 멸망하지 않고 영생을 얻게 하려 하심이니라(요 3:16).

> 나의 계명을 지키는 자라야 나를 사랑하는 자니 나를 사랑하는 자는 내 아버지께 사랑을 받을 것이요 나도 그를 사랑하여 그에게 나를 나타내리라(요 14:21).

> 누가 우리를 그리스도의 사랑에서 끊으리요 환난이나 곤고나 박해나 기근이나 적신이나 위험이나 칼이랴…그러나 이 모든 일에 우리를 사랑하시는 이로 말미암아 우리가 넉넉히 이기느니라…높음이나 깊음이나 다른 어떤 피조물이라도 우리를 우리 주 그리스도 예수 안에 있는 하나님의 사랑에서 끊을 수 없으리라(롬 8:35, 37, 39).

> 그가 우리를 위하여 목숨을 버리셨으니 우리가 이로써 사랑을 알고 우리도 형제들을 위하여 목숨을 버리는 것이 마땅하니라(요일 3:16).

> 하나님의 사랑이 우리에게 이렇게 나타난 바 되었으니 하나님이 자기의 독생자를 세상에 보내심은 그로 말미암아 우리를 살리려 하심이라 사랑은 여기 있으니 우리가 하나님을 사랑한 것이 아니요 하나님이 우리를 사랑하사 우리 죄를 속하기 위하여 화목 제물로 그 아들을 보내셨음이라…우리가 사랑함은 그가 먼저 우리를 사랑하셨음이라(요일 4:9-10, 19).

주님은 당신에게 생명을 주시는 분만이 아닙니다. 그분이 당신의 생명이신 것을 깨달으십니까? 그분이 당신을 자신에게로 이끄셨습니다. 독생자를 보내셔서 당신에게 영원한 생명을 주셨습니다. 예수님은 우리를 위해서 목숨을 버리셨습니다. 당신이 하나님과의 사랑의 관계를 주도한 것이 아닙니다. 하나님은 당신이 이 세상에 태어나기도 전부터 당신을 사랑하셨습니다. 십자가 상의 예수님을 통해서 당신을 향한 그분의 사랑을 표현하셨습니다.

하나님이 당신을 사랑하시기 때문에 당신도 하나님을 사랑하기를 원하십니다. 앞의 성경구절들은 당신이 하나님께 사랑을 표현하는 방법들을 몇 가지 제시합니다. 당신은 생명을 택하고, 하나님의 음성에 귀를 기울이고, 하나님을 굳게 잡고, 하나님의 독생자를 믿으며, 예수님의 계명과 가르침을 지키고, 우리의 그리스도인 형제, 자매들을 위하여 기꺼이 목숨을 바칠 수 있습니다.

당신이 하나님을 사랑하면 하나님은 그분의 축복을 우리에게 주신다고 약속하셨습니다. 당신과 당신의 후손이 하나님의 축복 아래 살게 됩니다. 예수님을 의지함으로써 당신은 영원한 생명을 누립니다. 아버지 하나님은 당신을 사랑하실 것입니다. 하나님이 당신 안에 오셔서 거처를 삼으실 것입니다. 모든 어려움을 넉넉히 이기는 정복자로 만드십니다. 하나님의 사랑에서 결코 끊어지지 않을 것입니다.

하나님께서 당신에게 원하시는 한 가지는 무엇입니까? 그분은 당신이 자기의 전 존재를 바쳐 주님을 사랑하기를 원하십니다. 당신이 하나님을 경험하는 것은 이 사랑의 관계에 달려 있습니다. 하나님과의 사랑의 관계가 당신의 인생에 있어 그 어떤 것보다도 가장 중요한 요소입니다.

## 당신의 첫사랑

높은 사다리 하나가 벽에 세워져 있는 것을 마음에 그려 보십시오. 그리고 당신의 인생이 그 사다리를 오르는 과정이라고 생각해 보십시오. 사다리 꼭대기까지 다 오른 후에 실수로 사다리를 다른 벽에 놓았음을 알게 된다면, 그것은 얼마나 비극일까요? 오직 한 번뿐인 인생을 잘못 산 것입니다!

당신과 하나님(성부, 성자, 성령)의 관계가 당신의 인생에서 가장 중요한 요소입니다. 이것이 바르게 되어 있지 못하면 다른 그 무엇도 가치가 없습니다.

그분과의 관계가 당신이 소유한 전부라 해도 그것만으로 완전한 만족을 느끼시겠습니까? 많은 사람들은 이렇게 말할 것입니다. "글쎄요. 그런 관계를 가지고는 싶지만 그 외에 뭔가 다른 것도 하고 싶습니다" 또는 "하나님께서 제게 무언가 사역이나 다른 할 일을 주시면 좋겠는데요."

우리는 실로 무언가를 "하는" 사람들입니다. 우리는 무엇을 하느라 바쁘지 않으면 무가치하고 쓸데없다고 느낍니다. 그러나 성경은 하나님께서 뭐라고 말씀하시는지 가르쳐 줍니다. "나는 네가 무엇보다도 나를 사랑하기를 원한다. 네가 나와 사랑의 관계를 맺고 있다면 세상에 있는 모든 것을 소유한 것이다." 하나님께 사랑받는 것이 인생에서 가장 고귀한 관계이며, 가장 고귀한 성취이며, 가장 고귀한 지위입니다.

그것은 당신이 하나님께 대한 사랑의 표현으로 아무것도 해서는 안된다는 뜻은 결코 아닙니다. 하나님은 당신이 그분께 순종하고 또 하나님이 요구하시는 것이라면 무엇이든지 행하도록 당신을 부르실 것입니다. 그러므로 당신은 자신의 성취감을 위해서 무언가를 할 필요는 없습니다. 당신은 하나님과의 관계만으로도 완전한 성취감을 느낄 수 있습니다. 하나님께 사로잡혀 있을 때 당신에게 무엇이 더 필요하단 말입니까?

### 경쟁자가 있을 수 없다

당신은 진정으로 마음을 다하여 하나님, 당신의 주님을 사랑하고 싶습니까? 그분은 아무런 경쟁자도 허락지 않으십니다. 이렇게 말씀하십니다.

한 사람이 두 주인을 섬기지 못할 것이니 혹 이를 미워하고 저를 사랑하거나 혹 이를 중히 여기고 저를 경히 여김이라 너희가 하나님과 재물을 겸하여 섬기지 못하느니라(마 6:24).

네게 배불리 먹게 하실 때에 너는 조심하여…여호와를 잊지 말고…너희 중에 계신 너희의 하나님 여호와는 질투하시는 하나님이신즉…(신 6:11- 12, 15).

네 하나님 여호와께서 네 조상 아브라함과 이삭과 야곱을 향하여 네게 주리라 맹세하신 땅으로 너로 들어가게 하시고 네가 건축하지 아니한 크고 아름다운 성읍을 얻게 하시며 네가 채우지 아니한 아름다운 물건이 가득한 집을 얻게 하시며 네가 파지 아니한 우물을 차지하게 하시며 네가 심지 아니한 포도원과 감람나무를 차지하게 하사 네게 배불리 먹게 하실 때에 너는 조심하여 너를 애굽 땅 종 되었던 집에서 인도하여 내신 여호와를 잊지 말고 네 하나님 여호와를 경외하며 그를 섬기며 그 이름으로 맹세할 것이니라 너희는 다른 신들 곧 네 사면에 있는 백성의 신들을 따르지 말라 너희 중에 계신 너희의 하나님 여호와는 질투하시는 하나님 이신즉 너희 하나님 여호와께서 네게 진노하사 너를 지면에서 멸절시키실까 두려워하노라(신 6:10-15).

그러므로 염려하여 이르기를 무엇을 먹을까 무엇을 마실까 무엇을 입을까 하지 말라 이는 다 이방인들이 구하는 것이라 너희 하늘 아버지께서 이 모든 것이 너희에게 있어야 할 줄을 아시느니라 그런즉 너희는 먼저 그의 나라와 그의 의를 구하라 그리하면 이 모든 것을 너희에게 더하시리라(마 6:31-33).

당신이 그분 한 분만을 사랑할 때, 당신을 향한 사랑 때문에 하나님은 당신의 모든 필요를 채워주십니다.

### 관계의 추구

항상 하나님이 이 사랑의 관계의 주도권을 잡으십니다. 우리가 하나님을 경험하려면, 하나님이 주도하셔서 우리에게 오셔야 합니다. 이것이 성경 전체가 증거하는 바입니다. 하나님이 아담과 하와를 찾아 동산에 오셨습니다. 사랑 안에서 하나님이 그들과 상호 교제하셨습니다. 그분이 노아, 아브라함, 모세 그리고 선지자들에게 오셨습니다. 하나님께서 주도하셔서 구약에 등장하는 각 사람에게 개인적인 사랑의 교제를 통해 그분을 경험하게 하셨습니다. 이것은 신약에서도 마찬가지입니다. 예수님께서 제자들에게 찾아오셔서 그들을 선택하시고 그분의 사랑을 경험하게 하셨습니다. 그분이 다메섹 도상으로 바울을 찾아오셨습니다. 자연적인 상태의 인간은 스스로 하나님을 찾지 않습니다. "기록된 바 의인은 없나니 하나도 없으며 깨닫는 자도 없고 하나님을 찾는 자도 없고 다 치우쳐 함께 무익하게 되고 선을 행하는 자는 없나니 하나도 없도다"(롬 3:10-12).

죄가 우리에게 지대한 영향을 끼쳤기 때문에 아무도 스스로 하나님을 찾지 않습니다. 그러므로 우리가 하나님 혹은 하나님의 아들과 어떤 형태로든 관계를 가지려면 하나님께서 주도하셔야 합니다. 이것이 정확히 그분이 하시는 일입니다. 하나님이 우리를 그분에게로 이끄십니다. 성경은 하나님의 이 역사에 대해서 이렇게 증거합니다.

나를 보내신 아버지께서 이끌지 아니하면 아무도 내게 올 수 없으니…아버지께 듣고 배운 사람마다 내게로 오느니라…그러므로 전에 너희에게 말하기를 내 아버지께서 오게 하여 주지 아니하시면 누구든지 내게 올 수 없다 하였노라 하시니라 (요 6:44-45, 65).

옛적에 여호와께서 나에게 나타나사 내가 영원한 사랑으로 너를 사랑하기에 인자함으로 너를 이끌었다 하였노라(렘 31:3).

내가 사람의 줄 곧 사랑의 줄로 그들을 이끌었고 그들에게 대하여 그 목에서 멍에를 벗기는 자같이 되었으며 그들 앞에 먹을 것을 두었노라(호 11:4).

하나님께서 당신의 인생에 퍼부으시는 사랑은 세세토록 있는 사랑입니다. 그 사랑 때문에 하나님은 당신을 그분께로 이끄신 것입니다. 당신이 하나님의 친구가 아닌 원수가 되었을 때, 하나님은 사랑의 줄로 당신을 이끄신 것입니다. 그분은 당신을 대신해 죽을 독생자를 주셨습니다. 하나님을 경험하고 그분의 뜻을 아는 든든한 닻을 내리려면, 당신을 향한 하나님의 사랑에 절대적인 확신을 가져야 합니다.

바울. 하나님은 사울(후에 바울로 알려짐)에게 찾아오셨습니다(행 9:1-19). 사울은 그때 사실상 하나님을 대적해서 하나님의 아들인 예수님과 싸우고 있었습니다. 예수님께서 그를 찾으셔서 하나님이 그를 사랑하시는 목적을 가르쳐 주셨습니다. 이것은 우리의 인생에서도 동일합니다. 우리가 그분을 선택하는 것이 아닙니다. 그분이 우리를 선택하시고, 사랑하시며, 우리의 인생을 향한 그분의 영원하신 목적을 계시하시는 것입니다.

제자들. 예수님은 그의 제자들에게 이렇게 말씀하셨습니다. "너희가 나를 택한 것이 아니요 내가 너희를 택하여 세웠나니…너희는 세상에 속한 자가 아니요 도리어 내가 너희를 세상에서 택하였기 때문에 세상이 너희를 미워하느니라"(요 15:16, 19). 베드로가 예수님을 따르기로 결심했습니까? 아닙니다. 예수님께서 베드로를 선택하셨습니다. 베드로는 하나님의 초청에 응했던 것입니다. 하나님께서 주도하셨습니다.

예수님과 베드로. 예수께서 빌립보 가이사랴 지방에 이르러 제자들에게 물어 이르시되 사람들이 인자를 누구라 하느냐 이르되 더러는 침(세)례 요한, 더러는 엘리야, 어떤 이는 예레미야나 선지자 중의 하나라 하나이다 이르시되 너희는 나를 누구라 하느냐 시몬 베드로가 대답하여 이르되 주는 그리스도시요 살아 계신 하나님의 아들이시니이다 예수께서 대답하여 이르시되 바요나 시몬아 네가 복이 있도다 이를 네게 알게 한 이는 혈육이 아니요 하늘에 계신 내 아버지시니라(마 16:13-17).

예수님은 베드로가 하나님이 주도하신 초청에 응했다고 말씀하셨습니다. 예수님은 제자들에게 사람들이 예수님을 누구라 하는지를 물으셨습니다. 그리고 나서 그들에게 "너희는 나를 누구라 하느냐?"라고 물으셨습니다. 베드로가 옳게 대답을 했습니다. "주는 그리스도이십니다." 그러자 예수님은 매우 중요한 말씀을 하셨습니다. "이를 네게 알게 한 이는 혈육이 아니요 하늘에 계신 내 아버지시니라."

예수님께서 하신 말씀의 골자는 결국 이것입니다. "베드로야, 내 아버지께서 네 안에서 일하고 계시지 않는 한 네가 나를 구주라고 고백할 수 없다. 하나님이 너에게 내가 누군지를 알게 하셨다. 너는 아버지께서 네 인생에서 하고 계신 일에 응하고 있구나. 좋다!"

하나님이 당신을 사랑하기로 결단하신 것을 깨달으십니까? 그렇지 않았다면 당신은 그리스도인이 될 수 없었을 것입니다. 당신을 부르셨을 때 하나님은 무언가 계획이 있으셨습니다. 그분이 당신의 인생에 일을 벌이기 시작하셨습니다. 당신은 하나님이 주도하시는 이 사랑의 관계를 체험하기 시작했습니다. 하나님은 당신의 이해의 눈을 뜨게 하셨습니다. 당신을 자신에게로 이끄셨습니다. 당신은 무엇을 했습니까?

초대에 응했을 때, 하나님은 당신을 사랑의 관계로 데려오셨습니다. 하나님께서 먼저 주도하시지 않으셨다면 당신은 결코 하나님의 사랑을 알지도 못했을 것이고, 그 사랑 안에 거할 수도 없었을 것이며, 그 사랑을 깨닫지도 못했을 것입니다. 다음의 성경구절들은 하나님께서 사랑의 관계를 주도하신다는 것을 표현하고 있습니다.

네 하나님 여호와께서 네 마음과 네 자손의 마음에 할례를 베푸사 너로 마음을 다하며 뜻을 다하여 네 하나님 여호와를 사랑하게 하사 너로 생명을 얻게 하실 것이며…(신 30:6).

내 아버지께서 모든 것을 내게 주셨으니 아버지 외에는 아들이 누구인지 아는 자가 없고 아들과 또 아들의 소원대로 계시를 받는 자 외에는 아버지가 누구인지 아는 자가 없나이다 하시고…(눅 10:22).

너희가 나를 택한 것이 아니요 내가 너희를 택하여 세웠나니 이는 너희로 가서 열매를 맺게 하고 또 너희 열매가 항상 있게 하여 내 이름으로 아버지께 무엇을 구하든지 다 받게 하려 함이라(요 15:16).

너희 안에서 행하시는 이는 하나님이시니 자기의 기쁘신 뜻을 위하여 너희에게 소원을 두고 행하게 하시나니…(빌 2:13).

그가 우리를 위하여 목숨을 버리셨으니 우리가 이로써 사랑을 알고 우리도 형제들을 위하여 목숨을 버리는 것이 마땅하니라(요일 3:16).

볼지어다 내가 문밖에 서서 두드리노니 누구든지 내 음성을 듣고 문을 열면 내가 그에게로 들어가 그와 더불어 먹고 그는 나와 더불어 먹으리라(계 3:20).

항상 하나님이 당신과의 사랑의 관계를 주도하십니다.

## 제한된 시간이 아니라 영원을 위해서 창조되다

하나님은 당신을 제한된 시간이 아니라 영원을 위해서 창조하셨습니다. 시간(당신이 지상에 사는 동안)은 하나님과 사귈 기회를 줍니다. 하나님을 닮도록 당신의 성품을 키워나가시는 기회입니다. 그 후에는 영원한 천국이 충만하게 펼쳐질 것입니다.

이 제한된 시간만을 위해서 산다면, 당신의 과거가 현재의 삶을 좌우하게 됩니다. 그러나 하나님의 자녀는 미래(언젠가 나타나게 될 당신의 참모습)에 의해 조종되어야 합니다. 하나님은 지구상에서의 미래뿐 아니라 영원한 미래를 위해서 현재라는 시간을 사용하셔서 당신을 다듬으시고 새로 빚으십니다.

과거의 어떤 사건이 당신의 현재 생활을 제한하는 강한 영향력을 행사하고 있을 수 있습니다. 그것은 어떤 신체적, 정신적 장애나 불우한 가정 환경, 실패, 개인적 혹은 가정적 비밀, 자존심, 성공, 인기, 인정, 과다한 재산 등등이 될 수 있습니다. 당신은 미래보다는 과거에 의해서 좌우되고 있음을 깨달았을지도 모릅니다.

바울도 이러한 문제로 고심했습니다. 그가 자신의 과거와 미래를 어떻게 다루고 있는지 그의 접근 방법을 살펴보겠습니다.

그러나 나도 육체를 신뢰할 만하며 만일 누구든지 다른 이가 육체를 신뢰할 것이 있는 줄로 생각하면 나는 더욱 그러하리니 나는 팔 일 만에 할례를 받고 이스라엘의 족속이요 베냐민 지파요 히브리인 중의 히브리인이요 율법으로는 바리새인이요 열심으로는 교회를 박해하고 율법의 의로는 흠이 없는 자라 그러나 무엇이든지 내게 유익하던 것을 내가 그리스도를 위하여 다 해로 여길 뿐더러 또한 모든 것을 해로 여김은 내 주 그리스도 예수를 아는 지식이 가장 고상하기 때문이라 내가 그를 위하여 모든 것을 잃어버리고 배설물로 여김은 그리스도를 얻고 그 안에서 발견되려 함이니 내가 가진 의는 율법에서 난 것이 아니요 오직 그리스도를 믿음으로 말미암은 것이니 곧 믿음으로 하나님께로부터 난 의라 내가 그리스도와 그 부활의 권능과 그 고난에 참여함을 알고자 하여 그의 죽으심을 본받아 어떻게 해서든지 죽은 자 가운데서 부활에 이르려 하노니 내가 이미 얻었다 함도 아니요 온전히 이루었다 함도 아니라 오직 내가 그리스도 예수께 잡힌 바 된 그것을 잡으려고 달려가노라 형제들아 나는 아직 내가 잡은 줄로 여기지 아니하고 오직 한 일 즉 뒤에 있는 것은 잊어버리고 앞에 있는 것을 잡으려고 푯대를 향하여 그리스도 예수 안에서 하나님이 위에서 부르신 부름의 상을 위하여 달려가노라(빌 3:4-14).

바울은 참되고, 충성스러운 유대인이었고, 왕가인 베냐민 지파 출신이었습니다. 그는 율법을 철저히 준수하는 바리새인이었습니다. 그는 하나님께 열심을 품었습니다. 그러나 그는 모든 것을 해로, 배설물로 여기게 되었습니다. 바울은 무엇보다도 그리스도를 알기 원했고 그 안에서 발견되기를, 그분과 같이 되기를 그래서 앞에 놓인 푯대에(어찌하든지 부활에) 이르기를 갈망했습니다. 미래에 집중하기 위해서 그는 과거를 잊었습니다. 그는 미래를 향해 좇아갔습니다. 하늘의 상을 위해 정진했습니다.

바울의 진정한 소망은 예수님을 알고 그분과 같이 되는 것이었습니다. 당신도 인생을 하나님의 인도하심에 두어서, 예수님을 알게 되고, 그분만을 사랑하고, 그분을 닮아갈 수 있습니다. 당신의 현재가 예수님이 빚으셔서 예수님을 닮아가는 당신의 미래에 좌우되게 하십시오. 당신은 영원을 위해 창조되었습니다!

당신의 인생을 하나님의 목적에 맞추기 시작해야 합니다. 그분의 목적은 시간이라는 개념을 초월하는 영원까지 이르는 것입니다. 당신의 인생, 시간, 재물 등을 영원히 남을 것에 투자하십시오. 지나가버릴 것에 투자하지 마십시오. 하나님이 영원을 위해서 당신을 창조하셨음을 깨닫지 못한다면, 당신은 엉뚱한 방향의 투자를 할 것입니다. 당신의 보화를 하늘에 쌓아 두십시오.

> 너희를 위하여 보물을 땅에 쌓아 두지 말라 거기는 좀과 동록이 해하며 도둑이 구멍을 뚫고 도둑질하느니라 오직 너희를 위하여 보물을 하늘에 쌓아 두라 거기는 좀이나 동록이 해하지 못하며 도둑이 구멍을 뚫지도 못하고 도둑질도 못하느니라 네 보물 있는 그곳에는 네 마음도 있느니라…너희는 먼저 그의 나라와 그의 의를 구하라 그리하면 이 모든 것을 너희에게 더하시리라(마 6:19-21, 33).

이것이 하나님과의 사랑의 관계가 중요한 이유입니다. 하나님은 당신을 사랑하십니다. 하나님은 당신에게 무엇이 최선인지를 아십니다. 오직 그분만이 당신의 인생을 가치 있게 투자하는 쪽으로 당신을 인도하실 수 있습니다. 당신이 그분과 동행하면서 그분의 음성을 들을 때 인도하심을 알게 됩니다.

## 하나님과의 동행

하나님은 첫 남자와 첫 여자, 아담과 하와를 창조하시되 자신과의 사랑의 관계를 위해 창조하셨습니다. 아담과 하와는 죄를 범한 뒤, 날이 서늘할 때 동산을 거니시는 하나님의 음성을 들었습니다. 그들은 두렵고 창피해서 하나님을 피해 숨었습니다. "네가 어디 있느냐?"라고 물으시는 사랑에 가득찬 하나님의 마음을 느껴 보십시오(창 3:9). 하나님은 사람들과의 사랑의 관계에 이상이 생겼음을 아셨습니다.

하나님과 바른 관계를 가지고 있다면, 당신은 항상 아버지 하나님과 교제하고 있을 것입니다. 하나님과의 사랑의 관계를 기대하면서 하나님의 임재 가운데 있을 것입니다. 아담과 하와가 거기서 벗어났을 때 이상이 생긴 것입니다.

매일 아침 일찍 저는 하나님과의 약속이 있습니다. 저는 자주 저를 사랑하시는 하나님이 저를 만나시려고 오실 때 무슨 일이 일어날까에 대해 생각해 봅니다. "헨리야, 네가 어디 있느냐?"라고 하나님이 물으실 때 제가 그 자리에 없다면, 하나님이 어떻게 느끼시겠습니까? 저는 주님과 함께 동행하면서 다음의 사실들을 발견하게 되었습니다. 제가 하나님과 단둘이서 보내는 시간을 지키는 것은 사랑의 관계를 만들기 위해서가 아니라,

오히려 그 관계를 이미 가지고 있기 때문이라는 것입니다. 제가 주님과 그런 사랑의 관계를 가지고 있기 때문에, 경건의 시간을 통해서 그분과 만나고 싶은 것입니다. 바로 거기서 저는 주님과 시간을 보내고 있습니다. 그분과의 시간은 그분과의 관계를 보다 더 진하고 깊이 있게 만들어 줍니다.

저는 많은 사람들이 "나는 하나님과 단둘이 있는 시간을 갖기 위해 온갖 애를 쓰고 있습니다"라고 말하는 것을 듣습니다. 이것이 당신의 문제라면 제가 한 가지 제안을 하겠습니다. 전심을 다해 주님을 사랑하는 것을 당신 인생의 최고 우선순위로 놓으십시오. 그것이 경건의 시간을 갖는 데 당하는 어려움의 대부분을 해결해 줄 것입니다. 경건의 시간을 갖는 것은 그분에 대해서 배우려는 것뿐만 아니라 그분을 알고 사랑하기 때문입니다. 사도 바울은 "그리스도의 사랑이 나를 강권하신다"라고 했습니다(고후 5:14).

당신이 사랑해서 결혼하기로 마음먹은 사람과 데이트를 하고 있다고 가정해 봅시다. 당신이 그 사람과 데이트하는(시간을 함께 보내는) 가장 큰 이유는 무엇입니까? 그 사람이 무얼 좋아하고 싫어하는지 혹은 가정 환경이 어떤지를 알아보기 위해서입니까? 그 사람의 교육 수준과 지식을 알아보기 위해서입니까? 혹은 그 사람을 사랑하고 함께 있는 것이 좋기 때문입니까?

두 사람이 사랑하게 되고 결혼을 약속하는 사이가 되면 서로에 대해서 보다 많은 것을 알려고 합니다. 그러나 그것이 데이트를 하는 가장 중요한 이유는 아닙니다. 그들은 서로 사랑하고 함께 있는 것을 즐기기 때문에 시간을 같이 보내는 것입니다.

마찬가지로, 당신은 하나님에 대해서 많이 배우게 될 것입니다. 그분의 말씀, 목적, 그분의 방법 등을 시간을 함께 보내면서 배울 것입니다. 당신의 인생에서, 삶을 통해서 일하시는 하나님을 경험함으로 하나님을 더욱 잘 알게 될 것입니다. 그러나 하나님에 대해서 배우는 것이 경건의 시간을 갖는 가장 중요한 이유가 될 수는 없습니다. 하나님을 더욱 알고 체험할수록 당신은 그분을 더욱 사랑하게 될 것입니다. 그러면 하나님을 사랑하고 그분과 함께 있는 것을 즐기기 때문에 그분과 단둘이 있는 시간을 갖고 싶어할 것입니다.

## 사실적이고, 개인적이고, 실제적인 관계

하나님이 당신과 맺고자 하시는 관계는 사실적이고 개인적인 것입니다. 어떤 사람들은 이런 질문을 합니다. "사람이 진짜 하나님과 사실적이고, 개인적이고, 실제적인 관계를 가질 수 있을까요?" 그들은 하나님이 어딘가 머나먼 곳에 계시고 우리의 매일의 생활에는 관심이 없으신 분이라고 생각합니다.

그것은 우리가 성경에서 보는 하나님의 모습이 아닙니다. 창세기로부터 요한계시록에 이르기까지 우리는 하나님이 사람들과 사실적이고, 개인적이고, 실제적인 관계를 갖고 계셨던 것을 봅니다. 다음에 나와 있는 이야기들을 성경에서 찾아보십시오. 주님과의 관계가 얼마나 사실적이고, 개인적이고, 실제적이었는지를 주의깊게 살펴보십시오.

아담과 하와. 하나님은 아담과 하와와 날이 서늘할 때 함께 산책하시면서 친밀한 교제를 나누셨습니다. 그들이 죄를 범했을 때, 하나님은 사랑의 관계를 회복하시려고 그들에게 찾아오셨습니다. 하나님은 그들의 가장 실제적인 필요를 채우셨습니다. 그들의 벌거벗은 몸을 가릴 옷을 지어주신 것입니다(창 3:20-21).

하갈. 하갈은 이용당한 뒤 부당한 대우를 받았고 사래에게 학대를 받았습니다. 그녀는 목숨을 부지하려고 도망쳤습니다. 스스로 할 수 있는 모든 것의 한계에 다다랐을 때, 아무데도 갈 곳이 없을 때, 모든 소망이 사라졌을 때, 하나님이 그녀에게 오셨습니다. 하나님과의 관계를 통해서 하갈은 하나님께서 그녀를 지켜주고 계시며 필요를 아셔서 사랑으로 그 필요를 채워주신다는 것을 깨달았습니다. 하나님은 매우 개인적이십니다(창 16:1-13).

솔로몬. 솔로몬의 아버지 다윗은 하나님을 전심으로 찾던 사람입니다. 솔로몬도 아버지의 믿음과 순종을 물려받았습니다. 그는 자기가 원하는 것이면 무엇이든 하나님께 구할 수 있는 기회가 있었습니다. 그는 지혜를 구함으로써, 하나님의 사람들을 사랑하는 마음을 보여주었습니다. 하나님은 그의 소원을 들어주셨고, 거기에다 부귀와 영화를 더해 주셨습니다. 솔로몬은 하나님과의 관계가 매우 실제적이라는 것을 깨달았습니다(왕상 3:5-13).

열두 제자. 열두 제자들도 예수님(하나님의 아들)과 사실적이고, 개인적이고, 실제적인 관계를 가졌습니다. 그들과 함께 하시려고 예수님은 그들을 선택하셨습니다. 예수님과 그런 친밀한 관계를 갖는다는 것은 얼마나 신나는 일일까요! 그들에게 어려운 과제를 주실 때, 예수님은 도움을 주시지 않은 채 그냥 보내지 않으셨습니다! 예수님은 그들이 전혀 알지 못하던 귀신을 내쫓는 권세를 주셨습니다(막 6:7-13).

사형을 기다리고 있던 감옥 안의 베드로. 역사를 통해 볼 때 세계 각처에서 예수를 믿음으로 인해 많은 사람이 투옥되는 신세가 되었습니다. 이것이 베드로의 경험이었습니다(행 12:1-17). 주님께서는 그를 기적적으로 구출하심으로써 그의 기도에 응답하셨습니다. 얼마나 극적인 경험이었는지 베드로는 처음에 그것이 꿈이라고 생각했습니다. 기도를 하고 있던 성도들은 그가 유령인 줄 알았습니다. 그러나 곧 그들은 하나님의 구출이 사실이라는 것을 깨달았습니다. 아마도 그 기적이 베드로의 목숨을 구했을 것입니다.

요한. 밧모섬에 유배되어 있을 때, 요한은 주일을 하나님과의 교제로 보냈습니다(계 1:9-20). 성령 안에서 교제를 하고 있는 동안, 예수님이 "속히 일어날 일들을 그 종들에게 보이시려고 그의 천사를 그 종 요한에게 보내"셨습니다(계 1:1). 이 메시지는 요한의 세대로부터 이날까지 교회들에게 진정한 도전과 위로가 되어왔습니다.

위의 성경구절을 읽는 동안 하나님이 거기 나온 사람들과 사실적이고, 개인적인 관계를 가지셨다는 것을 느끼셨습니까? 또한 관계가 실제적이라는 것도 느끼셨습니까? 하나님이 노아에게도 사실적으로 나타나셨습니까? 아브라함, 모세, 이사야에게도요? 예! 그렇습니다! 하나님께서 바뀌셨나요? 아니지요. 이것은 구약성경 전체에서 사실이었습니다. 이것은 또한 예수님의 생애와 사역의 기간 동안에도 사실이었습니다. 오순절날 성령이 강림하신 이후에도 이것은 사실이었습니다. 하나님께서 당신의 인생에 역사하실 때 응함으로써, 당신도 하나님과 이런 종류의 사실적이고, 개인적이고, 실제적인 관계를 가질 수 있습니다.

사랑은 반드시 사실적이고 개인적이어야 합니다. 한 사람이 사랑할 때 어떤 대상이 없이는 사랑할 수 없습니다. 하나님과의 사랑의 관계는 두 명의 사실적인 인격과 인격이 만날 때 이루어집니다. 하나님과의 관계는 사실적이고 개인적인 것입니다. 이것이 하나님이 항상 갈망해 오신 것입니다. 이 갈망을 현실화시키기 위해서 하나님은 모든 노력을 기울이십니다. 하나님은 자신의 생명을 당신에게 쏟아부으시는 인격체이십니다.

어떤 이유에서든지 하나님과 당신의 관계가 사실적, 개인적, 실제적이었던 경험을 생각해 낼 수 없다면, 하나님과 당신의 관계에 대해서 시간을 두고 심각하게 점검해 볼 필요가 있습니다. 주님 앞에 기도함으로 하나님과 당신의 관계의 참된 본질이 어떤 것인지 알려주시기를 간구하십시오.

하나님과의 관계가 사실적, 개인적, 실제적인 것이 되게 해달라고 기도하십시오. 구원의 순간이 없었음을 깨달았다면 지금 곧 이 책의 서론으로 돌아가서 당신 인생에서 가장 중요한 그 문제를 우선 해결하십시오.

어떤 사람들은 제게 이렇게 말하곤 했습니다. "헨리, 하나님의 뜻을 이루는 데 당신이 제안하는 방법은 요즘 세상에선 좀 실제적이질 못해요." 저는 언제나 이런 사람들과 의견을 달리합니다. 하나님은 매우 실제적인 분입니다. 하나님은 성경에서 그런 분으로 계시되었고 오늘도 여전하십니다. 광야에서 이스라엘 민족에게 만나와 메추라기와 물을 주신 하나님은 매우 실제적이신 분입니다. 오천 명을 먹이신 예수님도 실제적이신 분입니다. 성경에 계시된 하나님은 사실적이고, 개인적이고, 실제적이십니다. 저는 하나님이 제게도 사실적, 개인적, 실제적이심을 믿습니다.

당신의 인생과 사역에 있어서 하나님의 지속적인 임재가 가장 중요한 요소입니다. 불행히도 많은 경우, 우리는 하나님을 우리 인생의 고립된 한 영역으로 제한시킵니다. 그리고는 언제든지 필요할 때면 그분을 찾습니다. 그것은 우리가 하나님의 말씀에서 보는 것과는 정반대입니다. 그분은 이 세상에서 역사하시는 분입니다. 하나님께서 자신의 뜻을 당신을 통해서 이루시려고 당신을 초청하십니다. 하나님의 나라를 이루시려는 그분의 계획은 하나님과 하나님의 백성들과의 관계에 달려 있습니다.

성경에서 사실적이고 개인적인 관계를 통해 하나님을 알고 경험하는 사례는 매우 실제적입니다. 하나님과 동행하는 이러한 삶이 대단히 실제적임을 발견하시리라 믿습니다. 하나님은 당신의 가정, 교회 그리고 다른 사람들과의 관계에서 실제적인 변화를 일으키실 수 있습니다. 하나님을 경험하는 것을 자신이 인지할 수 있도록 하나님을 대면하게 될 것입니다.

 요약

그 누구도 스스로 하나님을 찾지 않습니다. 하나님이 주도하셔서 당신과의 지속적인 사랑의 관계를 추구하십니다. 그 사랑의 관계는 매우 사실적이며, 개인적이며, 실제적입니다. 하나님은 당신이 하는 어떤 일보다도, 당신이 전 존재를 바쳐 하나님을 사랑하기를 바라십니다. 그것이 하나님이 당신을 창조하신 이유입니다. 하나님과의 사랑의 관계가 올바로 되어 있지 않다면, 하나님의 뜻을 알고, 실행하고, 경험하는 데 관련된 모든 것이 엉망이 될 것입니다. 주님께 어떤 사명을 받고 있음을 느낄 때, 사랑의 관계에 초점을 맞추십시오. 하나님은 사명을 주시기 전에 당신이 사랑의 관계로의 초청에 응하기를 기다리실 것입니다.

 오늘의 하나님을 경험하는 삶

아담과 하와는 날이 서늘할 때 하나님과 산책을 즐겼습니다. 오늘이나 이번 주중에 시간을 내서 하나님과 보다 친밀한 사랑의 관계를 누릴 수 있도록 "하나님과의 산책 시간"을 가져보십시오. 건강상의 문제가 없고, 날씨도 좋고, 장소도 허락된다면 집 밖으로 산책할 장소를 선택하십시오. 이 시간을 일상에서 벗어나는 기회로 삼으십시오. 홀로 하나님과 함께할 시간을 위해 특별히 한나절 정도 여행을 다녀와도 좋습니다. 장소는 아래와 같은 곳이면 됩니다.

- 집에서 가까운 동네
- 교외의 숲이 우거진 곳
- 시내에 있는 공원
- 바닷가 모래사장
- 정원
- 산길
- 호숫가
- 아무 곳이나

이 시간을 하나님과 산책하며 대화하는 데 사용하십시오. 만일 장소만 허락된다면 크게 소리를 내어서 이야기하십시오. 하나님의 사랑과 자비를 찬양하십시오. 당신을 향한 하나님의 사랑의 표현에 대해 감사하십시오. 구체적으로 얘기하십시오. 하나님을 향한 당신의 사랑을 표현하십시오. 그분을 예배하고 경배하는 데 시간을 들이십시오. 당신의 걱정을 얘기하고, 그분이 무어라 말씀하시는지를 들어보십시오.

하나님과의 산책을 가진 후 느낀 바를 묵상해 보십시오. 다음의 질문을 한 번 던져보십시오.

- 하나님과 산책하며 대화하는 동안 어떤 느낌을 받았는가?
- 하나님과의 사랑의 관계의 어떤 측면을 깨달았는가?
- 만일 이 시간이 힘들고 감정적으로 불편한 시간이었다면 이유가 무엇이었을까?
- 특별히 의미있거나 기쁜 일이 생겼는가?
- 정기적으로 이런 기회를 가져야겠다고 생각했는가? 그렇다면 얼마나 자주 가져야 할 것인가?

# 8장 하나님이 주도하신다

너희 안에서 행하시는 이는 하나님이시니
자기의 기쁘신 뜻을 위하여
너희에게 소원을 두고 행하게 하시나니
빌립보서 2:13

하나님은 사랑의 관계를 주도하실 뿐 아니라, 그분과 그분의 역사에 동참시키려는 초청도 주도하십니다. 하나님은 자신의 역사를 시작하시기 전에 종에게 묻지 않으십니다. 하나님께, 그리고 하나님의 역사에 올바로 방향을 맞추고 있으려면 당신은 하나님 중심이어야 합니다.

창세기의 많은 부분이 하나님께서 아브라함을 통해 어떻게 그분의 목적을 이루셨는지를 기록하고 있습니다. 그것은 아브라함이 어떻게 하나님과 동행하는 삶을 살았나에 관한 기록이 아닙니다. 강조점이 어떻게 다른지 구분할 수 있습니까? 성경의 초점은 하나님입니다.

죄의 본질은 하나님 중심에서 자기 중심으로 옮겨가는 것입니다. 구원의 본질은 자기를 부인하는 것입니다. 우리는 반드시 자기를 부인하고, 하나님 중심으로 우리의 인생을 돌이켜야 합니다. 그럴 때 하나님께서는 창세 전부터 계획하신 목적을 우리를 통해 성취하실 수 있습니다.

## 하나님 중심의 삶

하나님 중심의 삶은 다음의 특성을 가집니다.
- 하나님을 신뢰함
- 하나님과 하나님의 능력과 채워주심에 의존함
- 하나님과 하나님이 하고 계신 일에 인생의 초점을 맞춤
- 하나님 앞에 겸손함
- 자기를 부인함
- 하나님 나라와 그의 의를 먼저 구함
- 하나님의 관점에서 모든 환경을 바라봄
- 거룩하고 경건한 생활

다음은 성경에 나오는 하나님 중심의 삶의 표본들입니다.

**요셉.** 보디발의 아내는 날마다 요셉에게 동침하기를 청하였습니다. 요셉은 그녀에게 큰 악을 행하여 하나님께 득죄할 수 없다고 했습니다. 그녀가 억지로 그를 붙들었지만 그는 유혹에 넘어가지 않고 도망하여 감옥에 갇히게 되었습니다(창 39장). 요셉은 그의 육적인 욕심이 아니라 하나님께 초점이 맞추어져 있었습니다.

**여호수아와 갈렙.** 하나님이 이스라엘 백성을 언약의 땅으로 들여보내실 준비가 되셨을 때, 모세는 그 땅을 정탐할 정탐꾼을 보냈습니다. 다른 열 명의 정탐꾼과는 달리 여호수아와 갈렙은 이렇게 말합니다. "여호와께서 우리를 기뻐하시면 우리를 그 땅으로 인도하여 들이시고 그 땅을 우리에게 주시리라… 그들을 두려워하지 말라…"(민 14:8-9). 그들은 자신의 힘과

능력이 아닌 하나님의 말씀과 그들을 불러주신 하나님을 의지하여 일을 진행시키기를 원했습니다.

아사 왕. 집정 초기에는 아사 왕이 하나님 중심이었습니다. 아사는 구스 사람 세라와 전투하게 되었을 때 이렇게 기도합니다. "여호와여 힘이 강한 자와 약한 자 사이에는 주밖에 도와줄 이가 없사오니 우리 하나님 여호와여 우리를 도우소서 우리가 주를 의지하오며 주의 이름을 의탁하옵고 이 많은 무리를 치러 왔나이다 여호와여 주는 우리 하나님이시오니 원하건대 사람이 주를 이기지 못하게 하옵소서"(대하 14:11). 하나님은 자신의 손으로 군대를 구출하셨고 나라에는 평화가 찾아왔습니다.

## 자기 중심의 삶

하나님 중심의 삶과는 상반되는 자기 중심의 삶은 다음의 특성을 가집니다.

- 인생의 초점이 자기에게 맞춰짐
- 자기 자신과 자신이 이루어 놓은 것에 대해 자랑스럽게 생각함
- 자기를 신뢰함
- 자신과 자신의 능력에 의존함
- 자기를 세우고 높임
- 세상과 세상의 방식에 받아들여지기를 바람
- 사람의 입장에서 환경을 바라봄
- 이기적이고 평범한 생활

다음은 성경에 나오는 자기 중심의 삶의 표본들입니다.

아담과 하와. 하나님은 아담과 하와를 아름답고 비옥한 에덴동산에 두셨습니다. 하나님은 동산 각종 나무의 실과는 임의로 먹되 선악을 알게 하는 나무의 실과는 먹지 말라고 하셨습니다. 하와는 이 나무를 보고 먹음직스럽기도 하고 지혜롭게 할 것도 같아 선악과를 따먹었습니다(창 2:16-17; 3:1-7). 그것을 아담에게도 나누어 주자 아담도 금단의 열매를 먹었습니다. 하나님의 명령을 어기고 하나님처럼 되어보려던 것은 자기 중심의 생활 양식을 나타냅니다. 자기 중심의 삶이 그들의 창조주와의 사랑의 관계에 금이 가게 했습니다.

열 명의 정탐꾼. 하나님은 가나안 땅을 이스라엘에게 주시기로 약속하셨고 막 주시려는 찰나였습니다. 모세는 열두 명의 정탐꾼을 언약의 땅으로 보내면서 다녀와서 보고를 하라고 했습니다. 그 땅은 비옥했으나 그 땅의 거민은 거인들로 보였습니다(민 13-14장). 여호수아와 갈렙은 하나님을 의지했으나, 다른 열 명의 정탐꾼들은 이렇게 말했습니다. "우리는 능히 올라가서 그 백성을 치지 못하리라 그들은 우리보다 강하니라"(민 13:31). 그들은 하나님을 보지 않고 자기를 보았습니다. 그들은 자기의 힘으로 적을 물리칠 도리가 없다고 생각했습니다. 하나님이 거기까지 인도하시며 어떤 기적을 베푸셨는지를 그들은 잊었습니다.

40년 후 여리고 성에 살던 라합이 하나님이 어떤 역사를 행하셨는지를 이렇게 표현합니다. 그녀는 사람들이 하나님께서 이스라엘을 어떻게 애굽에서 구출해 내셨는지를 들었을 때 "곧 마음이 녹았고 너희로 말미암아 사람이 정신을 잃었나니 너희의 하나님 여호와는 위로는 하늘에서도 아래로는 땅에서도 하나님이시니라"(수 2:11)라고 말합니다. 열 명의 자기 중심의 사람들이 이스라엘 백성으로 하여금 40년을 더 광야에서 고생하는 대가를 치르게 했습니다.

아사 왕. 아사 왕과 유다의 백성들은 이스라엘의 왕, 바아사의 침략을 두려워하고 있었습니다. 이전에는 그런 전쟁을 앞에 놓고 아사 왕이 백성들로 하여금 주님을 의뢰하도록 인도한 적이 있습니다. 이번에는 하나님께 도움을 요청하는 대신 여호와의 전 곳간과 왕궁 곳간의 금과 은을 다메섹에 거한 아람 왕 벤하닷에게 보내서 도움을 요청했습니다(대하 16:1-3). 아사 왕은 비록 한 번은 하나님 중심이고 하나님을 의뢰했지만, 자기 중심이고 자기를 의뢰하는 사람이 되었습니다. 하나님은 아사를 꾸짖으셨습니다.
"왕이 망령되이 행하였은즉 이후부터는 왕에게 전쟁이 있으리이다"(대하 16:9). 자기 중심의 성향 때문에 가장 두려워하던 바로 그것이 자신의 일생에 그림자처럼 따라다니게 되었습니다.

자기 중심은 미묘한 덫입니다. 하나님 중심의 삶은 인간의 관점으로 보면 상식을 벗어나는 것일 수 있습니다. 아사 왕과 같이 한 번은 피해 갔다가 다음 번에는 졸지에 걸릴 수 있습니다. 하나님 중심의 삶은 날마다 나를 죽이고 하나님께 순복하기를 요구합니다.
"내가 진실로 진실로 너희에게 이르노니 한 알의 밀이 땅에 떨어져 죽지 아니하면 한 알 그대로 있고 죽으면 많은 열매를 맺느니라 자기의 생명을 사랑하는 자는 잃어버릴 것이요 이 세상에서 자기의 생명을 미워하는 자는 영생하도록 보전하리라"(요 12:24-25).

## 우리의 계획이 아니라 하나님의 목적

하나님 중심의 삶을 살기 위해서는, 삶의 초점이 당신이 세워둔 계획이 아닌 하나님의 목적에 맞추어져야 합니다. 자신의 비뚤어진 인간적인 관점을 버리고 하나님의 관점에서 보아야 합니다. 하나님께서는 세상에서 무언가를 시작하려고 하실 때, 먼저 한 사람에게 오셔서 말씀하십니다. 하나님의 거룩하신 뜻은, 그분의 목적을 이루는 데 하나님의 백성을 동참시키는 것입니다.

노아에게 나타나셨을 때 하나님은 세상을 물로 심판하실 찰나였습니다(창 6:5-14). 하나님께서 소돔과 고모라를 멸망시키려 하셨을 때는 아브라함에게 나타나셨습니다(창 18:16-21; 19:13). 미디안의 압제로부터 이스라엘을 구원하려고 하셨을 때는 기드온에게 나타나셨습니다(삿 6:11-16). 온 세상의 이방인들에게 복음을 전파하실 준비가 되셨을 때 하나님은 다메섹 도상의 사울(나중에 바울이 됨)에게 나타나셨습니다(행 9:1-16). 각 상황에서 가장 중요했던 요소는 그 사람이 하나님을 위해서 무엇을 하려고 했던가가 아니라 하나님께서 무엇을 하려 하셨는가였습니다.

노아의 예를 살펴봅시다. 하나님을 섬기려던 노아의 모든 계획은 어떻게 되었습니까? 다가올 홍수로 인한 멸망을 생각한다면 그것은 아무 소용도 없었겠지요? 노아는 자기가 하나님을 섬기려고 설정해 놓은 꿈을 실현시키는 것을 도와달라고 하나님께 부르짖은 적이 없습니다. 하나님이 어떤 사람에게 하나님을 위해 무엇을 할 것인지를 연구해 보라고 명령하시는 것을 결코 볼 수 없습니다.

우리는 앉아서 하나님을 위해 무엇을 할 것인지 궁리하고 하나님께 그것을 할 수 있도록 도움을 요청해서는 안됩니다. 성경을 보면 먼저 우리가 하나님께 순복하고 하나님께서 우리에게 무엇을 하실 것인지를 보여주실 때까지 기다리든지, 우리 주위에서 하나님께서 무엇을 하고 계신지 찾아서 그분이 하고 계신 일에 동참하는 것이 정석입니다.

누가 이스라엘 백성을 애굽에서 구원했습니까? 모세입니까, 하나님입니까? 물론 하나님이십니다. 하나님께서 이스라엘을 구원하시는 데 쓰시기 위해 모세를 선택하셔서 하나님과의 친밀한 관계로 인도하신 것입니다. 모세가 이스라엘 자손들의 문제를 스스로 해결하고자 했던 적이 있습니까? 있습니다. 모세가 하나님 백성의 인도자가 되려고 스스로 노력했던 사건을 읽어보십시오.

모세가 장성한 후에 한번은 자기 형제들에게 나가서 그들이 고되게 노동하는 것을 보더니 어떤 애굽 사람이 한 히브리 사람 곧 자기 형제를 치는 것을 본지라 좌우로 살펴 사람이 없음을 보고 그 애굽 사람을 쳐죽여 모래에 감추니라 이튿날 다시 나가니 두 히브리 사람이 서로 싸우는지라 그 잘못한 자에게 이르되 네가 어찌하여 동포를 치느냐 하매 그가 이르되 누가 너를 우리를 다스리는 자와 재판관으로 삼았느냐 네가 애굽 사람을 죽이는 것처럼 나도 죽이려느냐 모세가 두려워하여 이르되 일이 탄로되었도다 바로가 이 일을 듣고 모세를 죽이고자 하여 찾는지라 모세가 바로의 낯을 피하여 미디안 땅에 머물며 하루는 우물 곁에 앉았더라(출 2:11-15).

출애굽기 2:11-15을 보면, 모세가 자기 민족을 위한다고 스스로의 방법을 주장했습니다. 만일 모세가 인간적인 방법으로 이스라엘 자손을 애굽에서 구원하였다면 과연 어떤 일이 일어났을까요? 아마도 수천 명이 죽임을 당했을 것입니다. 모세는 자기 손으로 이스라엘의 문제를 해결하려다가 그 대가로 미디안 광야로 도망하여 40년간 목자 생활을 하였습니다(그리고 자기의 삶의 방향을 하나님 중심으로 바꾸어야만 했습니다).

하나님께서 이스라엘 자손을 구출하셨을 때 몇 명의 인명 피해가 있었습니까? 단 한 명도 없었지요? 하나님은 구출하시는 과정에서 오히려 애굽인들로 하여금 금, 은, 의복을 이스라엘 백성들에게 주도록 하셨습니다. 애굽은 빼앗김을 당했고, 군대는 전멸당했습니다. 반면 이스라엘은 단 한 명의 인명 피해도 없었습니다!

우리는 왜 하나님의 방법이 언제나 최선이라는 것을 깨닫지 못하는 것일까요? 우리는 우리 나름대로의 계획을 갖고 있기 때문에 종종 교회에서 실수와 실패를 경험합니다. 우리는 우리가 할 수 있는 것만 겨우 계획합니다. 하나님(예수님)은 교회라는 몸의 머리이십니다. 하나님께서 머리가 되시도록 하면 얼마나 놀라운 변화를 맛보겠습니까? 그분은 우리가 60년에 걸쳐서 할 수 있을까 말까 한 일을 하나님께 헌신된 사람들을 사용하셔서 6개월도 안 걸려 끝내실 것입니다.

### 하나님의 방법들

하나님은 하나님의 백성들이 그분의 방법을 따르기를 원하십니다. 그분이 우리를 창조하셨습니다. 그분은 우리를 아십니다. 우리의 세상을 아시며 과거, 현재, 미래를 통달하십니다. 하나님의 방법은 항상 최선이며 옳습니다. 하나님의 백성이 그분의 방법을 따르지 않을 때 나타나는 결과는 치명적인 것일 수 있습니다. 하나님은 이스라엘에게 풍성한 약속을 주셨는데, 그들이 하나님 따르기를 실패했을 때는 모진 값을 치러야 했습니다. 하나님은 이스라엘에게 이렇게 말씀하십니다.

"나는 너를 애굽 땅에서 인도하여 낸 여호와 네 하나님이니 네 입을 크게 열라 내가 채우리라 하였으나 내 백성이 내 소리를 듣지 아니하며 이스라엘이 나를 원하지 아니하였도다 그러므로 내가 그의 마음을 완악한 대로 버려 두어 그의 임의대로 행하게 하였도다"(시 81:10-12).

하나님의 방법이 이스라엘이 스스로 선택한 방법보다 월등했을 것입니다. 하나님은 이렇게 말씀하십니다.

"내 백성아 내 말을 들으라 이스라엘아 내 도를 따르라 그리하면 내가 속히 그들의 원수를 누르고 내 손을 돌려 그들의 대적들을 치리니"(시 81:13-14).

하나님은 우리의 인생을 하나님께로 조정하기를 바라십니다. 그래야 하나님이 원하시는 일을 우리를 통해서 이루실 수 있기 때문입니다. 하나님은 우리의 계획에 따라 자신을 맞추는 우리의 종이 아니십니다. 우리가 그분의 종입니다. 우리가 그분이 무엇을 하시려는지에 따라 우리의 인생을 조정해야 합니다. 우리가 순종치 않으면 하나님은 우리 멋대로 하도록 내버려 두실 것입니다. 그렇게 되면 우리는 하나님께서 우리를 위해 혹은 우리를 통해 하기 원하시는 일이 무엇인지 경험할 수 없게 됩니다.

이스라엘은 많은 기사와 이적을 경험하면서 출애굽을 했습니다. 그들은 바다를 가르고 마른 땅을 건넜습니다. 물이 다시 합쳐지자 애굽 군대가 침몰하여 전멸하는 것을 목격했습니다. 그들은 하늘에서 내려주신 만나를 먹었고, 하나님이 보내주신 메추라기를 먹었으며, 돌에서 나오는 신선한 물을 마셨습니다. 당신은 그들이 하나님께서는 못하실 일이 없다고 믿었을 것 같지 않습니까? 그러나 약속의 땅에 도착해서도 그들은 하나님이 그들에게 약속의 땅을 주실 수 있다는 것을 믿지 못했습니다. 이 불신앙 때문에 그들은 40년을 광야에서 헤매다 죽어가는 신세가 되었습니다. 시편 81편은 이스라엘이 스스로의 생각을 따르지 않고 하나님의 방법에 순종했다면 하나님께서 훨씬 더 빨리 그들의 대적들을 정복해 주셨을 것이라는 점을 깨우쳐 줍니다.

### 하나님께서 무엇을 하시려는지 알아야만 한다

지역사회의 보다 나은 미래를 위해서 우리가 장기적인 안목을 가지고 강조해야 할 점이 무엇인가를 의논하기 위해 몇 년 전 우리 교단의 지도자들이 밴쿠버에 모였습니다. 많은 단체의 요직에 있는 분들이 우리와 함께 멋진 일들을 이루어나갈 계획이었습니다. 그러나 저는 속으로 이렇게 물었습니다. "만일 하나님께서 그때가 되기 전에 우리나라를 심판하시면 어쩌지?" 저는 하나님께서 밴쿠버에 대해서 어떤 생각을 갖고 계신지 알아야 할 필요성을 절실히 느꼈습니다. 내가 미래에 무엇을 하고 싶은가는 전혀 상관이 없는 얘기가 될 수도 있기 때문입니다.

선지자들을 부르셨을 때 하나님은 대개 양면성 있는 메시지를 주셨습니다. 하나님이 가장 원하시는 것은 우선 "백성들을 내게로 돌아오게 하라"는 것이었습니다. 백성들이 첫번째 메시지에 응하지 않으면 두번째 메시지를 전해야 했습니다. "심판의 때가 어느 때보다도 가까웠다. 깨달으라." 하나님이 무엇을 하려고 하시는지를 선지자들이 이해하는 것이 중요했다고 생각하십니까? 하나님께서 예루살렘을 무섭게 심판하시고 온 도성을 멸망시키려는 것을 아는 것이 중요했습니까? 물론입니다! 당신이 처한 곳에서 하나님이 무엇을 하실 것인가를 이해하는 것이 당신이 하나님을 위해 무엇을 하고 싶다고 말하는 것보다 훨씬 더 중요합니다.

소돔과 고모라가 멸망당하기 하루 전날 아브라함이 그곳에 가서 가가호호 심방하고 전도할 계획을 짜고 있다고 하나님께 말씀드렸다면 그것이 무슨 소용이 있겠습니까? 당신 교회의 장기 계획을 짜는 것이 무슨 소용이 있겠습니까? 만일 하나님이 그 계획이 실행에 옮겨지기도 전에 심판을 내리신다면 말입니다.

당신은 지금 이 역사의 한 장에서 하나님께서 당신의 교회, 지역사회 그리고 나라에 어떤 계획을 가지고 계신지를 알아야 합니다. 그래야 더 늦기 전에 당신 교회와 당신 자신이 하나님께로 조정하여 하나님이 당신을 하나님 역사의 주류로 합류시키실 수 있게 됩니다. 하나님은 처음부터 자세한 계획을 가르쳐 주시지는 않을지 몰라도 당신과 당신 교회가 하나님이 하시는 일에 어떻게 반응해야 하는지 한 번에 한 걸음씩 가르쳐 주실 것입니다.

마틴 루터. 마틴 루터에게 "의인은 믿음으로 살리라"는 말씀을 하기 시작하셨을 때, 하나님께서는 무엇을 하려 하셨습니까? 하나님은 그 당시 유럽에 살고 있던 모든 사람들에게, 구원은 하나님의 공짜 선물로서 누구나 하나님과 직접적인 관계를 가질 수 있다는 것을 알려주려고 하셨습니다. 하나님은 단호한 큰 개혁을 일으키고 계셨던 것입니다. 교회사를 공부하면서 하나님이 어떻게 이 큰 운동을 일으키셨는가를 알게 되면, 모든 경우에 하나님이 어떤 사람을 찾아오셨으며, 그 사람은 하나님께 자신의 목숨을 내어놓았다는 것을 보게 될 것입니다. 그럴 때 하나님은 그 사람을 통해서 그분의 목적을 이루기 시작하셨습니다.

존 웨슬리, 찰스 웨슬리, 조지 휫필드. 존 웨슬리와 찰스 웨슬리에게 말씀하셨을 때, 하나님은 영국을 뒤흔들 영적 부흥을 준비하고 계셨습니다. 그 부흥은 영국을 프랑스에서와 같은 피의 혁명에서 구제할 것이었습니다. 조지 휫필드와 그와 함께 일어선 몇몇 사람을 통하여 하나님은 영국을 완전히 뒤엎어 놓는 거대한 일을 하실 수 있었습니다.

당신이 지금 속해 있는 지역사회에서 다른 사람들의 인생에 어떤 일이 막 일어나려고 하는지도 모릅니다. 하나님은 그 생명들을 구하시길 원합니다. 하나님이 그 일을 당신을 통해서 하시고자 한다고 가정합시다. 하나님이 당신에게 오셔서 말씀하십니다. 그러나 당신은 너무나 자기 중심적인 나머지 이렇게 대답합니다. "저는 훈련이 덜 되어 있어서요. 저는 못할 것 같습니다. 그리고 저는…."

무슨 일이 일어나고 있습니까? 초점이 자기 자신에게 와 있는 것입니다. 하나님이 당신의 인생에 들어오시는 것을 느끼는 순간, 당신은 왜 당신이 적격자가 아닌지 왜 최적의 시간이 아닌지 등등 핑계를 늘어놓기 시작합니다. 그것이 바로 모세가 한 일입니다. 저는 당신이 하나님의 관점이 무엇인지 찾아보기를 바랍니다. 하나님은 당신 스스로 그것을 할 수 없다는 사실을 알고 계십니다! 그러나 하나님은 당신을 사용하셔서 하나님 스스로 그것을 하기 원하십니다.

## 하나님이 주도하신다

성경 전체를 통틀어 보면, 하나님이 항상 주도권을 잡으십니다. 어떤 사람에게 오시면 하나님은 항상 그에게 자신과 자신이 하시는 일을 계시하십니다. 이것은 언제나 그 사람에게 그의 삶을 하나님께로 조정하라는 초청입니다. 하나님이 만나신 사람들은 절대로 그가 살던 그대로 머물러 있을 수 없습니다. 그 사람들은 하나님께 순종하며 하나님과 동행하는 삶을 살기 위해 자신의 인생에 획기적인 조정을 해야만 했습니다.

하나님은 절대 주권자이십니다. 하나님이 주도자이시기 때문에 저는 제 인생이 하나님 중심이 되도록 노력합니다. 하나님이 자신이 하시고자 하는 일의 주도권을 항상 잡으십니다. 당신이 하나님 중심일 때 "자기의 기쁘신 뜻을 위하여"(빌 2:13) 하나님이 기뻐하시는 일을 하고 싶어하는 마음까지도 주십니다.

하나님이 일하시는 것을 볼 때 우리는 종종 어떻게 합니까? 우리는 곧바로 하나님 중심에서 자기 중심으로 옮겨갑니다. 우리는 어떻게 해서든지 우리의 인생이 하나님을 향하게 해야 합니다. 우리는 하나님의 안목으로 모든 것을 보는 방법을 배워야 합니다. 우리는 하나님이 그분의 인격을 우리 안에 심어서 자라게 하시도록 허락해야 합니다. 하나님의 생각을 우리에게 계시하시도록 해야만 합니다. 그럴 때만 우리의 인생은 삶에 대한 올바른 안목을 가지게 됩니다.

하나님 중심의 삶을 살면 당신은 바로 하나님이 하시는 일 곁에서 살게 될 것입니다. 하나님이 당신 주위에서 일하시는 것을 보면 당신은 기쁨에 들떠 속으로 이렇게 생각할 것입니다. "하나님 아버지, 감사합니다. 저를 당신이 일하시는 곳에 동참하게 하시니 감사합니다." 저의 경우, 제가 하나님의 역사 한가운데 있음을 발견하고 하나님이 제 눈을 뜨게 하셔서 하나님이 역사 하시는 곳을 보여주시면, 저는 항상 하나님이 저에게 동참하기를 원하신다고 생각합니다.

하나님이 항상 주도권을 잡으십니다. 하나님은 우리가 하나님을 위해 무엇을 할 것인지 정할 때까지 기다리시지 않습니다. 하나님이 우리에게 오시기로 정하면 우리가 하나님이 원하시는 대로 우리 인생을 조정하고 하나님이 쓰시도록 자기를 내어놓을 때까지 기다리십니다.

당신은 하나님의 주도와 자기 자신의 이기적인 욕망을 항상 조심스럽게 구분해야 합니다. 자기 중심의 사람은 하나님의 뜻과 자기의 뜻을 혼동하는 경향이 있습니다. 환경이 언제나 하나님의 인도하심을 정확히 일러준다고 볼 수 없습니다. 기회가 열리거나 열리지 않거나 하는 것도 항상 하나님의 인도하심을 일러주는 것은 아닙니다. 하나님의 인도하심을 명확히 하려면, 당신이 하나님이 인도하신다고 생각하는 방향에 대해서 기도, 말씀, 환경 모두가 일치하고 있는지 확인해 보아야 합니다.

당신은 아직도 속으로 이렇게 얘기하고 있을지 모릅니다. "다 좋은 얘기지. 그러나 나에게는 좀더 실제적으로 이 개념들을 내 삶에 적용시킬 수 있는 도움이 필요해." 어떤 경우에든 하나님은 당신의 어떤 방법보다 하나님을 의지하기를 요구하십니다. 문제는 방법이 아니라 하나님과의 관계입니다. 자, 기도와 믿음으로 하나님과 동행하는 삶을 살게 된 한 사람의 예를 소개하는 것이 도움이 되었으면 합니다.

조지 뮬러는 19세기의 영국 목사님입니다. 그는 하나님의 사람들이 용기를 잃은 것에 대해 매우 걱정을 했습니다. 그들은 더이상 하나님이 어떤 평범 이상의 일을 하시는 것을 바라고 있지 않았습니다. 그들은 기도에 응답해 주시는 하나님을 신뢰하지 않았습니다. 그들의 믿음은 너무 적었습니다(이것이 우리 교회들의 모습과 흡사하지 않습니까?).

하나님은 뮬러가 기도하도록 인도하기 시작하셨습니다. 그 기도 내용은 하나님의 사역이라고밖에는 설명될 수 없는 일을 할 수 있도록 하나님의 인도를 구하는 것이었습니다. 뮬러는 하나님이 신실하시며 기도에 응답하시는 분이라는 것을 사람들이 알기를 원했습니다. 그는 우리가 방금 읽은 시편 81:10에 다다랐습니다. "네 입을 크게 열라 내가 채우리라." 뮬러는 하나님이 공급하시기를 기뻐할 만한 하나님의 역사를 찾기 시작했습니다. 하나님은 뮬러의 간증을 읽은 모든 이들의 삶을 놀랍도록 멋진 믿음의 삶으로 인도하셨습니다.

뮬러는 하나님이 어떤 일을 하라고 인도하심을 느꼈을 때, 그것에 필요한 물질에 대해서 하나님께만 기도로 아뢰고 다른 누구에게도 알리지 않았습니다. 그는 하나님께서 기도와 믿음의 응답으로만 모든 필요를 채워 주심을 모든 사람이 알기를 바랐던 것입니다. 브리스톨에서 사역할 때 그는 성경 보급과 기독교 교육을 위한 기관(Scriptural Knowledge Institute)을 창설했습니다. 또한 고아원도 운영하기 시작했습니다. 뮬러는 세상을 떠날 무렵 4개의 고아원을 세우고, 한번에 2천 명의 아이들을 돌보도록 쓰임을 받았습니다. 1만 명이 넘는 아이들이 이 고아원들을 통해 보살핌을 받았습니다. 그는 기도의 응답으로 기부된 8,000,000달러가 넘는 돈을 모두 나누어 주었습니다. 그가 93세를 일기로 세상을 떠났을 때, 그의 수중의 전 재산은 800달러에 지나지 않았습니다.

뮬러는 어떻게 하나님의 뜻을 알고 행했을까요? 다음은 조지 뮬러가 어떻게 했는지를 스스로 표현한 것입니다.

하나님의 뜻을 찾는 데 있어서 말씀을 통한 성령님의 깨우치심에 진지하고 참을성 있게 임했던 때를 저는 기억하지 못합니다. 그럼에도 불구하고 저는 항상 바른 인도를 받았습니다. 그러나 하나님 앞에 솔직한 마음과 바른 관계를 갖지 못했거나, 하나님의 지도를 참을성 있게 기다리지 않았거나, 살아계신 하나님의 말씀보다 주위 사람들의 의견을 더 존중했을 때, 저는 많은 실수를 범했습니다.

무엇이 조지 뮬러로 하여금 하나님의 뜻을 아는 데 도움을 주었습니까?
· 하나님의 인도하심을 진지하게 찾음
· 하나님이 말씀해 주실 때까지 인내하며 기다림
· 성령님께서 말씀을 통해 가르쳐 주시기를 바람

뮬러로 하여금 하나님의 뜻을 아는 데 실패하도록 한 것은 무엇입니까?
· 솔직한 마음이 없음
· 하나님과 바른 관계에 있지 않음
· 하나님의 뜻을 참을성 있게 기다리지 못함
· 하나님의 말씀보다 주위 사람들의 의견을 더 존중함

다음은 뮬러가 어떻게 하나님과 마음이 통하는 관계를 갖게 되었는지, 어떻게 하나님의 음성을 구별할 수 있게 되었는지를 직접 요약한 것입니다.

1. 처음에 저는 하고자 하는 일에 대하여 제 마음에 한치라도 자신의 뜻이 남아 있지 않는 상태가 되기를 구합니다. 보통 사람들의 문제 중 90퍼센트는 여기에서 시작됩니다. 우리의 마음이 하나님의 뜻을 행하려는 자세를 가지고 있을 때, 문제의 90퍼센트는 벌써 해결이 된 것입니다.

2. 이것이 된 후에 저는 제 느낌이나 감상에 결과를 맡겨 놓지 않습니다. 그것이 제 자신을 큰 착각에 빠뜨리게 하는 것입니다.

3. 저는 성령님의 뜻을 성경에서 혹은 성경에 관련해서 찾습니다. 성령님과 말씀은 언제나 조화를 이루어야 합니다. 말씀 없이 성령님께 의지하려고 하면 그것도 자신을 큰 착각에 빠지도록 방치하는 것입니다. 성령님이 우리를 인도하시고 있다면 그분은 절대로 말씀에 위배되지 않게, 말씀에 있는 대로 우리를 인도하십니다.

4. 그 후에 저는 제게 주어진 환경을 봅니다. 많은 경우 이것은 하나님의 말씀과 성령님에 관련지어서 하나님의 뜻을 그대로 반영시켜 줍니다.

5. 저는 하나님의 뜻을 바로 가르쳐 주시기를 기도합니다.

6. 그러므로 하나님께 기도하고, 말씀을 공부하고, 묵상함으로 저는 제 능력과 지식이 닿는 한 신중한 판단을 하게 됩니다. 그리고 제 마음이 계속 평안하고, 두세 번 더 간구할 때까지도 계속 평안이 있으면 실천에 옮깁니다.[1]

이것이 도움이 되었으면 합니다. 아직도 추상적으로 느껴진다해도 용기를 잃지 마십시오. 더 공부할 내용이 아직 많이 남아 있습니다.

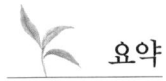 요약

하나님과의 사랑의 관계는, 하나님 중심의 삶을 당신 안에 개발시켜서 하나님의 역사에 동참할 수 있도록 당신을 준비시켜 줍니다. 당신의 관심이 자기 자신이 아닌 하나님의 계획, 목적 그리고 방법들에 초점 맞춰져 있는 것이 핵심입니다. 다른 어떤 관심도 당신을 잘못 인도할 것입니다.

조지 뮬러와 같이 당신의 뜻이 온전히 없어지는 단계에 이르러야 합니다. 그럴 때 하나님은 어떤 일보다도 하나님의 일을 하고자 하는 욕망을 당신에게 주실 것입니다.

하나님 자신이 당신을 그분의 역사에 동참하도록 초청하십니다. 그분은 당신에게 하나님을 위한 꿈을 꾸라고 하지 않으십니다.

당신이 처한 곳에서 하나님이 무엇을 하고 계시며, 무엇을 하실 것인지를 알아야 합니다. 그것이 당신이 알아야 할 가장 중요한 것입니다. 다음 장에서는 하나님이 자신이 일하시는 것을 어떻게 보여주시는지를 이해하도록 도와드리겠습니다.

 오늘의 하나님을 경험하는 삶

조지 뮬러가 어떻게 하나님의 뜻을 알고 행했는지에 대해 잠깐 복습해 보십시오. 그리고 당신 자신의 뜻이 없어지는 단계에 이를 수 있게 해달라고 기도하십시오.

만일 스스로 만들어 낸 하나님을 위해서 하고자 하는 일의 목록을 가지고 있다면, 그것을 하나님 앞에 내어놓고 그것 대신 하나님의 계획을 알려달라고 기도하십시오. 당신의 기도 가운데 하나님의 인도를 구하십시오.

하나님의 말씀을 통해 당신에게 말씀해 달라고 기도하십시오. 하나님의 뜻을 구할 때 환경을 분별할 수 있는 예민함을 달라고 기도하십시오. 그분의 시간에, 그분의 목적에 동참하기 위해 계속 인내를 가지고 구하십시오.

1. 조지 뮬러에 관해 더 알고 싶은 사람은, A.E.C. Brooks가 편집한 "*Answers to Prayer from George Mueller's Narratives*"(Moody Press 간행)와 Coxe Bailey가 쓴 "*George Mueller by Faith*"(Moody Press 간행)를 참조하십시오.

# 9장 하나님은 자신에게 참여하라고 초청하신다

> 곧 하나님께서 그리스도 안에 계시사
> 세상을 자기와 화목하게 하시며
> 그들의 죄를 그들에게 돌리지 아니하시고
> 화목하게 하는 말씀을 우리에게 부탁하셨느니라
> 그러므로 우리가 그리스도를 대신하여 사신이 되어
> 하나님이 우리를 통하여 너희를 권면하시는 것같이
> 그리스도를 대신하여 간청하노니
> 너희는 하나님과 화목하라
> 고린도후서 5:19-20

성경은 하나님이 세상을 자신과 화목케 하시려고 항상 세상에 관계되어 계심을 나타냅니다. 하나님은 세상에서 떠나 계시거나 역사 속에서 일어나는 일로부터 멀어지신 적이 없습니다. 성경을 볼 때, 우리는 하나님의 구속의 역사를 읽습니다. 우리는 하나님이 역사를 주도하시고, 그분이 선택하신 사람들을 역사에 참여시키시는 것을 봅니다. 하나님은 그분의 목적을 성취하기 위해서 그 사람들을 통해서 일하기를 선택하십니다.

세상을 심판하실 준비가 되셨을 때, 하나님은 노아에게 오셨습니다. 하나님은 무언가를 하시되 노아를 통해서 하실 작정이었습니다. 하나님이 자신을 위해서 한 나라를 세울 준비가 되셨을 때, 아브라함에게 찾아오셨습니다. 하나님은 아브라함을 통해 그분의 뜻을 이루기로 작정하셨습니다. 하나님이 이스라엘 자손의 울부짖음을 들으시고, 그들을 구원하기로 결정하시고 나서 모세에게 나타나셨습니다. 그분은 모세를 통해서 이스라엘을 구원하기로 계획하셨습니다.

이것은 구약과 신약을 총망라하는 사실입니다. 하나님이 그의 아들을 통해서 잃어버린 세상을 구속하실 때가 찼을 때, 하나님은 아들에게 12명을 주셔서 그들로 하여금 그의 목적을 이루도록 준비시키셨습니다.

하나님은 무언가를 하실 준비가 되셨을 때, 스스로 주도하셔서 한 사람 혹은 여러 명의 하나님의 종들에게 오십니다. 하나님은 무엇을 하시려는가를 그들에게 알게 하십니다. 하나님은 그들의 인생을 하나님께로 조정하라고 초청하셔서, 그들을 통해 하나님의 일을 성취하십니다.

아모스 선지자는 "주 여호와께서는 자기의 비밀을 그 종 선지자들에게 보이지 아니하시고는 결코 행하심이 없으시리라"(암 3:7)고 말했습니다.

## 하나님의 시간

하나님께 순종하는 자녀로서 당신은 그분과 사랑의 관계를 맺고 있습니다. 그분은 당신을 사랑하시며 당신이 그분의 역사에 참여하기를 원하십니다. 그분이 준비되셨을 때, 자신이 어디서 일하고 계신지를 당신에게 보여주시고 동참하라고 하십니다. 너무 서두르지 마십시오. 하나님은 수년에 걸쳐 당신의 인격을 준비시키시거나 혹은 더 깊은 사랑의 관계로 무르익도록 하십니다. 사명이나 부르심이 즉각 오지 않는다고 실망하지 마십시오. 하나님은 자신이 무엇을 하고 계신지를 아십니다. 하나님이 무엇을 하고 계신지를 알려주셔서 당신이 동참하게 하실 때까지는 하나님의 일을 하고 있지 못하다는 걱정을 할 필요가 없습니다.

예를 들어, 예수님이 성전에 올라가 아버지의 일을 하고 계셨을 때는

12세였습니다. 그러나 하나님이 계획하신 사역을 시작하신 때는 약 30세쯤 되셨을 때입니다. 하나님의 아들이신 예수님이, 하나님이 자신의 공생애를 시작하실 준비가 되시기까지 30년이란 세월 동안 목수일을 하셨습니다.

하나님의 뜻을 알고 행하는 과정에서 당신은 이런 질문을 할지도 모릅니다. 하나님은 왜 내게 큰 임무를 맡기시지 않는 걸까? 하나님은 당신에게 이렇게 대답하실 것입니다. "나의 큰 사역에 동참시켜 달라고 하는구나. 그런데 나는 단순히 네게 어떻게 나를 의지하는 것인지를 가르쳐 주는 중이다. 아직은 임무를 맡길 수가 없구나." 커다란 임무를 맡기시기 전에 하나님은, 당신의 인생에 기초공사부터 하셔야 합니다.

당신은 이런 기도를 한 적이 있습니까? "주님, 제게 위대한 사명을 주시기만 한다면 제 인생을 다 바쳐서 주를 섬기겠나이다."

하나님은 이렇게 반응하실 것입니다. "나도 그렇게 하고 싶지만 그럴 수가 없구나. 내가 그런 사명을 준다 해도 네가 완수할 수가 없단다. 너는 준비가 되어 있질 않아."

그러면 당신은 이렇게 변론합니다. "주님, 저는 할 수 있어요. 한번 시켜만 주세요." 열두 제자 중에서도 이렇게 더 큰 일을 할 수 있다고 장담한 사람이 있습니다. 기억하시나요?

예수님이 십자가에 달려 죽으시기 전날 밤, 베드로는 이렇게 말했습니다. "주여 내가 주와 함께 옥에도, 죽는 데에도 가기를 각오하였나이다"(눅 22:33).

예수님의 답은 "베드로야 내가 네게 말하노니 오늘 닭 울기 전에 네가 세 번 나를 모른다고 부인하리라"였습니다(눅 22:34). 당신이 어떻게 할지도 하나님이 정확히 아신다는 것이 가능합니까? 그분을 신뢰하십시오. 당신이 생각하기에 할 수 있는 것을 달라고 조르지 마십시오. 그것은 당신을 파멸로 이끌 수 있습니다.

천국의 목적을 성취하는 데 하나님이 당신보다 더 지대한 관심을 가지고 계십니다. 하나님은 당신이 준비가 되었다고 생각되시면 무슨 임무든지 다 맡기실 것입니다. 당신이 하나님께로 방향을 정하도록 하나님께 도움을 청하십시오. 종은 주인에게 이런 저런 사명을 필요로 한다고 요구하지 않습니다. 종은 주인의 명령을 기다리고 있어야 합니다. 그러므로 인내를 가지고 기다리십시오. 주님을 기다리는 시간은 한가한 시간이 되어서는 안됩니다. 이 기다리는 시간에 하나님이 당신의 인격을 다듬고 새로 빛으시도록 하십시오. 하나님이 당신의 인생을 깨끗케 하셔서 하나님이 쓰실 만한 정결한 도구가 되게 하십시오.

가장 적절한 임무를 주시기 위해서 하나님은 당신을 준비시키실 것입니다. 그러나 어떤 사명이든지 그것은 온 우주의 창조주에게서 오는 것이므로 매우 중요한 사명일 것입니다. 인간의 기준으로 그 사명의 중요성이나 가치를 판단하지 마십시오.

## 복습: 예수님의 예

당신은 "하나님은 어떻게 내가 하나님의 일에 참여하도록 초청하실까?"라고 물을 것입니다. 요한복음 5:17, 19-20(6장을 복습하십시오)에 나온 예수님의 예를 복습해 봅시다.

"예수께서 그들에게 이르시되 내 아버지께서 이제까지 일하시니 나도 일한다…내가 진실로 진실로 너희에게 이르노니 아들이 아버지께서 하시는 일을 보지 않고는 아무것도 스스로 할 수 없나니 아버지께서 행하시는 그것을 아들도 그와 같이 행하느니라 아버지께서 아들을 사랑하사 자기의 행하시는 것을 다 아들에게 보이시고 또 그보다 더 큰일을 보이사 너희로 놀랍게 여기게 하시리라."

### 예수님의 예

- 아버지께서 이제까지 일하신다.
- 나도 일한다.
- 나는 아무것도 스스로 할 수 없다.
- 나는 아버지께서 하시는 일을 주시하여 본다.
- 나는 아버지께서 이미 행하고 계신 일을 보고 행한다.
- 아버지께서는 아들을 사랑하신다.
- 아버지께서는 자기의 행하시는 것을 다 아들에게 보이신다.

하나님은 태초부터 세상에서 활동해 오셨으며, 지금 이 순간에도 역사하고 계십니다. 예수님은 그분의 생애를 통해 이것을 보이셨습니다. 예수님은 자신의 뜻을 행하려고 세상에 오신 것이 아니라 자기를 보내신 아버지의 뜻을 행하러 오셨다고 밝히셨습니다(요 4:34; 5:30; 6:38; 8:29; 17:4). 예수님은 아버지의 뜻을 알기 위해서 아버지께서 자기 주위에서 하시는 일을 주시하여 보고, 그 일에 참여했다고 말씀하셨습니다.

아버지는 아들을 사랑하사 주도적으로 아들에게 나타나셨고 자신이 하고 계신 일과 하시려는 일을 보여주셨습니다. 아들은 아버지가 무엇을 하고 계신지를 지속적으로 찾아서 자기의 인생을 아버지의 역사에 연합시켰습니다.

### 하나님의 계시가 초청이다

예수님이 하나님의 뜻을 발견하실 때 열쇠가 되는 것은 아버지께서 무엇을 하시는지를 주시하여 보는 것이었습니다. 예수님은 아버지가 어디서 역사하고 계신지를 보았습니다. 그리고 아버지가 하고 계신 것을 자기도 했습니다. 예수님에게 있어서 아버지가 어디서 일하고 계시는지를 보여주는 계시는 하나님의 일에 참여하라는 아버지의 초청이었습니다. 하나님 아버지께서 당신 주위에서 활동하시는 것을 볼 때, 그것은 하나님께로 당신의 인생을 조정하고 그분이 하고 계신 일에 동참하라는 하나님의 초청입니다.

엘리사의 사환. 하나님이 당신 주위에서 일하고 계심에도 불구하고 당신이 그것을 알아차리지 못하는 것이 가능합니까? 물론입니다. 엘리사와 그의 사환이 도단이라는 도시에서 아람 사람들의 군대에 포위되어 있었습니다. 사환은 겁에 질려 있었지만 엘리사는 여유만만했습니다.
  엘리사가 "기도하여 이르되 여호와여 원하건대 그의 눈을 열어서 보게 하옵소서 하니 여호와께서 그 청년의 눈을 여시매 그가 보니 불말과 불병거가 산에 가득하여 엘리사를 둘렀더라"(왕하 6:17)고 했습니다. 주님이 사환의 눈을 열어주셨을 때에야 비로소 그는 그의 주위를 둘러싸고 있는 하나님의 활동을 볼 수 있었습니다.

예루살렘의 지도자들. 예수님은 주후 70년에 이루어질 예루살렘의 멸망을 예언하시면서 예루살렘과 예루살렘의 지도자들을 불쌍히 여겨 우셨습니다. "너도 오늘 평화에 관한 일을 알았더라면 좋을 뻔하였거니와 지금 네 눈에 숨겨졌도다"(눅 19:42)라고 예수님은 말씀하셨습니다. 하나님이 그들 중에 계셔서 놀라운 표적과 기사를 바로 거기서 행하고 계셨음에도 불구하고 하나님의 백성들은 하나님을 깨닫지 못했습니다. 그들은 성경을 열심히 연구했지만 하나님과의 사랑의 관계는 가지고 있지 않았습니다.

예수님은 유대인들의 인생에서 가장 중요한 요소, 즉 하나님과의 사랑의 관계가 빠져 있음을 지적하셨습니다. "너희가 성경에서 영생을 얻는 줄 생각하고 성경을 연구하거니와 이 성경이 곧 내게 대하여 증언하는 것이니라 그러나 너희가 영생을 얻기 위하여 내게 오기를 원하지 아니하는도다"(요 5:39-40).

하나님이 당신 주위에서 일하고 계심을 깨닫는 데는 두 가지 중요한 요소가 있습니다. (1) 당신은 하나님과의 친밀한 사랑의 관계 속에 살고 있어야 합니다. (2) 하나님께서 주도권을 잡고 당신의 영적인 눈을 열어주셔서 하나님이 무엇을 하고 계신지를 당신이 볼 수 있어야 합니다.

하나님이 자신이 어디서 일하고 계신지를 알려주시지 않는 한, 당신은 그것을 보지 못할 것입니다. 하나님이 어디서 일하고 계신지 계시하시면, 그것이 바로 당신으로 하여금 그분의 일에 동참하라는 초청인 것입니다. 하나님의 활동을 아는 것은 당신과 하나님의 사랑의 관계와 하나님이 주도하셔서 당신의 영적인 눈을 열어 그것을 보도록 해주시는 것에 달려 있습니다.

### 하나님이 활동하시는 곳에서 일하는 것

우리 교회는 캐나다 중서부 전역에 새로 개척되는 모든 교회들을 우리가 도와주기를 하나님께서 원하고 계심을 감지했습니다. 거기에는 복음주의 교회가 하나도 없는 수백 개의 중소도시들이 있었습니다. 어디에 교회를 개척해야 할지를 알기 위해서 어떤 교회들은 설문조사나 인구통계 조사를 시작할 것입니다. 그리고 인간적인 논리를 이용해서 어디에 세워야 미래가 보장되고 가장 효과적일지를 결정할 것입니다. 지금쯤 당신은 우리가 다른 관점에서 이 문제에 접근했을 것이란 사실을 알아차리셨을 것입니다.

우리는 하나님이 우리 주위에서 이미 무엇을 하고 계신지를 찾아내기 위해서 노력했습니다. 우리는 하나님이 어디서 일하고 계신지 보여주실 것을 믿었고, 그 계시가 우리로 하여금 그분에게 참여하라는 초청이 될 것을 믿었습니다. 우리는 기도하면서 하나님이 기도의 응답으로 다음에 무엇을 하실지 주시하여 보기 시작했습니다.

알랜은 새스커툰에서 약 64킬로미터 가량 떨어진 작은 마을이었습니다. 그곳에는 한 번도 개신교 교회가 세워진 일이 없었습니다. 우리 교회 교인 중 한 분이 그곳에서 어린이 여름성경학교를 열어 가르치라는 인도하심을 느꼈습니다. 우리는 이렇게 말했습니다. "자! 하나님이 여기서 일하고 계신지 알아봅시다."

그래서 우리는 여름성경학교를 열었습니다. 그리고 그 주말에 "부모들을 위한 밤"을 마련했습니다. 우리는 거기 모인 분들에게 말했습니다. "우리는 하나님께서 이 마을에 침례교회를 세우기를 원하실지도 모른다고 믿습니다. 여러분 중에 누구든지 정기적으로 성경공부를 하고 싶거나 새 교회의 일원이 되고 싶으신 분은 강단 앞으로 나오시겠습니까?"

뒷줄에서부터 어떤 여인이 앞으로 나왔습니다. 그녀는 울고 있었습니다. 그녀는 말했습니다. "저는 이 마을에 침례교회가 세워지기를 원해 30년 동안 기도해 왔습니다. 그런데 여러분이 바로 첫번째로 응답한 사람들입니다."

바로 그 뒤로 한 노인장이 따라나오셨습니다. 그분 역시 깊은 감동을 받아 울고 있었습니다. 그는 말했습니다 "오랫동안 저는 침례교회에서 활동적으로 봉사했습니다. 그런 뒤 저는 술에 빠져들기 시작했어요. 그러다가 약 5년 전에 주님 앞에 다시 돌아왔습니다. 그때 저는 하나님이 이 마을에 침례교회를 세우시기까지 하루에 네다섯 시간 동안 기도하기로 하나님과 약속했습니다. 그런데 여러분이 거기에 응답한 첫번째 사람들입니다."

우리는 설문조사를 할 필요가 없었습니다. 하나님이 직접 어디서 일하고 계신지를 보여주신 것입니다! 그것이 우리로 하여금 하나님께 동참하라는 초청이었습니다. 우리는 기쁨에 차서 교회로 돌아와 하나님께서 무슨 일을 하고 계신지를 다른 교우들과 나누었습니다. 우리 교회는 즉시 알랜에 새 교회를 개척하기로 결정했습니다. 그 결과, 그때 알랜에 세워진 그 교회는 한 개의 교회를 더 개척했고 또 두 개의 지교회를 세웠습니다.

하나님은 우리에게 어디 멀리 가서 그분을 위해 일하라고 부탁하시지 않습니다. 하나님은 버려진 세상을 그에게로 이끄시려고 이미 일하고 계셨고 그것을 우리에게 알려주셨습니다. 우리가 하나님과의 사랑의 관계 안에서 우리의 인생을 그분에게로 조정할 때 하나님은 자신이 어디서 일하고 계신지를 보여주십니다. 그 계시가 바로 그분에게 동참하라는 초청인 것입니다. 그리고 우리가 그분께 동참할 때 하나님은 우리를 통해서 그분의 일을 완성하십니다.

### 하나님이 어디서 일하고 계신지 아는 것

때때로 하나님은 우리의 관심을 집중시키기 위해서 자신이 어디서 일하고 계신지를 계시하십니다. 우리는 이것을 보지만 당장 그것이 하나님이 하신 일이라고 간주하지 않습니다. 우리는 스스로에게 이렇게 말합니다. "글쎄, 하나님이 내가 이 일에 참여하기를 원하시는지 아닌지 모르겠는데. 기도를 해보는 게 좋을 것 같아." 그러나 우리가 그 상황을 벗어나서 기도하게 되면 하나님께 참여하는 기회는 이미 지나가 버리고 맙니다. 민감하고 예민한 마음을 가진 사람만이 하나님이 주시는 아주 세밀한 자극에도 반응을 보일 준비가 되어 있습니다. 하나님은 우리가 이미 얘기해 온 그 사랑의 관계 안에서 당신의 마음을 민감하고 예민하게 만들어 주십니다.

하나님의 일에 참여하고자 한다면, 당신은 하나님이 어디서 일하고 계신지를 알아야 합니다. 성경은 오직 하나님만이 하실 수 있는 일들에 대해서 이야기합니다. 당신은 이런 것들을 확인하는 방법을 배워야 합니다. 그래야 당신의 주위에서 하나님만이 하실 수 있는 일이 벌어졌을 때, 당신은 그것을 보고 하나님이 활동하시는 것임을 알 수 있는 것입니다. 이것은 하나님의 주도하심을 부인하는 것이 아닙니다.

하나님이 당신의 영적인 눈을 열어주시지 않으면 이것이 하나님의 활동인지 아닌지 알 수가 없습니다. 하나님이 당신을 초청하시면, 활동하고 계신 이가 바로 하나님이심을 당신에게 확인시켜 주실 것입니다.

## 하나님만이 하실 수 있는 일

아버지께서 이끌지 않으시면 아무도 예수님께로 나올 수 없다고 성경은 말합니다(요 6:44). 성령님이 그 사람의 인생에서 활동하시지 않는 한, 그 누구도 하나님을 찾거나 영적인 일을 추구하지 않습니다. 당신의 이웃이나 친구 혹은 자녀 중 하나가 영적인 일에 관해서 물어왔다고 가정해 봅시다. 당신은 그것이 하나님이 그 사람을 이끄시고 계신지 아닌지 물어볼 여지가 없습니다. 하나님만이 그런 일을 하실 수 있습니다. 하나님이 그 사람의 인생에 개입하고 계시지 않는 한 아무도 하나님을 찾아나서지 않을 것입니다.

이런 이해를 전도할 때 적용하기 시작한 많은 사람들이 위대한 자유를 경험하기 시작했습니다. 그들은 기도하고 다른 사람의 인생에 하나님이 어떻게 개입하시는지를 주목합니다. 누군가가 하나님을 찾는 것을 보거나 들으면, 그것이 그들이 알고 섬기는 하나님을 증거하라는 초청이 됩니다.

다음은 하나님이 하시는 다른 일들의 예입니다. 신중하게 읽고 하나님이 하시는 일이 무엇인지 분별해 보십시오.

너희가 나를 사랑하면 나의 계명을 지키리라 내가 아버지께 구하겠으니 그가 또 다른 보혜사를 너희에게 주사 영원토록 너희와 함께 있게 하리니 그는 진리의 영이라…너희는 그를 아나니 그는 너희와 함께 거하심이요 또 너희 속에 계시겠음이라(요 14:15-17).

보혜사 곧 아버지께서 내 이름으로 보내실 성령 그가 너희에게 모든 것을 가르치시고 내가 너희에게 말한 모든 것을 생각나게 하리라(요 14:26).

그가 와서 죄에 대하여, 의에 대하여, 심판에 대하여 세상을 책망하시리라(요 16:8).

구원을 받을 때, 당신은 하나님 자신이신 예수 그리스도와 사랑의 관계에 들어갑니다. 그 순간 보혜사, 진리의 영이 당신의 인생에 들어와 거하십니다. 그분은 당신을 가르치시기 위해서 영원히 계십니다. 성령님은 사람들의 죄를 책망하시기도 합니다. 그분은 세상의 죄와 의와 심판에 대하여 책망하십니다. 다음은 하나님만이 하실 수 있는 일들을 요약한 것입니다.

### 하나님만이 하실 수 있는 일

하나님은 사람들을 하나님 자신에게로 이끄신다.
하나님은 사람들로 하여금 하나님을 찾도록 만드신다.
하나님은 영적 진리를 드러내신다.
하나님은 세상의 죄에 대하여 책망하신다.
하나님은 세상의 의에 대하여 책망하신다.
하나님은 세상의 심판에 대하여 책망하신다.

## 하나님의 활동을 분별하는 것

앞의 일 중에서 한 가지가 일어나고 있는 것을 보면 당신은 하나님이 일하고 계시다는 것을 알 수 있습니다. 어떤 사람이 예수님께로 나오거나, 영적인 것에 대해 묻거나, 영적인 진리를 깨닫게 되거나, 죄에 대해서 가책을 느끼거나, 예수님의 의에 대해서 이해하게 되거나, 심판에 대해서 이해하는 것을 보면 이것이 바로 하나님의 역사인 것입니다.

제가 어떤 모임에서 말씀을 전하고 있을 때, 어떤 공장에서 감독으로 일하고 있는 빌이라는 분이 이렇게 말했습니다. "저는 한 번도 직장에서 하나님의 역사를 보고 찾은 일이 없었던 것 같네요." 그는 그가 일하는 공장의 요직에 있는 그리스도인들에 대해 이야기했습니다. 그는 하나님이 정말로 어떤 목적을 가지고 그 사람들을 그와 같은 지위에 오르게 하신 것은 아닌지 생각하기 시작했습니다. 그는 그 직장 동료들을 모아놓고 얘기했습니다. "하나님께서 우리로 하여금 이 공장 전체를 예수님 앞으로 인도하게 하시기를 원하는지 우리 한번 알아봅시다."

그것이 하나님이 원하시는 일인 것처럼 들리십니까? 그렇지요. 당신의 직장은 봉급을 타기 위한 곳만은 아닙니다. 그곳은 하나님이 당신을 사용하여 사람들에게 영향을 끼치기 원하시는 곳입니다. 당신이 빌의 입장이라고 가정합시다. 그 공장 내의 그리스도인들을 모으기로 결정했습니다. 그 다음에 무엇을 해야 하는지를 어떻게 압니까?

기도. 기도함으로 시작합니다. 오직 하나님만이 그분이 목적하신 바를 아십니다. 하나님은 그 목적을 이루는 최선의 길을 알고 계십니다. 하나님은 왜 그 사람들을 한 공장에서 일하도록 묶으셨는지, 왜 빌에게 그 사람들을 한데 모으라는 부담을 느끼게 하셨는지까지도 아십니다. 기도한 후

일어나서 하나님이 그 다음엔 무엇을 하시는지 주목하여 볼 것입니다. 사람들이 당신에게 와서 무슨 말을 하는지 주목하여 들으십시오.

연결. 빌의 직장 동료 한 사람이 빌에게 와서 이렇게 말했다고 가정합시다. "우리 가정은 요즘 경제적으로 무척 심한 고충을 겪고 있어요. 특히 우리 집 아이(십대청소년) 때문에 걱정이에요."

빌은 방금 "오! 하나님, 당신이 어디서 역사하고 계신지 제게 보여주십시오"라고 기도했었습니다. 그는 그의 기도와 바로 다음에 일어난 일을 연관지어 보아야 합니다. 연관을 짓지 않으면 당신은 기도에 대한 하나님의 응답을 모르고 지나칠 수 있습니다. 언제든지 다음에 일어나는 일과 당신의 기도를 연결해서 생각해 보십시오. 그 다음에 빌이 할 수 있는 일은 무엇입니까?

심중을 파악하는 질문들. 그 사람의 삶에 무슨 일이 일어나고 있는지를 알게 할 만한 질문들을 던지십시오. 당신의 삶을 지나치는 모든 사람들의 인생에서 하나님이 무슨 일을 하고 계신지를 파악할 수 있는 질문을 던지는 법을 배우십시오. 예를 들면 다음과 같은 질문들입니다.
- 제가 당신을 위해 어떻게 기도해 드릴 수 있을까요?
- 무슨 기도 제목이 있으십니까?
- 얘기하고 싶으세요?
- 당신의 인생에 있어서 가장 힘든 일이 무엇입니까?
- 현재 당신의 인생에 일어나고 있는 일 중에서 가장 의미 있는 일이 무엇입니까?
- 하나님이 당신의 인생에 어떻게 개입하고 계신지 얘기해 주시겠습니까?
- 하나님이 당신의 인생에 구체적으로 보여주신 것이 있습니까?
- 하나님이 당신에게 어떤 특정한 부담을 주셨습니까?

귀 기울여 듣기. 그 사람이 이렇게 대답했다고 가정합시다. "저는 사실 하나님과 아무런 관계가 없어요. 그렇지만 요즘 얼마 동안 제 아이들 문제를 가지고 씨름하면서 하나님에 대해서 생각을 많이 했어요." 혹은 "제가 어렸을 때는 교회 주일학교엘 다녔어요. 제 부모님이 가도록 만드셨죠. 저는 거기서 도망쳤지만, 이 경제적인 어려움을 겪으면서 저는 하나님에 대해서 많이 생각하게 되었어요." 이와 같은 대답들은 하나님이 그 사람의 인생에 개입하셨음을 나타내는 것으로 들립니다. 하나님이 그 사람을 자신에게로 이끄시려고 그 사람이 하나님을 찾고 죄에 대해서 인식하게 하시는지도 모릅니다.

당신 주위에서 하나님이 무엇을 하고 계신지 알고 싶으면 먼저 기도하십시오. 무슨 일이 그 다음에 생기는지 주목해서 보십시오. 당신의 기도와 다음에 생긴 일을 연관지어 보십시오. 심중을 파악하는 질문을 던짐으로 하나님이 무슨 일을 하고 계신지를 알아내십시오. 그리고 귀기울여 들으십시오. 하나님이 무엇을 하고 계신지 그분에게 동참하기 위해 조정해야 될 것이 무엇인지 준비하십시오.

### "우연히" 찾아온 방문객

우리 교회를 "우연히"(저는 그리스도인의 인생에서 우연이란 있을 수 없다고 믿습니다) 방문하신 분이 있었습니다. 그는 우리 교회 게시판 아래쪽에 쓰여 있는 "우리 교회의 카일(Kyle) 선교를 위해 기도하십시오. 프린스 알버트(Prince Albert) 선교를 위해 기도하십시오. 러브(Love) 선교를 위해 기도하십시오. 레지나(Regina) 선교를 위해 기도하십시오. 블레인 레이크(Blain Lake) 선교를 위해 기도하십시오" 등의 문구를 보았습니다. 그는 이것이 무슨 뜻인지를 물었습니다.

저는 우리 교회가 서약한 바를 설명했습니다. 하나님이 성경공부반이나 교회를 원하는 사람을 보여주시기만 하면 우리 교회는 응할 것입니다. 그는 물었습니다. "그렇다면 제가 여러분에게 우리 마을에 와서 침례교회를 세우는 일을 도와달라고 하면, 거기에 응하시겠다는 말씀입니까?" 저는 그렇다고 대답했고, 그는 울기 시작했습니다. 그는 우리 교회로부터 약 120킬로미터 정도 떨어진 리로이(Leroy)에서 건축일을 하는 사람이었습니다. 그는 사람들에게 리로이에 침례교회를 세우자고 24년 동안을 탄원하고 다녔다고 말했습니다. 그러나 그를 도와주려는 사람은 아무도 없었습니다. 그는 우리에게 혹시 와서 도와줄 수 있겠느냐고 물었습니다.

우리는 리로이에 교회를 세웠습니다. 우리는 메인 스트리트에 두 구획의 터를 샀습니다. 그는 너무나도 감격한 나머지 학교 건물을 사서 그 터로 옮겼습니다. 그는 지금 평신도 목회자로 리로이를 포함한 그 일대에서 사역하고 있습니다. 그의 두 아들은 모두 복음 사역자로 부르심에 응했습니다.

우리 교회는 하나님만이 하실 수 있는 일을 보는 데 익숙해져 있었습니다. 하나님이 어디서 일하고 계신지 우리에게 보여주시면, 우리는 그것이 우리를 초청하시는 것이라는 것을 즉각 알았습니다. 많은 경우 우리가 하나님의 일에 동참하지 못하는 이유는 우리가 그만큼 하나님의 일에 참여하는 것에 헌신되어 있지 않기 때문입니다. 우리는 하나님이 복 주시는 것만 원하고 하나님이 우리를 사용하셔서 일하시는 것은 바라지 않습니다.

하나님이 당신에게 어떻게 복을 주실 것인지에 대해 주목하지 마십시오. 하나님이 어떻게 자신을 계시하셔서 자신의 목적을 성취하실지를 찾으십시오. 하나님이 당신 안에서 일하시면 복이 옵니다. 복은 당신이 순종함으로써 하나님이 당신 안에서 일하시는 것을 경험하는 것의 부산물입니다.

한 낯선 사람이 당신 교회에 방문하는 것이 얼마나 큰 의미를 줄 수 있는지 누가 알 수 있습니까? 그 사람이 처한 곳에서 하나님이 무엇을 하고 계신지 질문하여 보십시오. 그러면 당신은 당신의 인생이 하나님의 도구가 되기 위해서 어떤 조정을 필요로 하는지 알게 됩니다. 하나님이 움직이고 계심을 보면 당신의 인생을 조정하고 반응을 보이십시오. 하나님의 초청에 응할 때 중요한 두 가지 요소가 더 있습니다.

### 하나님이 말씀하실 때…

하나님이 당신에게 자신이 하고 계신 일을 계시하시는 그 순간이 당신이 응답해야 할 때입니다. 하나님은 자신의 목적을 막 이루시려고 하시는 그때에 말씀하십니다. 이것은 성경 전반에 걸쳐 증명되는 사실입니다. 그러나 최종 완성은 오래 걸릴 수도 있다는 사실을 명심하십시오. 아브람은 하나님께 약속을 받은 지 25년만에 아들을 낳았습니다.

하지만 하나님이 당신에게 오시는 시간이 바로 당신이 반응해야 할 시간입니다. 당신의 인생을 하나님께로 조정하기 시작해야 합니다. 하나님이 당신을 통해서 이루실 일을 위해 많은 준비를 해야 할지도 모릅니다.

### 하나님이 주도하신 일은…

하나님이 이사야를 통해서 말씀하셨을 때, 하나님이 주도하신 일은 하나님이 이루신다는 사실을 확인했습니다. "내가 동쪽에서 사나운 날짐승을 부르며 먼 나라에서 나의 뜻을 이룰 사람을 부를 것이라 내가 말하였은즉 반드시 이룰 것이요 계획하였은즉 반드시 시행하리라"(사 46:11). 이전에 그는 하나님의 백성에게 이렇게 경고한 바 있습니다. "만군의 여호와께서 맹세하여 이르시되 내가 생각한 것이 반드시 되며 내가 경영한 것을 반드시 이루리라…만군의 여호와께서 경영하셨은즉 누가 능히 그것을 폐하며 그 손을 펴셨은즉 누가 능히 그것을 돌이키랴"(사 14:24, 27). 하나님이 하나님의 사람들에게 그분이 무엇을 하실 것인지 보여주셨다면 그 일은 벌써 성취된 것과 다름없다고 말씀하십니다. 하나님 자신이 그것을 성취하십니다(왕상 8:56과 빌 1:6도 꼭 읽어보십시오).

하나님이 말씀하신 것은 반드시 성취된다고 보증하십니다. 이것은 우리 믿는 개인이나 교회에게 엄청난 암시를 줍니다. 우리가 처해 있는 상황에서 하나님의 역사하심을 알기 위해 하나님께로 나아갈 때, 하나님이 계시하시는 것은 반드시 성취하신다는 사실을 확신할 수 있습니다.

여러분 중에서 어떤 분들은 위의 주장에 반대했을지도 모릅니다. 항상 당신의 하나님에 대한 이해가 단지 자기의 개인적인 의견이나 경험만을 토대로 한 것이 아니라, 성경을 바탕으로 했는지 확인하십시오. 역사를 돌아보면 많은 사람들이 하나님께로부터 말씀을 받았다고 하고 이루어지지 못한 일이 많았습니다. 그런 종류의 경험에 기초해서 하나님에 대한 당신의 이해를 결정할 수 없습니다. 성경에 따라, 하나님은 목적하신 일을 성취하십니다.

 요약

하나님이 자신의 역사에 함께 참여하도록 그분의 사람들을 초청하시는 일을 주도하십니다. 하나님은 자신의 시간표에 따라 일하시지 우리 계획을 따르지 않으십니다. 하나님은 우리가 살고 있는 세상에서 이미 일하고 계셨던 분입니다. 하나님이 당신의 영적인 안목을 뜨이게 하셔서 자신이 어디서 역사하고 계신지를 보여주시는 것이 그분께 동참하라는 초청입니다. 하나님만이 하실 수 있는 일을 볼 때 그것이 하나님의 역사인 줄 알게 됩니다. 하나님이 자신의 일을 보

여주시는 순간이 당신의 삶을 하나님께로 조정하기를 원하시는 때입니다. 하나님이 목적하신 일은 하나님이 스스로 완수하실 것임을 보증하십니다.

하나님을 경험하는 삶의 세번째 실체인 하나님의 초청은 하나님이 말씀하신다는 네번째 실체에 매우 긴밀하게 연결되어 있습니다. 그것은 사실상 나눌 수 없습니다. 동시에 일어납니다. 다음 몇 장을 통해서 하나님이 말씀하실 때 어떻게 알 수 있는지 보다 자세히 공부하겠습니다. 읽는 동안, 하나님의 음성을 감지할 수 있도록, 당신을 가르쳐 주시도록 묵상하십시오.

 **오늘의 하나님을 경험하는 삶**

오직 하나님만이 하실 수 있는 일들에 대해 생각해 보십시오. 주님과 함께 당신의 과거를 정리해 보는 데 시간을 할애하십시오. 하나님이 자신의 역사를 보여주셨는데 당신이 놓쳐버린 때가 있습니까? 하나님이 당신을 동참시키려 하시는데 거부하고 있는 것이 있습니까? 이 장을 읽는 동안 하나님이 당신 주위에서 일하고 계심을 일깨워 주셨습니까? 하나님이 계시하여 주신 데 대해 당신이 어떤 반응을 보이기를 원하시는지 주님께 여쭈어 보십시오. 그분의 종이 되게 해주신 특권에 대해 감사를 드리십시오. 그분이 무엇을 하고 계신지 명확히 보여주시면 언제든지 동참하겠다고 고백하십시오.

# 10장 하나님은 하나님 자신의 사람들에게 말씀하신다

> 하나님께 속한 자는 하나님의 말씀을 듣나니
> 너희가 듣지 아니함은 하나님께 속하지 아니하였음이로다
> 요한복음 8:47

성경 전체에서 한 가지 뚜렷한 사실이 있다면, 하나님이 그의 사람들에게 말씀하신다는 사실일 것입니다. 창세기를 보면 하나님은 에덴 동산에서 아담과 하와에게 말씀하셨습니다. 하나님은 아브라함과 그 외 다른 믿음의 조상들에게 말씀하셨습니다. 사사들, 왕들 그리고 선지자들에게도 말씀하셨습니다.

하나님은 예수 그리스도 안에 계셔 제자들에게 말씀하셨습니다. 하나님은 초대 교회에 말씀하셨고, 요한계시록에 보면 밧모섬에 있던 사도 요한에게 말씀하셨습니다. 하나님은 하나님의 사람들에게 말씀하십니다. 하나님이 당신에게도 말씀하실 것을 기대하십시오.

저는 몇 년 전에 한번 젊은 목사들이 모인 자리에서 강사로 이야기를 한 적이 있습니다. 제가 첫번 강의를 마치자 한 목사님이 저를 불러 세우고 이렇게 흥분해서 말했습니다. "난 당신 같은 사람의 말은 절대로 다시 듣지 않겠다고 하나님께 맹세했소. 당신은 마치 하나님이 개인적이고 실제적으로 당신에게 말씀하시는 것처럼 말하고 있지 않소? 나는 그런 사람을

멸시하는 사람이오."

저는 그에게 물었습니다. "하나님이 당신에게 말씀하시도록 하는 데 어려움을 겪고 있습니까?" 우리는 시간을 두고 길게 이야기를 했습니다. 얼마 시간이 지나지 않아서 우리는 무릎을 꿇었습니다. 그는 눈물을 흘리며 하나님께서 자기에게 말씀해 주신 것에 감사를 드렸습니다. 오, 하나님이 당신에게 말씀하시는 것을 듣는다는 사실을 가지고 아무도 당신을 위축시키게 두지 마십시오.

하나님을 이해하고 경험하는 데 있어서 핵심은 하나님이 언제 말씀하시는지를 명확히 아는 것입니다. 그리스도인이 언제 하나님이 말씀하시는지를 알지 못한다면, 그는 그리스도인으로서의 삶의 심장부에 문제를 안고 있는 것입니다! 이 장과 다음 몇 장에서는 하나님이 어떻게 성령님을 통해서 하나님 자신과 자신의 목적과 길을 계시하시는지에 초점을 맞추기로 하겠습니다. 하나님이 성경, 기도, 환경 및 교회 또는 다른 신자들을 통해서 말씀하시는 방법들을 점검해 보겠습니다. 성경에서 하나님이 하나님의 백성에게 말씀하신 예들을 몇 가지 살펴보겠습니다.

> 옛적에 선지자들을 통하여 여러 부분과 여러 모양으로 우리 조상들에게 말씀하신 하나님이 이 모든 날 마지막에는 아들을 통하여 우리에게 말씀하셨으니…(히 1:1-2).

> 보혜사 곧 아버지께서 내 이름으로 보내실 성령 그가 너희에게 모든 것을 가르치고 내가 너희에게 말한 모든 것을 생각나게 하리라(요 14:26).

> 그러나 진리의 성령이 오시면 그가 너희를 모든 진리 가운데로 인도하시리니 그가 스스로 말하지 않고 오직 들은 것을 말하시며 장래 일을 너희에게 알리시리라 그가 내 영광을 나타내리니 내 것을 가지고 너희에게 알리시겠음이라(요 16:13-14).

하나님께 속한 자는 하나님의 말씀을 듣나니 너희가 듣지 아니함은 하나님께 속하지 아니하였음이로다(요 8:47).

## 구약에서 말씀하신 하나님

구약을 보면 하나님은 여러 가지 다른 방법으로 말씀하셨습니다. 구약에서 하나님이 말씀하신 방법들은 아래와 같습니다.

- 천사들을 통해서(창 16장)
- 환상을 통해서(창 15장)
- 꿈을 통해서(창 28:10-19)
- 우림과 둠밈을 사용해서(출 28:30)
- 비유를 통해서(렘 18:1-10)
- 세미한 소리를 통해서(왕상 19:12)
- 기사와 표적들을 통해서(출 8:20-25)
- 기타 다른 방법을 통해서

하나님이 말씀하셨다는 사실 자체가 하나님이 어떻게 말씀하셨느냐보다 훨씬 더 중요합니다. 하나님의 말씀을 들은 사람들은 말씀하시는 분이 하나님이심을 알았고 또 그분이 무슨 말씀을 하셨는지를 알았습니다. 구약에서 하나님이 말씀하실 때마다 저는 네 가지 중요한 요소를 보게 됩니다. 출애굽기 3장, 모세가 불붙은 떨기나무에서 경험한 것이 한 예입니다.

하나님이 말씀하실 때 대개는 그 개인에게 독특한 것이었다. 예를 들어,

모세는 불붙은 떨기나무에서 하나님을 경험했다는 것을 들어본 적이 없었습니다. 그는 "아! 이것이 내가 불붙은 떨기나무에서 하나님을 경험하는 것이구나. 나의 선조들, 아브라함과 이삭과 야곱은 그들의 떨기나무 경험을 가졌고, 이번 것은 내 떨기나무 경험이구나"라고 말할 수 없었습니다. 그것은 독특한 경험입니다. 하나님은 우리가 그분과 그분의 음성을 개인적으로 경험하기를 원하시기 때문입니다. 하나님은 우리가 어떤 기술이나 방법에 의존하기보다는 그분과의 관계를 중요하게 여기기를 원하십니다. 여기서 열쇠가 되는 진리는 하나님이 어떻게 말씀하셨느냐가 아니라 하나님이 말씀하셨다는 사실 그 자체입니다. 그 사실은 결코 변하지 않았습니다. 하나님은 여전히 오늘도 그의 사람들에게 말씀하시며, 어떻게 말씀하셨느냐는 하나님이 말씀하셨다는 사실과 비교할 때 훨씬 덜 중요합니다.

하나님이 말씀하셨을 때 들은 사람은, 말씀하신 분이 바로 하나님이심을 확실히 알았다. 하나님이 모세에게 독특한 방법으로 말씀하셨기 때문에 모세는 그것이 하나님이심을 확실히 알았습니다. 성경은 모세가 만난 분이 하나님, "스스로 계신 자"(I AM Who I AM, 출 3:14)이심에 의심의 여지가 없었음을 증거합니다. 그는 하나님을 의지했고 순종했으며 하시겠다고 말씀하신 그대로 이행하시는 하나님을 경험했습니다. 모세가 불붙은 떨기나무를 통해서 하나님의 말씀을 들었다는 사실을 다른 사람에게 논리적으로 설명해 줄 수 있었겠습니까? 아니죠. 모세가 할 수 있었던 것은 오직 하나님과의 만남에 대해서 간증하는 것뿐이었습니다. 오로지 하나님만이 그의 백성들에게, 모세에게 말씀을 주신 이가 그들 조상의 하나님 자신이셨음을 증명하실 수 있었습니다.

기드온과 같은 사람이 확신을 갖지 못하고 있었을 때, 하나님은 은혜롭게도 자신을 더 명확하게 드러내셨습니다. 맨 처음 기드온은 표적을 구하면서 제물을 준비했습니다. "여호와의 사자가 손에 잡은 지팡이 끝을 내밀어 고기와 무교병에 대니 불이 바위에서 나와 고기와 무교병을 살랐고 여호와의 사자는 떠나서 보이지 아니한지라 기드온이 그가 여호와의 사자인 줄 알고 이르되 슬프도소이다 주 여호와여 내가 여호와의 사자를 대면하여 보았나이다"(삿 6:21-22). 기드온은 하나님이 말씀하셨음을 확실히 알았습니다.

하나님이 말씀하셨을 때 말씀을 받은 사람은, 하나님이 무슨 말씀을 하시는지 알았다. 모세는 하나님이 그에게 무엇을 하라고 말씀하시는지를 알았습니다. 그는 하나님이 그를 통해서 어떻게 일하기를 원하시는지 알고 있었습니다. 그랬기 때문에 그는 그토록 많은 핑계를 댔던 것입니다. 그는 하나님이 무엇을 기대하시는가를 정확히 알고 있었습니다. 이것은 모세에게 있어 사실이었고 노아, 아브라함, 요셉, 다윗, 다니엘과 그 외의 사람들에게 있어서도 사실이었습니다. 하나님은 수수께끼를 사용하지 않으셨습니다. 메시지를 명확히 주셨습니다.

하나님이 말씀하셨을 때가 하나님과의 만남이다. 모세가 이런 말을 했다면 얼마나 어리석게 들렸을까요. "불붙은 떨기나무와의 아주 좋은 만남이었어. 이것이 하나님을 만나게 나를 이끌어 주었으면 좋겠는데…." 그것은 바로 하나님과의 만남이었습니다! 하나님이 어떤 방법으로든지 당신에게 진리를 보여주시면 바로 그것이 하나님과의 만남입니다. 그것이 당신의 인생에 하나님이 임재하심과 역사하심을 경험하는 것입니다. 하나님만이 자신의 임재를 경험하게 하시며, 그분의 음성을 듣게 하실 수 있는 유일한 분입니다.

하나님이 이런 방식으로 말씀하신 것은 구약의 어디서나 찾아볼 수 있습니다. 하나님이 말씀하신 방법은 사람에 따라 다릅니다. 중요한 것은 다음의 사실들입니다.

- 하나님은 그의 사람들에게 독특하게 말씀하셨다.
- 그들은 하나님이신 줄을 알았다.
- 그들은 하나님이 무슨 말씀을 하시는지를 알았다.

하나님이 성령님으로 성경, 기도, 환경, 교회를 통해서 말씀하시면, 당신은 그것이 하나님이심을 알게 될 것이고 하나님이 무슨 말씀을 하시는지도 알게 될 것입니다. 하나님이 당신에게 말씀하시는 것이 하나님과의 만남입니다.

## 복음서에서 말씀하신 하나님

복음서에서는 하나님이 그의 아들, 예수님을 통해서 말씀하셨습니다. 요한복음은 이렇게 시작됩니다. "태초에 말씀이 계시니라 이 말씀이 하나님과 함께 계셨으니 이 말씀은 곧 하나님이시니라 말씀이 육신이 되어 우리 가운데 거하시매"(요 1:1, 14). 하나님이 예수 그리스도로 성육신하셨습니다(요일 1:1-4도 읽으십시오).

제자들이 이렇게 얘기했다면 매우 바보스러웠을 것입니다. "예수님, 당신을 알게 되어서 참 좋습니다. 그러나 우리는 하나님 아버지를 알고 싶군요."

빌립은 이렇게까지 말했습니다. "주여 아버지를 우리에게 보여주옵소서 그리하면 족하겠나이다"(요 14:8).

예수님은 이렇게 응답하셨습니다. "빌립아 내가 이렇게 오래 너희와 함께 있으되 네가 나를 알지 못하느냐 나를 본 자는 아버지를 보았거늘 어찌하여 아버지를 보이라 하느냐 내가 아버지 안에 거하고 아버지는 내 안에 계신 것을 네가 믿지 아니하느냐 내가 너희에게 이르는 말은 스스로 하는 것이 아니라 아버지께서 내 안에 계셔서 그의 일을 하시는 것이라"(요 14:9-10). 예수님이 말씀하셨을 때 하나님 아버지께서 그를 통해 말씀하신 것입니다. 예수님께서 기적을 행하셨을 때 하나님이 그분의 일을 예수님을 통해서 하고 계셨던 것입니다.

모세가 떨기나무 불꽃 앞에서 하나님을 대면한 것과 동일하게, 제자들도 예수님과의 개인적인 관계를 통해 하나님을 만났던 것입니다. 예수님을 만난 것이 곧 하나님을 만난 것이었습니다. 예수님으로부터 듣는 것이 곧 하나님으로부터 듣는 것이었습니다.

## 사도행전부터 현재까지 말씀하시는 하나님

복음서를 지나 사도행전 그리고 현재로 넘어가면 우리는 종종 우리 마음의 모든 고정관념을 바꾸게 됩니다. 우리는 마치 하나님이 그의 사람들에게 개인적으로 말씀하기를 멈추신 것처럼 생각하며 살아갑니다. 우리는 성령님과의 만남이 하나님과의 만남이라는 사실을 깨닫지 못합니다. 하나님은 사도행전에서 그의 사람들에게 명확히 말씀하셨습니다. 사도행전부터 현재까지 하나님은 성령으로 그의 사람들에게 말씀해 오셨습니다.

성령님은 예수님을 믿는 사람들의 인생에 함께 거하십니다. "너희가 하나님의 성전인 것과 하나님의 성령이 너희 안에 계시는 것을 알지 못하느냐"(고전 3:16). "너희 몸은 너희가 하나님께로부터 받은 바 너희 가운데 계신 성령의 전인 줄을 알지 못하느냐"(고전 6:19). 성령님은 항상 믿는 사람 안에 거하시기 때문에 언제 어느 때든지 자신이 선택하신 방법으로 당신에게 말씀하실 수 있습니다.

하나님은 성령님을 통해 말씀하십니다. 성령님은 당신에게 모든 것을 가르쳐 주실 것이며, 예수님이 하신 말씀을 생각나게 해주시고, 모든 진리로 인도하시며, 아버지께 들은 말씀을 당신에게 해주시며, 무슨 일이 닥칠 것인지 알려주시고, 예수님을 증거하심으로써 그리스도께 영광을 돌리실 것입니다.

하나님이 오늘도 정말 그의 사람들에게 말씀하십니까? 그렇지요! 하나님이 당신을 쓰시고자 하실 때 하나님이 어디서 일하고 계신지를 가르쳐 주실까요? 물론입니다! 하나님은 변치 않으십니다. 하나님은 아직도 자기의 백성들에게 말씀하십니다. 하나님의 말씀을 듣는 데 어려움이 있습니까? 당신은 그리스도인으로서의 삶의 심장부에 문제가 생긴 것입니다.

### 하나님이 말씀하고 계실 때 어떻게 알 수 있는가?

죄는 우리에게 지대한 영향을 미쳤습니다(롬 3:10-11). 성령님이 조명해 주시지 않으면 당신이나 저나 하나님의 진리를 이해할 수 없습니다. 성령님이 하나님의 말씀을 가르치실 때, 그분 앞에 앉아 반응을 보이십시오. 기도할 때, 성령님이 어떻게 당신의 마음에 하나님의 말씀을 확인시켜 주시는지 살펴보십시오. 그분이 당신의 주위 환경에서 무엇을 하고 계신지 살펴보십시오. 기도할 때 말씀하시고, 성경을 읽을 때 말씀하시는 하나님이 당신 주위에서 일하고 계십니다.

하나님은 자신과 자신의 목적과 방법을 계시하시기 위해서, 성령님으로 성경, 기도, 환경과 교회를 통해서 말씀하십니다. 이후의 몇 장에 걸쳐 하나님이 말씀하시는 방법에 대해서 배우기로 하겠습니다. 저는 당신에게 어떤 공식을 제시하면서 이렇게 하면 하나님이 말씀하시는 것을 알 수 있다고 말할 수는 없습니다. 저는 성경에 나와 있는 것을 나눌 것입니다.

성경의 증거가 이 시점에서 당신에게 용기를 북돋워 줄 것입니다. 성경에서 하나님이 한 개인에게 말씀하기로 하셨을 때, 그 사람은 그분이 하나님이라는 데 전혀 의심이 없었고 하나님이 무슨 말씀을 하시는지를 알았습니다. 하나님이 당신에게 말씀하실 때도 당신은 그분이 하나님이심을 알 수 있을 것이고, 무슨 말씀을 하시는지를 명확히 알게 될 것입니다. 요한복음 10:2-4, 14에서 예수님은 이렇게 말씀하셨습니다. "문으로 들어가는 이는 양의 목자라…양은 그의 음성을 듣나니 그가 자기 양의 이름을 각각 불러 인도하여 내느니라…양들이 그의 음성을 아는 고로 따라오되… 나는 선한 목자라 나는 내 양을 알고 양도 나를 아는 것이."

하나님의 음성을 아는 열쇠는 어떤 공식이 아닙니다. 어떤 방법이라서 당신이 따를 수 있는 것도 아닙니다. 하나님의 음성을 아는 것은 친밀한 사랑의 관계에서 비롯됩니다. 그렇기 때문에 관계를 갖고 있지 못한 사람들(하나님께 속하지 않은 사람들)은 하나님께서 말씀하시는 것을 듣지 못합니다(요 8:47). 하나님께서 어떤 독특한 방법으로 당신에게 말씀하시는지 살펴보아야 합니다. 당신은 다른 어떤 것도 의지할 수 없습니다. 하나님께만 의뢰해야 합니다. 하나님과의 관계가 무엇보다도 중요합니다.

### 하나님의 음성을 아는 열쇠: 사랑의 관계

친밀한 사랑의 관계가 하나님의 음성을 알고 하나님이 말씀하실 때 듣는 열쇠입니다. 사랑의 관계 속에서 하나님을 경험함에 따라 당신은 하나님의 목소리를 알게 됩니다. 하나님이 말씀하시고 당신이 응하면 하나님의 음성을 더욱 명확하게 깨닫는 자리에 이르게 됩니다. 어떤 이들은 이 사랑의 관계를 뛰어넘으려고 합니다. 어떤 이들은 놀라운 기적이나 "공식" 또는 하나님의 뜻을 찾는 일련의 방법에 의존합니다. 그러나 하나님과의 친밀한 관계를 대치할 수 있는 것은 존재하지 않습니다.

놀라운 기적이 아니다. 성경에 보면 가끔 하나님이 놀라운 기적을 통해서 사람들에게 그분의 말씀을 확인시켜 주신 이야기가 나옵니다. 기드온이 한 예입니다(삿 6장). 하나님께 표적을 구하는 것은 종종 불신앙의 증거입니다. 기드온의 경우를 보면, 하나님이 이미 반석에서 불이 나오게 하셔서 고기와 무교전병을 살랐습니다. 그럼에도 불구하고 믿음이 없던 기드온은 다른 표적을 구하면서 양털 한 뭉치를 내놓습니다. 기드온이 양털 한 뭉치를 내놓는 것과 마찬가지로 우리가 표적을 구하는 것은 십중팔구 하나님을 의뢰하기 싫어하는 우리의 반항적인 마음을 상징합니다.

서기관과 바리새인들이 예수님께 표적을 구했을 때, 예수님은 그들을 '악하고 음란한 세대'라고 저주하셨습니다(마 12:38-39). 그들은 극도로 자기 중심적이었고 죄로 가득 찼기 때문에 하나님이 그들 중에 계신 것을 깨닫지 못했습니다(눅 19:41-44을 보십시오). 하나님의 말씀을 기적으로 확인하는 악하고 음란한 세대를 본받지 마십시오.

공식이 아니다. "올바른 공식"도 하나님의 음성을 듣는 방법이 아닙니다. 모세는 불붙은 떨기나무를 통해서 하나님이 말씀하시는 것을 들었습니다. 모세가 오늘날 살았다면, 아마도 "불붙은 떨기나무에서 하나님의 음성을 듣는 법"이라는 제목의 책을 쓰고 싶은 유혹을 받았을 것입니다. 그러면 사람들이 온 세계로부터 몰려와서 자기의 불붙은 떨기나무를 찾기에 혈안이 될 것입니다.

잠깐만요. 모세의 경우와 같이 불붙은 떨기나무를 본 사람이 또 몇 명이나 있습니까? 아무도 없습니다. 하나님은 당신이 어떤 공식을 숙련공처럼 사용하게 되는 것을 원치 않으십니다. 하나님은 당신과 친밀한 사랑의 관계를 맺기 원하십니다. 하나님은 당신이 오로지 그분께만 의지하기를 바라십니다. 하나님의 음성을 듣는 것은 어떤 방법이나 공식에 의존하지 않습니다. 하나님과의 관계 속에서 이루어지는 것입니다.

자기가 뽑고 주장하는 방법이 아니다. 어떤 사람들은 성경을 펴서 자기가 이용하고 싶은 한 구절을 딱 뽑아내서 하나님이 자기에게 주시는 말씀이라고 주장합니다. 아마도 "성경을 펴서 하나님의 말씀을 받을 수 없다는 말입니까?"라고 질문할 것입니다. 물론 그렇게 하나님의 말씀을 받을 수도 있습니다. 그러나 성령님만이 당신이 처한 상황에서 하나님이 주시려고 하는 진리를 보여주실 수 있습니다.

이것은 매우 인간 중심(혹은 자기 중심)적인 방법입니다. 아무리 상황이 당신의 생각과 일치한다 해도 하나님만이 당신의 환경에 필요한 말씀을 계시하실 수 있습니다.

하나님의 말씀을 받았다고 주장할 때 매우 주의해야 합니다. 하나님께 말씀을 받는 것은 심각한 일입니다. 만일 하나님의 말씀을 받았다면 그 말씀이 이루어질 때까지 계속 그 방향으로 정진해야 합니다(아브라함처럼 25년이 걸린다 해도). 하나님의 말씀을 받지 않고도 받은 것처럼 얘기하면, 당신은 거짓 선지자로서 심판대 앞에 서야 합니다!

"네가 마음속으로 이르기를 그 말이 여호와께서 이르신 말씀인지 우리가 어떻게 알리요 하리라 만일 선지자가 있어 여호와의 이름으로 말한 일에 증험도 없고 성취함도 없으면 이는 여호와께서 말씀하신 것이 아니요 그 선지자가 제 마음대로 한 말이니 너는 그를 두려워 말지니라"(신 18:21-22).

구약에서 거짓 선지자에 대한 벌은 사형이었습니다(신 18:20). 그것은 매우 심각한 언도입니다. 하나님의 말씀을 받는 일을 가볍게 다루지 마십시오.

열린 문과 닫힌 문을 찾는 것이 아니다. 어떤 이들은 하나님의 음성을 듣고 하나님의 뜻을 알고자 할 때 환경만을 의지합니다. 저는 많은 사람들이 이렇게 얘기하는 것을 듣습니다. "주여! 저는 당신의 뜻 알기를 진정으로 원합니다. 제가 틀렸으면 저를 막아주시고 맞았으면 축복해 주십시오." 이것의 또 다른 유형은 "주여! 저는 이 방향으로 나가겠습니다. 이것이 주님의 뜻이 아니면 문을 닫아주십시오"입니다. 여기서의 한 가지 문제점은 성경 어디에서도 이런 방식을 찾아볼 수 없다는 것입니다. 하나님은 환경을 사용하셔서 우리에게 말씀하십니다. 그러나 그것이 하나님의 지시를 결정하는 단정적인 수단으로 사용된다면 오류에 빠지게 될 것입니다.

사도행전 16장에 보면, 바울이 아시아와 비두니아로 가고자 했으나 성령님이 가지 못하게 막으신 예가 있습니다. 그러나 이것은 쉽사리 열린 문과 닫힌 문을 찾는 경우는 아니었습니다. 바울은 기도했고, 선교여행을 하던 동역자들과 함께 하나님의 뜻을 구했습니다. 그들이 주님의 인도를 구할 때 성령님이 그들에게 가지 말고 기다리라고 재차 말씀하신 것입니다. 그때 마게도냐 사람의 환상이 보였고, 그들의 선교 사역에 있어서의 하나님의 지시는 그쪽이라는 것을 성령님이 확인시켜주신 것입니다.

하나님의 말씀이 우리의 인도자입니다. 제가 아는 성경의 방식은 하나님이 항상 앞서 지도해 주시는 것입니다. 하나님은 처음부터 당신이 알고자 하는 모든 것을 말씀해 주시지 않을지도 모릅니다. 그러나 그분은 당신이 조정하는 데 있어서 필요한 만큼, 첫 순종의 발을 내디딜 때 알려주실 것입니다. 당신이 할 일은 주인이 명령을 내릴 때까지 기다리는 것입니다.

하나님이 지시하시기 전에 무언가 하기 시작하면 십중팔구 그릇된 일을 하는 것입니다.

당신은 경험만으로 인도되도록 자신을 방치해서는 안됩니다. 당신은 전통, 방법, 공식 등으로 인도되도록 허락해서는 안됩니다. 사람들은 대개 이런 것들이 쉽기 때문에 이런 것들을 의지합니다. 사람들은 자기 좋을 대로 일을 해놓고 모든 것의 책임을 하나님께로 돌립니다. 그들이 잘못됐으면 하나님이 그들을 저지시키셔야만 됩니다. 그들이 실수하면 하나님을 원망합니다. 하나님의 뜻과 음성을 알기 원한다면 하나님과의 사랑의 관계가 자랄 수 있도록 시간과 정성을 기울여야만 합니다. 그것이 하나님이 원하시는 것입니다!

하나님은 당신을 사랑하십니다. 당신과 친밀한 관계를 맺기 원하십니다. 하나님의 말씀을 찾을 때, 오직 하나님께만 의지하기를 바라십니다. 하나님은 당신이 그분의 음성을 듣고 그분의 뜻을 알기를 배우기 원하십니다. 하나님이 당신에게 말씀하실 때 들을 수 있는 열쇠는 하나님과의 관계입니다.

그분과 그런 관계를 맺고 있지 못하다면, 다음과 같이 기도해 보십시오. "하나님, 주님이 말씀하실 때 듣고 반응할 수 있는 그런 관계를 갖기 원합니다."

### 성령님의 사역

죄 때문에 "깨닫는 자도 없고 하나님을 찾는 자도 없고 다 치우쳐 함께 무익하게 되고 선을 행하는 자는 없나니 하나도 없도다"(롬 3:11-12). 우리는 하나님이 우리 인생에 개입하시지 않으면 영적인 진리를 절대로 알거나 이해할 수가 없습니다. 영적인 진리는 오직 하나님의 계시로만 나타나는 것입니다.

기록된 바 하나님이 자기를 사랑하는 자들을 위하여 예비하신 모든 것은 눈으로 보지 못하고 귀로도 듣지 못하고 사람의 마음으로 생각하지도 못하였다 함과 같으니라 오직 하나님이 성령으로 이것을 우리에게 보이셨으니 성령은 모든 것 곧 하나님의 깊은 것까지도 통달하시느니라…하나님의 일도 하나님의 영 외에는 아무도 알지 못하느니라 우리가 세상의 영을 받지 아니하고 오직 하나님으로부터 온 영을 받았으니 이는 우리로 하여금 하나님께서 우리에게 은혜로 주신 것들을 알게 하려 하심이라(고전 2:9-12).

성령님의 사역은 믿는 자들에게 영적 진리를 계시하는 것입니다. 성령님은 "진리의 영"(요 14:17; 15:26; 16:13)이라 불립니다. 예수님은 성령님이 "내가 너희에게 말한 모든 것을 생각나게 하리라"(요 14:26)고 하셨습니다. "그러나 진리의 성령이 오시면 그가 너희를 모든 진리 가운데로 인도하시리니 그가 스스로 말하지 않고 오직 들은 것을 말하며 장래 일을 너희에게 알리시리라 그가 내 영광을 나타내리니 내 것을 가지고 너희에게 알리시겠음이라"(요 16:13-14).

## 하나님과의 만남

하나님이 구약에서 모세나 다른 사람에게 말씀하셨을 때 그것은 하나님과 만나는 것이었습니다. 예수님을 만나는 것이 제자들에게는 하나님을 만나는 것이었습니다. 마찬가지로 당신이 성령님을 만나는 것은 바로 하나님을 만나는 것입니다.

이제 성령님을 주셨으므로 그분이 당신을 모든 진리 가운데로 인도하시며, 모든 것을 가르치십니다. 성령님이 당신의 인생에서 일하고 계시기 때문에 당신은 영적인 진리를 이해하는 것입니다.

하나님의 영이 가르쳐 주시지 않으면 당신은 하나님의 말씀을 이해할 수 없습니다. 하나님의 말씀 앞에 오면 그것을 쓰신 저자 자신이 오셔서 당신을 가르치십니다. 진리는 발견하는 것이 아닙니다. 진리는 계시되는 것입니다. 성령님이 당신에게 진리를 계시하실 때, 그가 당신을 하나님과의 만남으로 인도하는 것이 아니라 바로 하나님을 만난 것입니다!

### 즉각적인 반응

하나님이 말씀하시고 나서 그 다음에 모세가 무엇을 했는지가 중요합니다. 예수님이 말씀하시고 나서 제자들이 무엇을 했는지가 중요합니다. 하나님의 영이 하나님의 말씀을 통해서 당신에게 말씀하시고 나서 당신이 무엇을 하는지가 중요합니다. 우리의 문제는 하나님의 영이 말씀하시고 나서 우리가 긴 토론으로 들어가는 것입니다.

모세는 하나님과 긴 토론을 했습니다(출 3:11-4:13). 그것이 그의 일생 동안 그를 제한시켰습니다. 모세의 핑계로 인해서 하나님은 아론이 모세의 대언자가 되게 하셨습니다. 모세는 백성들에게 말할 때 반드시 그의 형인 아론을 통해서 해야만 했습니다(출 4:14-16). 아론이 바로 하나님을 대적하는 백성들을 위해 금송아지를 만든 장본인이었습니다. 아론이 미리암과 함께 모세의 지도력에 도전했습니다. 모세는 하나님과의 변론에 대해 톡톡히 대가를 지불했습니다.

하나님이 당신에게 무엇을 정기적으로 말씀해 오셨는지를 점검해 보도록 도전하고 싶습니다. 만약 하나님이 말씀하신 것을 듣고도 응하지 않았다면, 하나님의 음성을 아예 듣지 못할 때가 오고 말 것입니다. 불순종은 "여호와의 말씀을 듣지 못한 기갈"(암 8:11)로 빠뜨릴 수 있습니다.

사무엘이 아주 어릴 때부터 하나님은 그에게 말씀하기 시작하셨습니다.

성경은 "사무엘이 자라매 여호와께서 그와 함께 계셔서 그의 말이 하나도 땅에 떨어지지 않게 하시니"(삼상 3:19)라고 말합니다. 사무엘과 같이 하십시오. 주께로부터 오는 말씀이 한 마디라도 당신의 인생을 조정하는 데 실패하지 않도록 하십시오. 그러면 하나님은 당신에게 말씀하시는 모든 것을 당신 안에서, 당신을 통해서 이루실 것입니다.

예수님은 누가복음 8:5-15에서 씨뿌리는 자의 비유를 말씀하고 계십니다. 좋은 땅에 떨어진 씨는 하나님의 말씀을 듣고 지키어 인내로 결실하는 자를 가리킵니다. 예수님은 또 이렇게 말씀하십니다. "그러므로 너희가 어떻게 들을까 스스로 삼가라 누구든지 있는 자는 받겠고 없는 자는 그 있는 줄로 아는 것까지 빼앗기리라"(눅 8:18). 하나님의 말씀을 듣고도 그것을 적용해서 열매 맺는 생활을 하지 못하면, 당신이 가지고 있다고 생각하는 것마저 잃어버리게 될 것입니다. 하나님의 말씀을 어떻게 듣는가 스스로 삼가십시오! 성령님이 말씀하시면 즉각 그분이 하라는 대로 하겠다고 지금 결단하십시오.

### 하나님은 목적을 가지고 말씀하신다

우리는 대개 하나님이 우리에게 말씀해 주셔서 헌신하고자 하는 마음이 저절로 생겨 하루 종일 기분 좋은 상태가 되기를 바랍니다. 만일 만유의 하나님이 당신에게 말씀하시기를 원한다면, 그분이 당신이 처한 상황에서 무엇을 하고 계신지를 보여주시기에 합당하도록 준비가 되어 있어야 합니다. 성경에서 하나님은 그저 사람들과 대화를 나누기 위해 나타나지는 않으셨습니다. 하나님은 항상 무언가를 염두에 두고 계셨습니다. 하나님께서 성경, 기도, 환경, 교회 또는 다른 어떤 방법으로 말씀하실 때, 그분은 당신의 인생에 목적을 가지고 계십니다.

하나님이 아브람에게 말씀하셨을 때(창 12장), 하나님은 무엇을 하려 하고 계셨습니까? 하나님은 한 나라를 세우려는 계획을 가지고 계셨습니다. 하나님의 시기를 살펴보십시오. 왜 하나님은 하필이면 그때 아브람에게 말씀하셨습니까? 하나님께서 바로 그때 한 나라를 세우기 원하셨기 때문이지요. 하나님이 무엇을 하시려는지 알게 된 바로 그 순간에 아브람은 자기의 인생을 하나님이 원하시는 쪽으로 조정해야 했습니다. 그는 하나님이 하라시는 대로 즉시 따랐어야 했습니다.

### 하나님은 적시에 말씀하신다

하나님은 당신에게 말씀하시는 바로 그 순간 당신이 응답하기를 바라십니다. 우리는 대부분 서너 달 동안 그것에 대해 생각할 시간이 있다고 가정하고 또 과연 지금이 하나님이 원하시는 시기인지 아닌지를 결정하려고 합니다. 하나님이 당신에게 말씀하시는 바로 그 순간이 하나님의 시기입니다. 그렇기 때문에 하나님은 그때를 택해서 말씀하신 것입니다. 그렇지 않았다면 하나님은 당신에게 말씀하지 않으셨을 것입니다. 하나님이 당신의 삶 중심으로 들어오실 때, 당신의 응답 시기는 매우 중요합니다. 하나님이 말씀하실 때, 당신은 하나님을 믿고 신뢰할 필요가 있습니다.

하나님이 아브람(나중에 아브라함이라고 이름지어 주심)에게 이삭을 주겠다고 하신지 얼마 후에 그 언약의 자손 이삭이 태어났습니까? 25년 후입니다(창 12:4; 21:5). 왜 하나님은 25년을 기다리셨습니까? 하나님이 아브람을 이삭에게 어울리는 아버지로 만드시는 데 25년이 걸린 것입니다. 하나님은 아브람보다는 한 나라에 더 관심이 있으셨습니다. 그 아버지의 성품이 따라오는 여러 세대의 성향을 좌우합니다. 조상을 따라서 자손들이 나오기 마련인 것입니다. 하나님은 아브람의 인격을 변화시키기 위해서 오랜 시간을 투자하셨습니다. 아브람은 곧 하나님께로 자기의 인생을 조정해야 했습니다. 이삭이 태어나기까지 기다렸다가 하나님이 원하시는 인격을 지닌 아버지로 갑자기 바뀔 수는 없었으니까요.

우리는 응답하기에 급급해서 종종 하나님이 우리의 인격을 다듬으시는 일을 소홀히 여깁니다. 하나님이 말씀하실 때 하나님은 당신의 인생에 대해 어떤 목적을 품고 계십니다. 하나님이 말씀하시는 순간 당신의 응답은 시작되어야 합니다. 하나님이 말씀하실 때 당신의 인생을 그분과 그분의 목적, 방법으로 즉각 조정해야 합니다. 하나님이 말씀하시는 순간이 하나님의 시기입니다.

## 하나님은 사명에 걸맞는 인격을 키우신다

하나님이 목적의식을 가지고 사명을 계시하려고 말씀하실 때 당신은 하나님이 하고 계신 일을 신뢰해야 합니다. 하나님은 당신의 인생에서, 당신의 인생을 통해서 무엇을 하고 계신지를 정확히 아십니다. 당신이 듣고 싶은 말이 아니라고 해서 하나님이 말씀하고 계신 것을 묵살하지 마십시오.

하나님은 아브람을 부르셨을 때 이렇게 말씀하셨습니다. "네 이름을 창대하게 하리니…"(창 12:2). 그것은 "내가 너에게 줄 임무를 수행할 수 있도록 거기에 맞는 인격을 키워주겠다"라는 말씀과 같습니다. 큰 임무를 수행할 사람이 왜소한 인격을 가지고 있는 것보다 병적인 것은 또 없습니다. 우리는 대개 자신의 인격을 돌아보기는 거부하면서 그저 하나님이 큰 임무를 맡겨주시기만을 기대합니다.

한 목사님이 큰 교회에서 그를 담임 목사로 초빙하기를 기다리고 있다고 가정합시다. 그런데 어떤 작은 교회에서 그 목사님에게 전화를 했습니다. "와이오밍 서부에 오셔서 직장생활을 하시면서 목사님으로 봉사해 주실 수 있겠습니까?"

"글쎄요, 안되겠는데요"라고 그 물망에 오른 목사님이 대답합니다. 그리고 그는 이렇게 생각합니다. "나는 여기서 하나님이 주실 임무를 기다리고 있어. 나는 너무나 많은 교육을 받았어. 세상적인 직업을 동시에 가짐으로써 내 인생을 허비할 순 없지. 나는 전담 사역자가 되어야 해. 나는 그것보다 좀더 중요한 일을 해야 해."

이 목사님의 견해가 얼마나 자기 중심적인지 보셨습니까? 인간의 이성은 하나님의 안목을 당신에게 주지 못합니다. 작은 일에 충성하지 않으면 하나님은 당신에게 큰 임무를 맡기시지 않을 것입니다. 하나님은 당신의 인생과 인격을 작은 임무에 맞게 조정하신 후 나중에 그것을 통해서 큰 임무를 맡기십니다. 이것이 하나님이 일을 시작하시는 방법입니다. 그렇게 자신을 조정하고 순종할 때, 하나님을 경험으로 알게 됩니다. 당신이 하나님을 알게 되는 것, 그것이 당신의 인생에 있어서 하나님의 목적입니다.

하나님의 능력이 당신의 삶에서, 당신을 통해서 일하는 것을 경험하고 싶으십니까? 그렇다면 당신의 인생을 하나님께로 맞추고 하나님이 당신을 어디로 인도하시든 따라가는 그런 관계를 맺으십시오. 하나님께서 주시는 임무가 작건, 중요치 않건 간에 당신은 "잘하였도다 착하고 충성된 종아"라는 말을 듣고 싶지 않으십니까?(마 25:21).

이제 당신은 이렇게 물을 수 있습니다. "그 목사님이 받으신 와이오밍 서부로 오라는 요청은 작은 임무니까 자동적으로 하나님으로부터 온 것이라고 가정할 수 있습니까?" 아니지요. 임무가 당신이 보기에 작건 크건 간에 그것이 하나님께로부터 온 것인지 아닌지 확인해야 합니다. 어떤 임무건 당신의 선입견 때문에 가능성을 배제하는 일은 없어야 합니다. 이것을 기억하세요. 하나님과의 관계를 통해서 알게 될 것입니다. 관계를 뛰어넘을 생각은 하지 마십시오.

저는 낚시나 미식축구를 즐기는 것은 세상이 없어져도 방해받을 수 없다고 생각하는 사람들을 알고 있습니다. 그들은 말로는 하나님을 섬기고 싶다고 하지만 자기들의 계획에 방해가 되는 것이면 어떤 것이라도 그들의 인생에서 제거해버리고 있는 것입니다. 그들은 너무나 자기 중심적이기 때문에 하나님이 그들에게 오실 때를 알아차리지 못합니다.

당신이 하나님 중심으로 사는 사람이라면 당신의 환경을 하나님이 원하시는 대로 조정할 것입니다. 하나님은 당신의 인생을 주도하실 권리가 있으십니다. 그분은 주인이십니다. 당신이 하나님을 주인으로 모시고 항복했을 때, 당신은 하나님이 언제 어느 때라도 원하시면 당신의 인생에 들어오실 수 있는 권리를 드린 것입니다.

주인이 종에게 무언가를 지시했을 때, 종이 열 번 중 다섯 번을 이렇게 대답했다고 가정합시다. "죄송하지만 저는 나름대로의 계획이 있는데요." 주인이 어떻게 하겠습니까? 아마도 그 종의 버릇을 고쳐놓을 것입니다. 징계를 해도 종이 응하지 않는다면, 조만간 주인은 그 종에게 아무런 임무도 맡기지 않을 것입니다.

당신은 이렇게 말하고 있을지 모릅니다. "오, 나도 존이나 수지처럼 하나님이 나를 통해 일하시는 것을 경험하고 싶어요." 그러나 존이나 수지는 하나님이 그들에게 오실 때마다 자기를 하나님께 조정하고 하나님께 순종합니다. 그들이 작은 일에 충성했을 때, 하나님은 그들에게 좀더 중요한 임무를 맡기셨습니다.

작은 일에 충성하기를 원치 않는다면 하나님은 당신에게 보다 큰 임무를 맡기실 수가 없습니다. 작은 일들은 항상 하나님이 원하시는 인격을 키워나가는 데 사용됩니다. 하나님이 당신에게 훌륭한 임무를 맡기고 싶어하시면, 임무를 맡기시기 전에 당신의 인격을 그 임무에 맞도록 훌륭하게 키워주실 것입니다.

하나님이 당신에게 어떤 지시를 내리실 때, 그것을 받아들이고 정확히 이해한 뒤 하나님께서 당신을 그 임무를 믿고 맡기시기에 적절한 사람으로 변화시키도록 충분한 시간을 드리십시오. 하나님이 부르신 순간 당신이 하나님께서 주실 임무를 감당할 준비가 되었다고 가정하지 마십시오. 성경 인물의 예를 두 가지 살펴봅시다.

다윗. 다윗은 사무엘을 통해서 하나님이 왕으로 부르신 지 얼마만에 왕위에 올랐습니까? 아마 10년 내지 12년 후였을 것입니다. 하나님은 그 기간 동안 무엇을 하고 계셨습니까? 하나님은 다윗으로 하여금 하나님과의 관계를 키우도록 하셨습니다. 왕이 그런 관계가 되면 그 나라도 그렇게 되는 것입니다. 당신의 인격을 그냥 지나칠 수 없습니다.

바울. 다메섹 도상에서 살아 계신 주님을 만나고 얼마 후에 사도 바울은 첫 선교 여행을 떠났습니까? 아마 10년 내지 11년 후일 것입니다. 초점은 바울이 아니라 하나님께 맞춰져야 합니다. 하나님은 잃어버린 세상을 구원하시려 했고, 또한 바울을 통해 이방인들의 구원을 시작하기를 원하셨습니다. 하나님은 바울을 준비시키기 위해 그만큼의 시간을 필요로 하신 것입니다.

하나님이 당신만을 위해 당신을 준비시키시는 데 시간을 투자하시는 것입니까? 아닙니다. 당신만을 위한 것이 아니라 당신을 통해 하나님이 찾으시려는 사람들을 위한 것입니다. 그들을 위해서, 우리가 말하고 있는 이 하나님과의 관계에 헌신하십시오. 그러면 하나님이 당신에게 임무를 맡기실 때, 당신을 통해 찾으시고자 하는 사람들의 인생에서 원하는 모든 것을 이루실 것입니다.

# 하나님은 특정한 지시를 주신다

유명한 가르침 중의 하나는, 하나님이 명확한 지침을 주시지 않는다는 것입니다. 즉, 하나님이 당신의 삶을 그냥 돌아가도록 내버려두셨다는 것입니다. 그리고 당신은 하나님이 주신 마음을 가지고 어떻게 살 것인가를 스스로 생각해내야 하는 것입니다. 이것은 마치 그리스도인들은 항상 옳게 생각한다는 듯한 암시를 줍니다. 이것은 우리의 옛 속성이 항상 우리의 영적인 속성과 우리 안에서 싸우고 있다는 사실을 간과하는 것입니다(롬 7장). 우리의 길은 하나님의 길이 아닙니다(사 55:8). 하나님만이 그분의 목적을 그분의 방법으로 성취시키실 특정한 지시를 당신에게 주십니다.

하나님이 노아에게 방주를 만들라고 지시하신 후에 노아는 그것의 크기와 재료와 조립 방법을 알았습니다. 하나님이 모세에게 성막을 만들라고 하셨을 때 그분은 모든 세밀한 것까지 지시를 하셨습니다. 하나님이 예수 그리스도로 성육신하셨을 때 그분은 그의 제자들에게 특정한 지시를 내리셨습니다. 어디로 가라, 무엇을 해라, 어떻게 응해라.

아브람을 부르시고 "내가 네게 보여 줄 땅으로 가라"(창 12:1)고 하셨을 때는 어땠습니까? 그것은 별로 특정한 지시가 아니었습니다. 그것은 믿음을 요구한 것입니다. 그러나 하나님은 "내가 보여 줄"이라고 분명히 말씀하셨습니다. 하나님은 항상 당신이 일을 하기에 충분한 분량의 특정한 지시를 내리기를 원하십니다. 당신에게 지시가 더 필요하면 하나님이 원하시는 시간에 지시를 더 내리십니다. 아브람의 경우, 하나님은 나중에 그에게서 태어날 아들과 그의 자손의 수, 그들이 살 땅, 그리고 그들이 노예가 되었다가 구출될 것 등을 알려주셨습니다.

오늘날 성령님은 명확한 지시를 내리십니다. 하나님은 개인적이십니다. 하나님은 당신의 인생에 보다 친밀하게 개입하기를 원하십니다. 그분은 당신의 생활에 명확한 지침을 주실 것입니다. 당신은 "그것은 내 체험과는 다른데"라고 말할지 모릅니다. 그렇다면 당신은 자신의 경험을 하나님의 말씀 아래로 가져와야 합니다. 당신은 하나님의 방법을 자신의 경험에 짜맞추기 위해 축소시킬 수 없습니다.

어떤 일에 대해 하나님으로부터의 명확한 지시가 없으면 기도하고 기다리십시오. 인내를 배우십시오. 하나님의 시기는 항상 옳으며 최선입니다. 서두르지 마십시오. 하나님은 당신이 간절히 하나님을 찾게 하시기 위해 지시 사항을 감추어 두셨을지도 모릅니다. 무엇을 하려고 하나님과의 관계를 뛰어넘지 마십시오. 하나님은 당신이 그분을 위해 무엇을 할 수 있는가보다는 당신과의 사랑의 관계에 더욱 관심을 가지고 계십니다.

저는 종종 이런 질문을 받습니다. "제가 받은 말씀이 하나님께로부터 온 것인지, 저의 이기적인 욕심에서 온 것인지 아니면 사탄으로부터 온 것인지를 어떻게 구별할 수 있습니까?" 어떤 사람들은 일이 생겼을 때, 사탄의 속임수를 구별해 내기 위해서 사탄이 역사하는 방법을 연구하느라 고생하는 것을 봅니다. 저는 그런 일을 하지 않습니다. 저는 사탄에게 초점을 맞추지 않기로 결심했습니다. 그는 벌써 패배를 당했습니다. 저를 인도해 주시는 분, 현재 자신의 일을 저를 통해서 행하시는 분은 승리자이십니다. 사탄이 저를 통해서 일어나고 있는 하나님의 역사에 영향을 미칠 때는 제가 하나님을 믿지 않고 사탄을 믿을 때뿐입니다. 사탄은 언제나 당신을 속이려고 노력할 것입니다. 그러나 사탄은 하나님의 목적을 궁극적으로 방해할 수는 없습니다.

캐나다 왕립 기마경찰은 위조지폐를 감별하는 훈련을 합니다. 경찰국에서는 경관들에게 절대로 위조지폐를 보여주지 않습니다. 그들은 오직 한 종류의 진짜 10불짜리 지폐가 존재함을 알 따름입니다. 그들은 너무나 철저하게 진짜 지폐에 대해서 연구하기 때문에 그것에 미치지 못하는 것은 모두 위조지폐입니다.

사람들이 위조지폐를 만드는 방법을 다 상상할 수는 없습니다. 그러나 기마경찰들은 사람들이 어떻게 위조지폐를 만드는가를 연구하지 않습니다. 그들은 오직 진짜만을 연구합니다. 진짜에 못 미치는 것은 다 가짜입니다.

하나님으로부터 어떤 지시가 오는 것을 느낄 때, "이것이 하나님에게서 온 것일까? 아니면 나 스스로 생각해 낸 것이나 사탄에게서 온 것일까?"라고 질문할 수 있습니다. 어떻게 하면 하나님으로부터 오는 말씀인지를 명확히 알 수 있을까요? 하나님의 방법들을 아주 철저히 알아서, 하나님의 길에 미치지 못하는 것을 보면 그것에서 돌이키십시오. 예수님이 시험을 받으셨을 때 바로 그렇게 하셨습니다. 예수님의 말씀의 핵심은 이것입니다. "네가 무슨 말을 하는지 안다. 그러나 사탄아, 그것은 내가 하나님으로부터 가장 최근에 들은 말씀이 아니다. 성경은 이렇게 말하고 있다…"(마 4:1-11 참조). 예수님은 결코 사탄과 의논하신 적이 없습니다. 절대로 그것을 분석하지도 않으셨습니다. 그는 하나님이 그 다음에 무엇을 하라고 말씀하실 때까지, 하나님이 가장 최근에 하라고 하신 말씀을 따라 계속 행하고 계셨습니다.

예수님이 사탄과 대면했을 때와 마찬가지로, 당신의 영적인 전쟁도 하나님의 최선이나 방법이 아닌, 인간이 듣기에 좋은 것을 하는 것일 수 있습니다. 예수님은 자신의 사명이 무엇인지, 하나님 아버지께서 그것을 어떤 방법으로 성취시키려 하시는지를 명확히 아셨습니다. 사탄이 "즉각적인 성공"을 위해 예수님을 다른 길로 가게 만들려고 했을 때, 예수님은 아버지께서 자기를 부르신 목적을 명심하고 잘못된 조언을 거부하셨습니다.

 요약

하나님은 언제나 자기 백성에게 말씀해 오셨습니다. 오늘날은 성령님을 통해서 말씀하고 계십니다. 성령님은 성경, 기도, 환경 그리고 다른 신자들을 사용해서 당신에게 말씀하십니다. 그러나 어떤 방법을 쓰는가는 하나님의 음성을 아는 열쇠가 아닙니다. 하나님이 주도하시는 친밀한 사랑의 관계를 통해서 하나님의 음성을 아는 법을 배웁니다. 하나님은 당신에게 독특한 방법으로 말씀하십니다. 하나님은 당신이 하나님의 음성을 들었음을 확신시켜 주실 것입니다.

하나님은 목적을 가지고 당신에게 말씀하십니다. 하나님이 말씀하실 때가 당신의 인생과 생각을 그분께로 조정할 시기입니다. 하나님은 당신에게 주실 사명에 걸맞는 인격을 계발시키려고 당신의 삶에 개입하십니다. 당신을 준비시키실 수 있도록 하나님께 충분한 시간을 드리십시오.

 오늘의 하나님을 경험하는 삶

시간을 내어 기도하면서 하나님이 당신에게 말씀하셨다는 것을 당신이 확실히 알았던 때를 생각해 보십시오. 하나님의 음성을 알 수 있는 통찰력을 주시기를 기도하십시오. 영적 일기를 적고 있지 않다면 과거에 하나님이 당신에게 말씀하신 것과 현재 말씀하고 계신 것들을 적으십시오.

# 11장 하나님은 하나님 자신과 자신의 목적과 길을 계시하신다

> 이는 내 생각이 너희의 생각과 다르며
> 내 길은 너희의 길과 다름이니라 여호와의 말씀이니라
> 이사야 55:8
>
> 오라 우리가 여호와의 산에 올라가서
> 야곱의 하나님의 전에 이르자
> 그가 그의 도를 가지고 우리에게 가르치실 것이라
> 우리가 그의 길로 행하리라…
> 미가 4:2

하나님은 하나님의 백성들에게 말씀하십니다. 말씀하실 때 하나님은 무엇을 계시하십니까? 성경 전체를 통해서 하나님이 말씀하셨을 때, 그분은 하나님 자신과 자신의 목적과 길을 드러내셨습니다. 하나님의 계시는 당신을 그분과의 사랑의 관계로 인도하도록 계획되어 있습니다.

## 하나님은 자신을 계시하신다

하나님이 성령님을 통해 당신에게 말씀하실 때, 그분은 대개 자신에 대한 무언가를 계시하십니다. 하나님은 자신의 이름을 계시하십니다. 자신의 본질과 성품을 계시하십니다. 다음의 성경구절들은 하나님이 자신을

계시하신 예들입니다.

아브람이 구십구 세 때에 여호와께서 아브람에게 나타나서 그에게 이르시되 나는 전능한 하나님이라 너는 내 앞에서 행하여 완전하라(창 17:1).

여호와께서 모세에게 말씀하여 이르시되 너는 이스라엘 자손의 온 회중에게 말하여 이르라 너희는 거룩하라 이는 나 여호와 너희 하나님이 거룩함이니라(레 19:1-2).

나 여호와는 변하지 아니하나니 그러므로 야곱의 자손들아 너희가 소멸되지 아니하느니라 만군의 여호와가 이르노라 너희 조상들의 날로부터 너희가 나의 규례를 떠나 지키지 아니하였도다 그런즉 내게로 돌아오라 그리하면 나도 너희에게로 돌아가리라 하였더니 너희가 이르기를 우리가 어떻게 하여야 돌아가리이까 하는도다(말 3:6-7).

나는 하늘에서 내려온 살아 있는 떡이니 사람이 이 떡을 먹으면 영생하리라 내가 줄 떡은 곧 세상의 생명을 위한 내 살이로라 하시니라(요 6:51).

하나님은 어떤 사람을 자신의 역사에 참여시키고자 할 때 말씀하십니다. 하나님은 그 사람이 믿음으로 응하는 것을 도우시려고 자신을 계시하십니다. 그 사람은 하나님 자신이 말씀하시는 그대로의 하나님이며, 말씀하신 그대로 행하시는 하나님임을 알 때, 하나님의 인도에 더 잘 응할 수 있습니다.

하나님은 아브람에게 자신의 이름, 전능한 하나님으로 자신을 계시하셨습니다. 하나님이 그의 늙은 나이에도 불구하고 아들을 주실 수 있다는 것을 믿기 위해서 구십구 세의 아브람은 하나님의 전능하심(무슨 일을 하실 수 있음)을 알아야 했습니다.

하나님은 자신의 본질인 거룩하심을 모세에게 계시하셨습니다. 하나님은 모세를 통해서 자신이 거룩하다는 것을 말씀하셨습니다. 하나님의 백성은 하나님이 거룩하신 분임을 믿어야 했습니다. 그래야 자신들도 스스로를 거룩하게 함으로써 하나님께 응할 수 있었기 때문입니다. 그들의 생사가 그들의 반응에 달려 있었습니다.

하나님은 말라기 선지자를 통해서 자신은 변치 않으시며 용서하시는 하나님임을 이스라엘 자손에게 말씀하셨습니다. 하나님께로 돌아오면 용서받을 수 있다는 사실을 백성들이 믿어야 했으므로 말라기 선지자를 통해서 하나님의 본질인 용서를 계시하셨습니다.

예수님은 자신을 "산 떡"으로, 영생의 근원으로 나타내셨습니다. 유대인들이 믿고 응해서 영생을 얻게 하시기 위해 예수님은 자신이 영생의 근원임을 계시하셨습니다.

하나님은 믿음을 성장시켜 행동으로 옮기게 하기 위해 자신을 계시하십니다. 하나님이 자신을 당신에게 계시하실 때 주의를 집중해서 들을 필요가 있습니다. 이것이야말로, 당신이 믿음의 갈등에 부딪힐 때 가장 중요한 것입니다.

- 하나님이 자신이 말씀하시는 그대로의 하나님임을 믿어야 한다.
- 하나님이 자신이 하신다고 하신 그대로 하실 수 있는 분임을 믿어야 한다.
- 자기의 생각을 이런 믿음에 기초해서 조정해야 한다.
- 하나님을 의지하면 하나님이 자신이 말씀하시는 그대로의 하나님임을 보여주실 것이다. 그때 순종해야 한다.
- 순종할 때 하나님은 자신의 일을 사람을 통해 하시고 자신이 말씀하시는 그대로의 하나님임을 보여주실 것이다.
- 그때 하나님을 경험으로 알게 된다.

· 하나님이 자신이 말씀하시는 그대로의 하나님임을 알게 된다.

예를 들어봅시다. 아브람은 언제 하나님이 전능하신 하나님임을 알았습니까? 마음속으로는 하나님이 말씀하시자마자 알았습니다. 그러나 하나님이 그의 인생에서 오직 하나님만이 하실 수 있는 일을 하셨을 때, 그는 하나님이 전능하신 하나님이라는 것을 경험으로 알게 되었습니다. 하나님이 100세 된 아브라함과 90세 된 사라에게 아들을 주셨을 때, 아브라함은 하나님이 전능하심을 알게 되었습니다.

## 하나님은 자신의 목적을 계시하신다

하나님은 하나님 자신이 하고자 계획하신 것을 당신에게 알려주시려고 자신의 목적을 계시하십니다. 하나님을 위해서 무언가를 하려는 당신의 계획은 중요하지 않습니다. 당신이 처한 곳에서 하나님이 무엇을 하시려고 계획하시는지가 매우 중요합니다. 하나님은 마음에 목적을 가지고 말씀하십니다.

노아. 하나님은 노아에게 나타나셔서 "네가 나를 위해서 무엇을 할 것이냐?"라고 묻지 않으셨습니다. 하나님은 자신이 앞으로 무엇을 하려는지를 보여주시려고 노아에게 오셨습니다. 하나님이 무엇을 하시려는지를 아는 것이 얼마나 중요한지 모릅니다. 노아가 하나님을 위해 무언가 하려고 계획했던 것들은 도무지 가치가 없는 것이었습니다. 하나님은 세상을 멸하려고 하셨습니다. 하나님은 홍수에서 살아 남을 사람들과 동물들을 다시 세상에 번성시키는 일을 노아를 통해서 하고 싶어하셨습니다.

아브람. 이것과 비슷하게 하나님이 아브람에게 오셔서 말씀하셨을 때도 마음에 어떤 목적을 갖고 계셨습니다. 하나님은 자신을 위해서 한 나라를 세우려고 준비하고 계셨습니다. 하나님은 아브람을 통해서 자신의 목적을 이루려 하셨습니다.

하나님이 소돔과 고모라를 멸하실 준비가 되셨을 때 하나님은 아브람이 하나님을 위하여 무엇을 하고 싶었는지, 계획하고 있었는지 묻지 않으셨습니다. 하나님이 무엇을 하시려는지가 아브람에게는 중요했습니다. 하나님은 자신의 목적을 계시하셨습니다.

이 이치는 성경 전체에 깔려 있습니다. 사사들, 다윗, 선지자들, 제자들, 바울 등등. 하나님이 무언가를 하시고자 했을 때, 자신의 종들에게 주도적으로 오셨습니다. "주 여호와께서는 자기의 비밀을 그 종 선지자들에게 보이지 아니하시고는 결코 행하심이 없으시리라"(암 3:7).

하나님은 자신의 목적과 길을 계시하려고 말씀하십니다. 그리고 나서 하나님은 그들을 하나님의 역사에 동참시키고 그들을 통해서 목적을 이루십니다.

하나님의 목적 대 우리의 계획. 우리는 하나님을 위해서 무엇을 하기 원하는지를 놓고 꿈을 꿉니다. 그리고 우리의 우선 순위에 따라 계획을 세웁니다. 중요한 것은 우리가 처한 곳에서 하나님이 무엇을 계획하고 계시느냐 하는 것과 하나님이 어떻게 우리를 통해서 그것을 이루실까 하는 것입니다. 우리의 계획과 목적에 대해서 성경은 무어라고 말하는지 살펴봅시다.

"여호와께서 나라들의 계획을 폐하시며 민족들의 사상을 무효하게 하시도다 여호와의 계획은 영원히 서고 그의 생각은 대대에 이르리로다"(시 33:10-11).

당신의 계획과 목적은 하나님의 것에 일치되어야 합니다. 그렇지 않으면 당신은 하나님이 당신을 통해 일하시는 것을 경험할 수 없습니다. 하나님은 무엇을 계획하고 계신지를 알려주기 위해 당신에게 자신의 목적을 계시하십니다. 그러면 당신은 그분께 동참할 수 있습니다. 하나님의 계획과 목적은 영원히 설 것입니다. 그것은 성취될 것입니다. 하나님은 열방의 도모를 폐하시며 민족들의 사상을 무효케 하십니다.

계획은 하나님이 당신을 사용하게 하실 수 있는 훌륭한 도구이지만, 그것이 하나님을 대신할 수는 없습니다. 하나님과의 관계가 당신이 세우는 어떤 계획보다 훨씬 더 중요합니다. 우리가 계획을 세우는 데 있어서 가장 큰 문제는 하나님만이 결정하실 권리를 가진 영역에서 우리 스스로의 지혜로 계획하고 수행하는 것입니다. 하나님이 말씀해 주시지 않는 한, 우리는 하나님의 뜻에 있어서 언제, 어디서, 어떻게를 알 수 없습니다.

하나님은 우리가 자의로 정한 계획을 따르지 않고 매일매일 하나님을 따르기를 원하십니다. 만약 우리가 계획을 세우면서 하나님의 뜻의 세부사항을 알려고 한다면 이렇게 생각할 수 있습니다.

"이제 우리가 어디로 가고 있는지, 어떻게 가야 하는지 알겠군. 그럼 이제 일을 완수할 수 있겠군." 그러면 우리는 매일매일 친밀하게 유지하고 있어야 할 하나님과의 관계에 대해서 잊어버리고 맙니다. 우리는 우리의 계획을 실천하다가 하나님과의 관계를 잊는 것입니다. 하나님은 우리를 영원한 사랑의 관계를 위해서 창조하셨습니다. 우리의 인생은 하나님이 일하시는 것을 경험할 수 있는 절호의 찬스입니다.

계획하는 것이 무조건 다 나쁘다는 것은 아닙니다. 하나님이 당신에게 원하시는 것 이상의 계획까지 세우지 않도록 조심하라는 말입니다. 언제라도 원하시면 하나님이 당신의 계획에 간섭하시고 진로를 조정하시도록 허락하십시오. 하나님께서 원하시는 시간에 당신에게 말씀하시는 것을 항상 들을 수 있도록 하나님과 가까운 관계를 유지하십시오. 저는 하나님과 시간을 보내며 하나님이 우리 주위에서 무엇을 하고 계신지를 알 수 있는 합심기도 시간이야말로 계획을 세우기에 가장 적절한 시간임을 발견했습니다.

## 하나님은 자신의 길을 계시하신다

성경을 심심풀이로 혹은 사전 지식이 없이 읽는 사람도 하나님의 길과 계획은 사람의 것과는 아주 다르다는 것을 알아차릴 수 있습니다. 하나님은 하나님 나라의 목적을 이루실 때 하나님 나라의 원리를 사용하십니다. 하나님의 길만이 하나님의 목적을 이루기 위한 유일한 방법이기 때문에, 하나님은 우리에게 자신의 길을 계시하십니다.

그분의 목표는 언제나 사람들을 자신과의 사랑의 관계로 이끄시기 위해서 자신을 계시하시는 것입니다. 그분의 길은 구속하는 특성을 지니고 있습니다. 하나님은 자신과 그분의 사랑을 나타내십니다. 하나님은 하나님을 위한 우리의 목표를 성취하는 것을 도와주시려고 주위에서 기다리시지 않습니다. 자신의 목표를 우리를 통해서 성취하려고 오십니다. 또한 그분은 자신의 방법으로 성취하십니다.

하나님은 "내 생각이 너희의 생각과 다르며 내 길은 너희의 길과 다름이니라"(사 55:8)라고 말씀하셨습니다. 하나님은 인간의 방법으로 일하시지 않습니다. 우리는 하나님의 일을 우리의 방법으로 이룰 수 없습니다. 이것이 사람들의 기본적인 죄 문제 중 하나입니다. "우리는 다 양 같아서 그릇 행하여 각기 제 길로 갔거늘 여호와께서는 우리 모두의 죄악을 그에게 담당시키셨도다"(사 53:6).

우리의 방법은 우리에게 좋게 보일 수 있습니다. 우리는 아마도 얼마간의 성공을 거둘지도 모릅니다. 그러나 하나님의 일을 우리의 방법으로 하려 할 때, 우리는 결코 우리가 하는 일 가운데서 하나님의 크신 능력을 경험할 수 없을 것입니다. 하나님은 하나님 자신의 길만이 하나님의 목적을 이루는 오직 하나의 길이기 때문에 그것을 우리에게 보여주시는 것입니다. 하나님이 자신의 길로 자신의 목적을 우리를 통해서 이루실 때, 사람들이 하나님을 알게 될 것입니다. 그들은 일어난 일들이 오로지 하나님으로만 설명될 수 있음을 깨닫게 될 것입니다. 하나님은 스스로 영광을 받으실 것입니다!

하나님 나라의 방법을 사용하는 것은 제자들의 삶에 나타나 있습니다. 예수님은 그들에게 군중을 먹이라고 분부하셨습니다. 그들의 반응은 "이 사람들을 그냥 집으로 보내세요!"였습니다. 예수님은 하나님 나라의 원리를 사용하셔서 그들을 앉히시고, 먹이시고, 몇 광주리의 음식을 남기셨습니다. 그들은 하나님 아버지의 기적을 목격했습니다. 얼마나 대조적입니까! 하나님은 자신의 사랑과 본질과 능력을 모든 사람들 앞에서 나타내셨습니다. 이같은 사건을 통해서 예수님은 많은 사람들을 하나님 아버지께로 인도했습니다. 이런 놀라운 기적들은 제자들의 생애 중 여러 번 일어났습니다. 그들은 하나님 나라의 일을 하기 위해서는 하나님 나라의 원리에 따라 움직여야 함을 배워야 했습니다.

하나님의 길로 성취된 하나님의 목적이 하나님께 영광을 돌리게 합니다. 우리는 하나님 나라의 방법으로 하나님 나라의 일을 하는 것을 배워야 합니다. "오라 우리가 여호와의 산에 올라가서 야곱의 하나님의 전에 이르자 그가 그의 도를 가지고 우리에게 가르치실 것이니라 우리가 그의 길로 행하리라"(미 4:2).

하나님과 동행하는 삶을 처음 배우기 시작했을 때, 저는 다른 사람들에게 너무나 크게 의존했습니다. 저는 사람들에게 달려가서 이렇게 묻곤 했습니다. "이것이 정말 하나님의 뜻이라고 생각하십니까? 이것이 제 의견인데요. 당신은 어떻게 생각하십니까?" 저는 무의식적으로 혹은 의식적으로 사람들에게 의존했으나 하나님과 제가 갖고 있던 관계에는 의존하지 않았습니다.

마지막에 저는 이렇게 말할 수밖에 없었습니다. "주님께 가서 그분이 내게 말씀하시는 것을 확신할 수 있도록 확인해 보아야겠다. 하나님이 그것을 어떻게 나에게 확증시켜 주시는지 기다려 보겠다." 저는 한동안 제 생활의 많은 부분을 훑어보기 시작했습니다. 그리고 하나님과의 사랑의 관계가 가장 중요한 것이 되었습니다. 저는 하나님이 개인적이고 명확한 방법으로 하나님 자신의 길을 가르쳐 주시는 것을 발견하기 시작했습니다. 하나님은 말씀을 통해서 자신의 길을 계시하셨습니다. 다음 장에서는 하나님이 어떻게 성경을 통해서 말씀하시는지를 살펴보겠습니다. 그 다음에는 하나님이 기도, 환경 그리고 교회를 통해서 자신의 뜻을 우리에게 확증시켜 주시는 방법들을 배우겠습니다.

 요약

하나님은 우리가 그분을 알고 따르기를 원하십니다. 하나님은 우리에게 말씀하실 때 우리가 믿음을 가지고 그분을 의지하여 하나님이 우리에게 주신 사명을 감당할 수 있도록 자신을 계시하십니다. 하나님은 우리가 그분의 일에 동참하게 하시려고 자신의 목적을 계시하십니다. 우리가 하나님을 위해 무엇을 할까 꿈을 꾸는 것은 원치 않으십니다. 하나님은 하나님께 영광이 되는, 하나님의 방법으로 자신의 뜻을 성취시키기 위해 우리에게 자신의 길을 계시하십니다.

오늘의 하나님을 경험하는 삶

지금까지 하나님이 자신의 길과 목적을 계시하셨던 기억을 묵상해 보십시오. 하나님이 시간과 관심을 가지고 당신을 사랑하시며 자신을 계시하여 주신 것에 대해 감사드리십시오. 하나님을, 그리고 하나님이 당신에게 하신 일들을 인해서 그분을 경배하고 찬양하십시오.

## 12장 하나님은 성경을 통해서 말씀하신다

> 모든 성경은 하나님의 감동으로 된 것으로
> 교훈과 책망과 바르게 함과 의로 교육하기에 유익하니
> 이는 하나님의 사람으로 온전하게 하며
> 모든 선한 일을 행할 능력을 갖추게 하려 함이라
> 디모데후서 3:16-17

하나님은 성령님을 통해서 하나님 자신과 자신의 목적과 길을 계시하십니다. 하나님이 말씀하시는 것에 대해 사람들이 가장 많이 물어보는 것은 아래와 같은 질문들일 것입니다.

- 하나님은 어떻게 나에게 말씀하실까?
- 하나님이 언제 말씀하시는지 어떻게 알 수 있을까?
- 어떻게 하면 내 인생에서 하나님이 좀더 실제적이고 개인적이 되실 수 있을까?

하나님은 개개인에게 말씀하시며, 자신이 사용하시기 원하는 방법을 택하십니다. 하나님과의 친밀한 사랑의 관계 속에서 동행하면 하나님의 음성을 가려낼 수 있을 것입니다. 하나님이 언제 말씀하시는지 알게 될 것입니다.

## 하나님의 음성을 아는 것

예수님은 자신이 제자들과 가졌던 관계를 목자와 양의 관계에 비유하셨습니다. "문으로 들어가는 이는 양의 목자라…양은 그의 음성을 듣나니…양들이 그의 음성을 아는 고로 따라오되"(요 10:2-4). 이와 마찬가지로, 하나님이 당신에게 말씀하실 때 당신은 하나님의 음성을 알아차리고 그분을 따라갈 것입니다.

하나님은 주권자이십니다. 자신이 정하신 바를 무엇이든 하실 수 있습니다. 성경을 우리의 인도자로 여기면, 우리는 하나님이 개인에게 독특한 방법으로 말씀하신다는 것을 압니다. 하나님의 백성은 그분의 음성을 듣고 알아차릴 것입니다.

오늘날 하나님은 성령님으로 말씀, 기도, 환경 그리고 교회를 통해서 주로 말씀하십니다. 이 네 가지는 분리하기가 곤란합니다. 하나님은 기도와 말씀을 함께 사용하십니다. 대개 환경과 교회 혹은 다른 신자들이 하나님이 당신에게 말씀하고 계신 것을 확인하는 것을 도와줄 것입니다. 빈번히, 하나님은 환경과 교회를 사용하셔서 하나님의 시기를 가르쳐 주십니다. 다음 장에서 이것에 관해 더 자세히 공부하겠습니다. 지금은 하나님이 어떻게 성경을 통해서 말씀하시는지를 살펴봅시다.

## 성경은 하나님의 말씀이다

성경은 인류를 향한 하나님 자신의 완벽한 계시를 나타내 줍니다. 하나님은 성경을 통해 당신에게 말씀하십니다. 성경을 읽다가 한 구절이 갑자기 새로운 의미로 다가오는 경험을 해본 적이 있습니까? 그것이 바로 하나님이 말씀하신 것입니다!

성령님이 조명해 주시기 전에는 아무도 영적인 진리를 이해할 수 없습니다. 성령님은 "진리의 영"이십니다(요 14:17). 당신이 영적인 의미를 깨닫게 되고 성경구절을 적용할 수 있도록 이해하게 되는 것은 하나님의 영이 역사하고 계신 증거입니다. 이것은 당신을 하나님과의 만남으로 인도하지 않습니다. 그것이 바로 하나님과의 만남입니다. 성경을 통해서 말씀하실 때 하나님은 당신에게 개인적으로 그리고 실제적으로 관계하고 계신 것입니다.

성령님은 성경 말씀을 통해 영적인 진리를 계시하실 때, 그것을 당신의 삶에 개인적으로 적용시키십니다. 그것이 하나님과의 만남입니다. 다음과 같은 순서로 요약할 수 있습니다.

1. 하나님의 말씀 즉, 성경을 읽는다.
2. 진리의 영이 그 말씀을 가지고 진리를 계시하신다.
3. 하나님의 진리에 나의 인생을 조정한다.
4. 그분께 순종한다.
5. 하나님이 내 안에서, 나를 통해서 그분의 목적을 이루신다.

성령님은 하나님과 그분의 목적을 계시하시려고 하나님의 말씀(성령의 검; 엡 6:17)을 사용하십니다. 또한 하나님의 방법들로 우리를 교훈하시기 위해 하나님의 말씀을 사용하십니다. 우리는 스스로 하나님의 진리를 이해할 수 없습니다.

"육에 속한 사람은 하나님의 성령의 일들을 받지 아니하나니 이는 그것들이 그에게는 어리석게 보임이요 또 그는 그것들을 알 수도 없나니 그러한 일은 영적으로 분별되기 때문이라 신령한 자는 모든 것을 판단하나 자기는 아무에게도 판단을 받지 아니하느니라"(고전 2:14-15).

하나님의 영의 도움을 받지 않은 상태에서 말씀을 보면 어리석은 것으로 보일 것입니다(고전 2:14). 성령님의 도움을 받으면 우리는 모든 것을 이해할 수 있습니다(고전 2:15).

영적인 진리를 깨닫는 것 자체가 하나님과의 만남입니다. 하나님의 영이 가르쳐 주시지 않는 한 당신은 하나님의 목적과 길을 이해할 수 없습니다. 하나님이 성경구절을 통해서 영적인 진리를 당신에게 계시하셨다면, 당신은 당신 안에서 일하고 계신 하나님을 만난 것입니다!

## 진리에 응답하는 것

성경을 읽는 순간은 제게 얼마나 흥분되고 기대되는 시간인지 모릅니다. 하나님의 영은 하나님의 마음을 아십니다. 그분은 하나님이 제 인생에서 어떤 일을 하실 준비가 되었는지 알고 계십니다. 그리고 하나님의 영은 하나님과 그분의 목적과 길에 대한 저의 이해를 열어주기 시작합니다. 저는 이것을 아주 심각하게 받아들입니다. 다음은 하나님이 그분의 말씀을 통해서 진리를 계시하실 때 제가 응답하는 방법입니다.

저는 그 성경 말씀을 적습니다. 그리고 그것을 놓고 묵상합니다. 저는 제 자신이 그 말씀의 뜻 가운데에 푹 빠지도록 노력합니다. 저는 저의 인생을 그 진리, 곧 하나님께로 조정합니다. 저는 하나님께 동의하고 하나님이 계시하신 방법대로 일하시도록 하기 위해 필요한 모든 일에 착수합니다. 그리고 저는 하나님이 그날 종일 그 진리를 저의 삶에 사용하시도록 주목하며 온 신경을 곤두세웁니다. 하나님이 당신에게 진리를 계시하시도록 당신도 제가 밟는 이 과정을 따라할 수 있을 것입니다.

하나님이 성경 말씀을 통해 하나님 자신이나 자신의 길에 대해서 당신에게 신선한 이해를 주셨을 때 이렇게 행동하십시오.
- 그 진리를 경건일기나 노트에 적는다.
- 그 구절을 놓고 묵상한다.
- 그 말씀의 뜻 가운데 푹 빠지도록 공부한다. 하나님이 하나님 자신 또는 자신의 목적이나 길에 대해 무엇을 계시하시는가?
- 하나님이 일하시기 위해서 개인, 가정, 교회 혹은 직장 생활에서 어떤 조정을 할 필요가 있는가?
- 하나님께 응답하는 기도를 적는다.
- 하나님께 인생을 조정한다.
- 하나님이 그날 하루종일 그 진리를 일상 생활에서 어떻게 사용하시는지 주목하여 본다.

다음은 클라우드가 하나님의 말씀을 경험한 예입니다. 하루는 매일 읽는 말씀의 차례가 시편 37편에 이르렀습니다. 그는 전에도 이 장을 여러 번 읽은 바 있지만, 그날은 성령님께서 유독 21절에 초점을 맞추게 하셨습니다. "악인은 꾸고 갚지 아니하나." 그는 그 구절을 다시 읽었습니다. 그 순간 그는 다음 봉급을 받으면 꼭 갚겠다고 약속하고 부모님께 500달러를 꾼 것을 기억해 냈습니다. 몇 달이 지난 그때 그는 그 빚에 대해 완전히 잊고 있었습니다. 하나님은 시편 37:21을 통해서 갚지 않은 빚을 상기시켜 주신 것입니다. 보다 중요한 것은, 악인은 꾸고 갚지 않는 사람이라는 것을 하나님이 클라우드에게 일깨워 주셨다는 사실입니다. 클라우드는 "주님께 용서를 구하는 기도를 하고 나서 부모님께 500달러짜리 수표를 써드렸습니다"라고 말했습니다.

성령님이 방금 말씀을 통해서 그에게 말씀하셨습니다. 그는 진리를 만났습니다. 이제 그는 빚을 지고 갚지 않는 사람이 하나님 눈에는 악인이라는 사실을 깨달았습니다. 성령님은 이 구절이 적용되는 그의 삶에서의 특별한 사건에 그의 관심을 집중시키셨습니다. 성령님이 그의 죄를 깨닫게 해주시는 것입니다. 성령님이 그것을 하시는 분입니다. 클라우드는 주님께 고백의 기도로 반응했습니다. 그리고 그 진리에 자신을 조정했습니다. 빚을 갚고 부모님 그리고 주님과 화해했습니다.

## 조정, 순종 그리고 경험

하나님은 성령님의 역사하심으로 성경을 통해서 말씀하십니다. 하나님은 당신의 인생에서 하나님과의 사랑의 관계에 장애물이 될 만한 어떤 것도 원치 않으십니다. 하나님이 성경을 통해서 일단 말씀하시고 나면 당신이 그것에 대해 어떻게 반응하느냐가 중요합니다. 당신은 그 진리로 당신의 인생을 조정해야 합니다. 클라우드의 경우 이렇게 조정했습니다.
· 그는 꾸고 갚지 않는 자는 하나님 보시기에 악인이라는 진리에 동의했다.
· 그는 자신의 기억에 떠오른 특정 사건에 그 진리가 적용된다는 것에 동의했다.

이렇게 하나님께 동의하는 것은 죄를 고백하는 것입니다. 회개란 당신의 죄에 대해서 하나님께 동의하는 것입니다. 하나님께 동의하려면 당신의 이해가 바뀌어야 합니다. 이것은 조정을 요합니다. 그러면 그것으로 충분합니까? 아닙니다! 하나님께 동의하는 것만으로는 부족합니다.

클라우드의 경우 그는 자신이 빚을 갚기 전까지는 하나님 앞에 악인으로 남아있을 것을 알았습니다. 이때 순종이 필요합니다. 하나님이 성경에서 하신 말씀에 순종하려고 그는 빚을 갚았습니다.

하나님이 계시해 주신 진리로 당신의 마음을 조정하는 것은 완성에는 한 발짝 못 미치는 것입니다. 진리에 순종으로 응해야만 합니다. 그러면 하나님과의 보다 완벽한 관계를 경험하는 자유를 누리게 됩니다. 계시된 진리를 당신의 하나님의 이해와 관계에 연결시키십시오.

로버트 샌더즈 씨는 텍사스 주 러스크에 살던 치과의사였습니다. 그는 하나님이 자기를 어떤 선교와 관련된 특별한 사역을 위해 목사로 부르신다는 것을 느끼기 시작했습니다. 한 해 동안 그 부르심의 소명은 점점 강해졌습니다. 그의 아내 게일은 목사 아내로서의 소명을 느끼지 못했기 때문에 그들은 하나님의 인도하심을 위해서 계속 기도했습니다.

이 시기에 그들의 목사님이시던 제임스 고포드 목사님은 뉴욕에 있는 아디론댁(Adirondack) 족 연합회의 목사님들과 함께 일하라는 소명을 수락했습니다. 뉴욕에 있던 사람들은 제임스 고포드 목사님에게 형제들의 기도 수양회를 인도해 달라고 부탁했습니다. 고포드 목사님이 갈 수 없게 되어 로버트와 다른 두 형제를 보냈습니다. 수양회 동안 여러 사람이 로버트에게 와서 다음과 같이 얘기했습니다. "우리 마을에는 치과의사가 없어요. 이곳으로 이사오셔서 저희 치과의사가 되어주시지 않겠어요?" 그리고 "저희에게는 목사님이 없습니다. 이곳으로 이사오셔서 저희 목사님이 되어주시지 않겠어요?" 로버트는 그 훈련된 세 명 모두가 뉴욕으로 오기를 원한다고 간주했습니다.

얼마 후 목사님이 뉴욕으로 가시게 된 것을 발표하셨습니다. 그 때 러스크 교회는 "하나님을 경험하는 삶의 주"를 개최하고, 전 교회가 모여서 "하나님을 경험하는 삶의 일곱 가지 실체"를 공부했습니다. 토요일 새벽 2시 30분, 게일은 잠이 깨었습니다. 그녀의 마음에 계속해서 누가복음 4장이 떠오르는 것이었습니다. 그녀는 누가복음 4장의 내용이 기억이 나지는 않았지만 깨면 읽겠노라고 주님께 약속했습니다. 잠을 잘 수가 없던 그녀는 기다리지 말고 그때 당장 누가복음 4장을 읽는 것이 낫겠다고 결정했습니다.

그날 아침 주님은 성경을 통해서 게일에게 말씀하셨습니다. 예수님도 "다른 동네에서 하나님의 나라 복음을 전하"시려고 고향을 떠나셨다는 사실을 깨닫게 되었습니다. 남편과 함께 주님을 섬기기 위해서 고향에서의 안정된 생활과 편안함에서 벗어나야 함을 성령님께서 말씀하고 계시다는 것을 느낀 것입니다. 그날 하나님을 경험하는 삶 세미나에서 게일은 하나님이 그녀에게 하신 말씀을 간증했습니다.

그 세미나의 인도자는 이렇게 물었습니다. "하나님이 왜 6개월 전이나 지금으로부터 6개월 후에 말씀하시지 않고 오늘 당신에게 말씀하셨을까요? 하나님이 말씀하실 때가 하나님의 시간이라면 하나님은 두 분이 목사님과 함께 뉴욕에서 사역하기를 원하시는 것이 아닐까요?"

세미나의 오전 휴식시간에 로버트는 지난 번 기도 수양회에 함께 강사로 갔었던 두 사람에게 질문했습니다. "우리가 뉴욕에 갔었을 때 그곳으로 이사해서 거기서 일하라든지 혹은 그곳의 교회 목사가 되어달라고 물은 사람이 있었습니까?" 두 사람 모두 그런 적이 없었다고 대답했을 때, 로버트와 게일은 하나님의 인도하심을 보다 명확하게 느끼게 되었습니다. 그리고 나서 뉴욕 주 챠타퀘이에 있는 교회에서 로버트에게 그들의 목사가 되어달라는 전화가 왔습니다.

로버트와 게일은 손해를 보면서 그들의 새 집을 팔았고, 고향 텍사스에서 멀리 떨어진 곳으로 이사를 했습니다. 로버트가 뉴욕에 도착했을 때 교회 연합회에서는 근처의 인디언 보호구역 내에 살고 있는 수천 명의 인디언들에게 사역을 시작하려고 기도하고 있었습니다. 누가 그 인디언 보호구역의 치과의사가 되었는지 짐작이 가십니까? 로버트입니다! 하나님은 계속해서 아디론댁 족을 구원하시려는 자신의 계획과 목표를 펼쳐나가셨습니다.

로버트와 게일이 "하나님을 경험하는 삶의 일곱 가지 실체"를 어떻게 경험을 통해서 배우게 되었는지 아시겠지요? 그들은 주님과 사랑의 관계를 가지고 있었습니다. 하나님이 주도하셔서 그들을 자신의 사역으로 초청하셨습니다. 그분은 성경, 기도, 환경 그리고 다른 신자들을 통해서 명확하게 말씀하셨습니다. 로버트와 게일은 믿음의 갈등에 부딪혔지만 주님이 부르신 사명에 따라 주님과 동행하기를 믿음으로 결단했습니다. 그들은 주님께 동참하기 위해 중대한 조정을 했지만 순종했을 때 하나님이 예수 그리스도의 복음으로 사람들을 변화시키는 사역을 그들을 통해서 하시는 것을 경험하기 시작했습니다. 하나님이 성경을 통해서 게일에게 말씀하신 사건이 하나님의 뜻을 알고 행하는 데 있어서 중대한 전환점이 되었습니다.

 요약

시간을 두고 하나님과 사랑의 관계를 가질 때 당신은 하나님의 음성을 알게 됩니다. 그러나 하나님은 성경 말씀을 통해서 이미 많은 메시지와 명령을 당신에게 주셨습니다. 성경을 읽을 때 성령님이 하나님과 그분의 목적과 길을 당신에게 계시해 주십니다. 그분이 명확하게 말씀하시면 당신은 계시된 진리에 따라 당신을 조정하고 하나님께 순종해야만 합니다. 그분께 순종할 때 당신은 하나님이 자신의 목적을 당신을 통해서 성취시키는 것을 경험할 것입니다.

## 오늘의 하나님을 경험하는 삶

　기도하면서 주님과 시간을 보내십시오. 성경을 통해서 하나님이 이미 당신에게 말씀하셨던 때를 기억나게 해달라고 기도하십시오. 경건일기를 적고 있다면 과거에 써 놓았던 것을 훑어보고, 하나님이 어떤 방법으로 말씀하셨는지 살펴보십시오. 경험들을 당신 마음에 떠오르게 해주시면 목록을 작성해서 적어보십시오. 하나님이 일정한 방식으로 말씀해 오셨습니까? 하나님이 성경을 통해 진리를 계시하셨는데 당신이 조정하지 않은 부분이 있습니까? 조정은 했지만 아직 순종하지 않았습니까? 현재, 당신이 어떤 반응을 보이기를 하나님이 원하십니까? 하나님이 말씀해 주시면 조정하고 순종하십시오!

# 13장 하나님은 기도를 통해서 말씀하신다

> 이와 같이 성령도 우리의 연약함을 도우시나니 우리가 마땅히 기도할 바를 알지 못하나
> 오직 성령이 말할 수 없는 탄식으로 우리를 위하여 친히 간구하시느니라
> 마음을 살피시는 이가 성령의 생각을 아시나니
> 이는 성령이 하나님의 뜻대로 성도를 위하여 간구하심이니라
> 로마서 8:26-27

경건 일기를 적고 있지 않다면 지금이라도 시작할 필요가 있습니다. 우주의 주인이신 하나님께서 당신에게 무언가 말씀하신다면 적어놓아야 할 것입니다. 경건의 시간에 하나님이 말씀하시면 잊지 않도록 즉각 적으십시오. 그 다음 당신이 응답한 기도의 내용을 기록하십시오.

저는 하나님이 사용하신 구절을 쓰고, 그 구절에서 하나님 자신에 대해서 뭐라고 말씀하시는지를 적습니다. 제가 응답하는 기도를 적음으로써 저는 하나님과의 만남, 하나님이 말씀하신 것, 그리고 제가 응답한 것들을 한눈에 볼 수 있습니다. 저는 또 제 인생을 어떻게 하나님이 원하시는 대로 조정할 것인가를 적어서 하나님이 제게 다가오시는 것을 경험하기 시작합니다.

## 진리는 하나의 인격체이다

성령님은 진리를 계시하십니다. 진리란 단순히 공부할 가치가 있는 개념이 아닙니다. 진리는 하나의 인격체이십니다. 예수님은 "내가 진리를 가르쳐 주겠다"라고 말씀하시지 않으셨습니다. 예수님은 "내가…진리요"(요 14:6)라고 하셨습니다.

당신에게 영생을 주셨을 때 하나님은 그분 자신을 당신에게 주셨습니다(요 17:3). 성령님이 진리를 당신에게 계시해 주실 때, 그분은 당신에게 그저 생각해 보아야 할 개념을 가르쳐 주는 것이 아닙니다. 그분은 한 인격체와의 관계로 당신을 인도하시는 것입니다. 그분은 당신의 생명이십니다!

하나님은 당신에게 영생을 주셨을 때, 한 인격체를 당신에게 주셨습니다. 당신이 그리스도인이 되었을 때, 예수님은 당신에게 어떤 것을 주신 것이 아니라 바로 자기 자신을 주신 것입니다.

## 하나님과 나의 관계

다음은 제가 어떻게 하나님과 저의 관계를 제 삶에서 표현하고자 했는지를 요약한 것입니다.

- 하나님은 잃어버린 세상을 그분에게로 돌이키는 선교사역에 동참하고 싶은 갈급한 마음을 제 속에 심어주십니다.
- 저는 하나님의 뜻을 찾아 하나님께로 응하여 나옵니다.
- 하나님이 제게 진리를 계시하실 때, 저는 하나님이 제 인생에서 하고 계시는 것을 일깨워 주시려고 노력하심을 압니다.

하나님이 그분의 말씀을 통해서 진리를 계시하실 때, 그것이 저를 하나님과의 만남으로 인도해 주지 않습니다. 그것 자체가 하나님과의 만남입니다. 그분이 진리를 저에게 계시하실 때, 살아있는 한 인격체가 임재해 있는 그곳에 제가 있는 것입니다. 그분은 성경의 저자이십니다. 그 저자는 그분이 제 인생에서 무슨 일을 하고 계신지를 성경 말씀을 통해서 말씀하십니다.

하나님의 영은 하나님의 마음을 아십니다. 그분이 하나님의 뜻을 하나님의 말씀을 통해서 제게 알려주실 것입니다. 그러면 저는 그 진리를 받아들이고 즉시 제 인생을 그분께로 조정해야 합니다. 저는 제 인생을 어떤 개념이나 철학에 따라 조정하는 것이 아니라 한 인격체에 맞추는 것입니다.

당신은 여러 번 읽은 적이 있는 성경구절을 다시 읽다가 갑자기 그 안에서 처음 읽는 것처럼 느끼게 하는 무언가를 경험한 적이 있습니까? 그 진리는 당신의 인생에 어떻게 적용되어야 할지를 당신이 생각해 내야 하는 어떤 개념이 아닙니다. 하나님은 그 진리를 당신에게 소개시켜 주시면서 당신이 그 진리를 지금 당장 당신의 생활에 적용시키기를 원하심을 일깨워 주시는 것입니다. 하나님이 당신의 인생에서 무언가 하실 준비가 되셨을 때, 성령님은 당신이 그것을 알도록 말씀을 사용하십니다. 그럴 때 당신은 방금 계시하신 하나님 자신과 하나님의 목적과 길에 당신의 인생을 조정할 수 있습니다.

## 기도는 관계성이다

기도는 하나님과 쌍방통행으로 교제하고 대화하는 것입니다. 당신이 하나님께 말하고, 하나님은 당신에게 말씀하십니다. 그것은 일방적인 대화가 아닙니다. 당신의 개인적인 기도생활은 주로 일방적인 것일지도 모릅니다. 기도는 당신이 일방적으로 하나님께 아뢰기만 하는 것 이상입니다. 기도는 듣는 것도 포함합니다. 사실, 하나님이 기도 중에 말씀하시는 것이 당신이 말하는 것보다 훨씬 더 중요합니다.

기도는 관계성이지 하나의 종교활동이 아닙니다. 기도는 하나님을 당신에게 조정하도록 고안된 것이 아니라 당신을 하나님께로 조정하도록 계획되어 있습니다. 하나님은 당신의 기도를 필요로 하지 않으십니다. 그러나 하나님은 당신이 기도하기를 원하십니다. 기도하는 중에 하나님이 당신의 인생에서, 당신의 인생을 통해서 무엇을 하기 원하시는지를 알기 위해서 기도할 필요가 있습니다. 하나님은 기도를 통해서 성령님에 의해 그분의 사람들에게 말씀하십니다.

성령님이 기도 중에 영적 진리를 계시하실 때, 그분은 당신의 인생에 임재하셔서 활동적으로 일하고 계신 것입니다. 진정한 기도는 하나님과의 만남으로 당신을 인도하지 않습니다. 그것이 바로 하나님과의 만남입니다. 기도를 통해서 하나님의 뜻을 찾을 때 어떤 일이 일어납니까? 이런 일이 일어나는 것입니다.

1. 하나님이 주도하셔서 당신이 기도하고 싶도록 만드신다.
2. 성령님이 하나님의 말씀을 가지고 당신에게 하나님의 뜻을 계시하신다.
3. 성령님 안에서 하나님의 뜻과 일치되는 기도를 한다.
4. 당신의 인생을 진리(하나님)로 조정한다.
5. 성경, 환경, 교회(다른 성도들)로부터 오는 확인이나 그 다음에 오는 지시를 주의깊게 보고 듣는다.
6. 순종한다.
7. 하나님이 그분의 목적을 달성하시기 위해 당신 안에서, 당신을 통해서 일하신다.

8. 성령님께서 기도 중에 계시하신 대로 당신은 하나님을 경험한다.

저는 기도할 때 성령님이 자주 하나님의 말씀을 사용하신다고 믿습니다. 저는 어떤 기도제목을 놓고 기도할 때 성경 말씀이 제 마음에 떠오르는 것을 발견합니다. 저는 그것이 방해가 된다고 느끼지 않습니다. 저는 하나님이 말씀으로 저를 인도하시려고 노력하시는 것이라 믿습니다. 어떤 특정한 것에 대해 기도하면 성령님이 성경을 가지고 제 마음에 그 진리를 적용시켜 주시는 것을 깨달았습니다. 저는 즉시 기도하는 것을 중단하고 성령님이 제 마음에 주신 구절을 찾아봅니다.

### 성령 안에서 기도함

우리는 연약하고 어떻게 기도해야 하는지 모릅니다. 그러나 희소식이 있습니다. 성령님은 하나님의 뜻을 이미 알고 계십니다. "이와 같이 성령도 우리의 연약함을 도우시나니 우리가 마땅히 기도할 바를 알지 못하나 오직 성령이 말할 수 없는 탄식으로 우리를 위하여 친히 간구하시느니라 마음을 살피시는 이가 성령의 생각을 아시나니 이는 성령이 하나님의 뜻대로 성도를 위하여 간구하심이니라"(롬 8:26-27).

성령님은 우리보다 유리한 입장에 있습니다. 성령님은 하나님의 뜻을 이미 알고 계십니다. 우리를 위해서 기도하실 때, 성령님은 절대적으로 하나님의 뜻에 동의하는 기도를 하십니다. 그리고 우리가 하나님의 뜻을 알도록 도와주십니다.

제 장남인 리처드가 여섯 살이 되었을 때, 그 애는 자전거를 탈 수 있을 만큼 컸습니다. 저는 자전거를 구하기 위해서 여러 곳을 돌아다녔습니다. 저는 파란색 '슈윈' 자전거를 한 대 구했습니다. 저는 그것을 사서 차고 안에 숨겨 두었습니다. 이제, 리처드에게 '슈윈' 자전거가 필요하다고 설득시키는 일만 남았습니다. 얼마 동안 우리는 리처드를 공략하기 시작했습니다. 리처드는 자기가 생일 선물로 꼭 원하는 것이 파란색 '슈윈' 자전거라는 결정을 내렸습니다. 리처드가 생일 선물로 무얼 받았는지 아십니까? 그 자전거는 이미 차고 안에 있었고 저는 그 애가 그것을 달라고 하도록 설득한 것뿐입니다. 리처드는 그것을 달라고 했고, 그것을 받았습니다!

당신이 기도할 때는 어떻습니까? 성령님은 하나님께서 '차고' 안에 무엇을 갖고 계신지 아십니다. 그것은 벌써 거기 있습니다. 성령님의 임무는 당신이 그것을 원하도록 만드는 것입니다. 당신이 구하도록 만드십니다. 하나님이 주고 싶어하시는 것이나 하고 싶어하시는 것을 당신이 달라고 할 때, 어떤 일이 일어나겠습니까? 당신은 항상 받을 것입니다. 왜냐고요? 당신이 하나님의 뜻에 맞는 기도를 했기 때문입니다. 하나님이 당신의 기도를 들어주실 때, 하나님은 영광을 받으시고 당신의 믿음은 성장합니다.

성령님이 언제 말씀하고 계신지를 아는 것이 중요합니까? 물론입니다. 당신은 성령님이 무슨 말씀을 하시는지를 어떻게 아십니까? 저는 당신에게 공식을 드릴 수는 없습니다. 그러나 그분이 말씀하실 때 그분의 목소리를 당신이 알 것이라는 것은 말씀드릴 수 있습니다(요 10:4). 당신은 그분의 뜻을 원하도록 결단해야 합니다. 당신의 이기적인 욕심이나 자신의 육적인 욕심을 모두 버려야 합니다. 그리고 난 후 기도를 시작해야 성령님이 당신의 마음을 어루만지시고 당신이 하나님의 뜻에 맞는 기도를 하도록 만드십니다. "너희 안에서 행하시는 이는 하나님이시니 자기의 기쁘신 뜻을 위하여 너희로 소원을 두고 행하게 하시나니"(빌 2:13).

성령님은 "스스로 말하지 않고 오직 들은 것을 말하며 장래 일을"(요 16:13) 우리에게 알리십니다. 기도할 때 성령님이 이미 하나님이 당신의 인생에 준비해 놓으신 것이 무엇인지 알고 계신다는 것에 기대를 거십시오.

그분은 자의로 당신을 인도하지 않으십니다. 그분은 오직 아버지 하나님께 들은 것만을 당신에게 말씀하십니다. 그분은 당신이 기도할 때 인도해 주십니다.

저는 기도하고 그분의 말씀을 읽을 때, 저에게 하나님이 무슨 말씀을 하시는지를 항상 적습니다. 그분이 제게 기도하라고 인도하시는 것을 느끼고 적습니다. 하나님이 하나님 자신과 자신의 목적과 길에 대해 말씀해 주실 때, 저는 종종 어떤 방법이 생기는 것을 봅니다. 제가 성령님이 기도하도록 인도하시는 방향을 주목해서 보면, 하나님이 저에게 무슨 말씀을 하고 계신지 아주 뚜렷해집니다. 이 과정은 영적인 집중력을 필요로 합니다!

당신은 이런 질문을 할지도 모릅니다. "그러나 내가 기도하는 방향이 성령님의 인도를 받고 하는 것인지 나의 이기적인 욕심을 따라하는 것인지 어떻게 구별한단 말인가?" 조지 뮬러가 하나님의 인도하심을 찾을 때 가장 먼저 무엇을 했는지 기억하십니까? 그는 먼저 자기 자신의 뜻이 없어지는 지점에 이르기를 힘쓴다고 했습니다.

### 자기를 부인하라

우선 자기를 부인해야 합니다. 자기 자신과 하나님 앞에서 솔직히 하나님의 뜻만을 원하는 상태까지 가십시오. 그리고 성령님이 다른 방법으로 말씀하고 계신지 확인해 보십시오. 자신에게 다음 질문을 하십시오.

- 하나님은 성경을 통해서 내게 무어라고 말씀하시는가?
- 하나님은 기도를 통해서 내게 무어라고 말씀하시는가?
- 하나님은 환경을 통해서 확신을 주시는가?
- 하나님은 다른 성도들을 통해서 확신을 주시는가?

하나님은 절대로 쓰여진 말씀, 성경에 위배되게 당신을 인도하시지 않습니다. 기도를 통해서 느끼는 것이 성경 말씀과 상반되는 것이면 그것은 잘못된 것입니다. 예를 들어서 하나님은 절대로 당신이 간음하도록 인도하시지 않습니다. 하나님은 항상 그것을 반대하십니다. 하나님께서 당신이 기도를 통해서 느끼는 것을 성경을 통해 확신시켜 주는 것에 주목하십시오. 그러나 하나님과 승부를 하려고 들지는 마십시오. 당신의 이기적인 목적을 뒷받침해 주는 듯한 성경구절을 찾아서 그것이 하나님의 뜻이라고 말하지 마십시오. 그것은 매우 위험한 일입니다.

### 기도한 내용과 다른 기도응답을 받다

당신은 당신이 기도한 내용과는 다른 기도응답을 받아보신 일이 있습니까? 저는 그런 적이 있습니다. 그럴 때 어떤 친구는 제게 이렇게 얘기하곤 했습니다. "하나님이 당신을 보다 더 끈질기게 기도하게 하시려는 것 같소. 당신이 원하는 응답을 받을 때까지 기도하십시오." 그러던 중 한 번은 제가 계속해 한 방향으로 기도하면서 하나님께 매달렸는데 계속 다른 방향으로 응답을 받았습니다. 그런 경험을 하는 도중, 저는 경건의 시간에 마가복음 2장을 읽기 시작했습니다. 거기에는 네 사람이 한 중풍병자를 메고 예수님께 고침받게 하려고 데리고 온 이야기가 있었습니다. 무리를 인하여 예수님께 데려갈 수가 없어서 그들은 지붕에 구멍을 뚫고 그 중풍병자를 달아 내렸습니다. 예수님께서는 "작은 자야 네 죄 사함을 받았느니라"(막 2:5)고 하셨습니다.

저는 계속해서 읽어나가기 시작했습니다. 그러나 저는 성령께서 "헨리야, 너 그것을 보았느냐?"라고 얘기하고 계심을 감지했습니다. 저는 그 구절을 다시 읽고 묵상하기 시작했습니다. 성령님의 인도하심, 즉 그분의 가르치시는 역할을 통해서 저는 놀라운 진리를 한 가지 보기 시작했습니다. 중풍병자를 데려온 네 사람은 그의 병을 낫게 해달라고 예수님께 부탁했지만 예수님은 그의 죄를 사하여 주셨습니다. 왜 그럴까요? 예수님은 그들이 구했던 것과는 다른 것을 주셨습니다. 이 사람과 그의 친구들은 한 가지 특정한 선물을 원했지만, 예수님은 그가 하나님의 자녀가 됨으로써 모든 것을 상속받게 되기를 원하셨던 것입니다!

저는 하나님 앞에서 울며 이렇게 얘기하고 있는 자신을 발견했습니다. "오! 하나님, 만일 제가 하나님이 주시려는 것보다 모자라는 부탁을 올리면, 저의 부탁은 무효로 해주십시오!"

### 당신이 기도할 때 어떤 일이 일어나는가?

하나님께 한 가지를 놓고 기도하는데 다른 일이 벌어지면 저는 항상 그것을 세심히 관찰하고 묵상한 뒤 반응합니다. 하나님은 언제나 제가 구하거나 생각한 것보다 훨씬 더 많은 것을 주신다는 것을 저는 발견했습니다. 바울은 에베소서 3:20-21에서 이렇게 말합니다.

"우리 가운데서 역사하시는 능력대로 우리가 구하거나 생각하는 모든 것에 더 넘치도록 능히 하실 이에게 교회 안에서와 그리스도 예수 안에서 영광이 대대로 영원무궁하기를 원하노라 아멘."

하나님이 당신에게 주시기를 원하는 것에 근접하는 기도는 당신 스스로는 생각해 낼 수도 없습니다. 하나님이 당신이 구하고 있는 것보다 더 많이 주시기 원하시는데 당신은 당신이 원하는 것만 받기를 원합니까, 아니면 하나님이 주시는 것을 받고 싶습니까? 오직 하나님의 영만이 하나님이 당신의 삶에서 무엇을 하고 계신지, 어떤 목적을 갖고 계신지 압니다. 하나님이 당신에게 주시기 원하시는 모든 것을 받으십시오.

"오직 하나님이 성령으로 이것을 우리에게 보이셨으니 성령은 모든 것 곧 하나님의 깊은 것까지도 통달하시느니라 사람의 일을 사람의 속에 있는 영 외에 누가 알리요 이와 같이 하나님의 일도 하나님의 영 외에는 아무도 알지 못하느니라 우리가 세상의 영을 받지 아니하고 오직 하나님으로부터 온 영을 받았으니 이는 우리로 하여금 하나님께서 우리에게 은혜로 주신 것들을 알게 하려 하심이라"(고전 2:10-12).

당신이 마을의 어떤 특정 구역에 지교회를 세우고 싶어한다고 가정합시다. 필요를 알기 위한 설문조사를 이미 끝낸 상태입니다. 또 장기계획도 세워 놓았습니다. 그리고 하나님께 당신이 하고 있는 일이 잘되도록 인도하여 달라고 기도했습니다. 그러자 하나님은 당신이 목적하고 있는 구역에 살고 있지 않은 소수민족 사람들을 당신의 교회에 보내주셨습니다. 당신은 어떻게 하시겠습니까? 다음의 선택사항이 있을 수 있습니다.

- 하나님이 우리가 계획한 대로 교회를 세울 수 있도록 도와주실 때까지 계속 기도한다.
- 좌절해서 기도를 포기한다.
- 특정 구역의 교회를 대신해서, 혹은 그 교회와 함께 소수민족을 위한 교회를 세우는 것이 옳은 것인지 질문해 보고 연구하기 시작한다.

저라면 위의 경우 어떻게 할지 아십니까? 저라면 곧바로 하나님께로 나아가서 그분이 무어라고 말씀하시는지 명확히 알아볼 것입니다. 제가 한 방향으로 일하면서 기도해 왔는데 하나님이 다른 방향으로 역사하실 때 저는 하나님이 하시는 일에 제 삶을 조정합니다. 위의 경우, 당신은 당신이 원하는 일을 하면서 하나님께 그 일이 잘 되게 해달라고 부탁하든지, 아니면 하나님이 역사하고 계신 곳으로 가서 일하든지, 양단간에 결정을 내려야 합니다.

저희 교회에서는 밴쿠버의 대학생들에게 특별한 관심을 두고 선교를 시작했습니다. 우리는 가을 학기에 30명의 학생으로 시작했습니다. 봄 학기가 끝날 무렵에는 250명 정도가 성경공부에 출석했습니다.

그 중 3분의 2 정도는 외국학생들이었습니다. 우리는 이렇게 말할 수도 있었습니다. "우리는 외국인들을 위해서 선교하려는 계획은 없습니다. 제발 다른 데로 가 주세요. 그리고 하나님이 당신들에게도 복 주시기를." 물론 우리는 그러지 않았지요. 우리는 하나님이 우리 주위에서 시작하신 일에 맞추어 우리의 계획을 조정했습니다.

## 영적인 집중력

우리의 문제는 기도한 뒤 생기는 사건들을 우리의 기도에다 연관지어 보지 않는 것입니다. 당신이 기도한 뒤 해야 할 가장 중요한 것은 당신의 영적인 집중력을 발휘하는 일입니다. 당신이 한 방향으로 기도하고 있을 때, 곧바로 그것에 대한 응답으로 하나님이 어떻게 역사하시는지를 기대하십시오. 저는 이것을 성경 전체에서 봅니다. 하나님의 사람들이 기도했을 때 그분은 응답하셨습니다.

당신이 기도하고 나서 무슨 기도를 했는지 잊었을 때 다음과 같은 일이 일어납니다. 평소에 일어나지 않던 일들이 그날 일어납니다. 당신은 그것들을 거북스럽게 여기고는 그것들을 제거하려고 노력합니다. 당신은 방금 기도한 것에 그 사건들을 연관시켜 보지 않습니다.

저는 기도하고 나서 즉시 그 다음에 무슨 일이 일어나는지 살피기 시작합니다. 저는 제 인생에 일어날 일들에 제 인생을 조정할 준비를 갖춥니다. 기도할 때 제 마음에는 하나님이 응답하시지 않으리라는 의심은 절대로 생기지 않습니다. 하나님이 당신의 기도에 응답해 주시기를 기대하십시오. 그러나 응답을 받기 위해서는 계속 기다려야 합니다. 그분의 시간이 항상 옳고 최선입니다.

**하나님의 침묵**

저는 하나님이 기나긴 시간 동안 침묵하고 계시는 경험을 했습니다. 당신도 그런 경험을 했을 것입니다. 여러 날에 걸쳐서 기도했는데도 하나님이 완전히 침묵하고 계시는 것처럼 느껴집니다. 저는 하늘 문이 닫힌 것을 직감했습니다. 무슨 일이 일어나고 있는지 이해하지 못합니다. 어떤 사람들은 아무리 기도해도 응답이 없는 것은 죄 문제가 있기 때문이라고 말합니다. 그들은 제게 "죄의 진단 목록"을 제시하고 그것을 점검하도록 했습니다. 저는 이 목록을 가지고 한 가지씩 훑어나가며 기도했습니다. 아무리 기도해 봐도 제가 아는 한 저는 죄 문제를 가지고 있지 않았습니다. 저는 하나님의 침묵을 이해할 수 없었습니다.

성경에서 이런 경우를 당한 사람을 기억하십니까? 욥이지요. 그의 친구들은 그 모든 것이 죄 때문이라고 했습니다. 욥은 계속해서 "내가 알고 있는 한 하나님과 나는 올바른 관계에 놓여 있다"고 말했습니다. 욥은 하나님이 그때 무슨 일을 하고 계신지 이해하지 못했지만 그의 친구들은 틀렸습니다. 하나님이 하고 계신 일에는 다른 이유가 있었던 것입니다.

제가 알고 있던 오직 한 가지 길은 하나님께로 되돌아가는 것이었습니다. 저와 사랑의 관계를 가지고 계신 하나님이, 제가 알아야 할 필요가 있다면, 제 인생에 무슨 일이 일어나고 있는지 적절한 시간에 가르쳐 주실 것을 믿습니다. 그래서 저는 기도했습니다. "하나님 아버지, 저는 이 침묵의 의미를 이해하지 못합니다. 당신이 제 인생에서 무엇을 하고 계신지 제게 말씀해 주십시오." 하나님은 성경을 통해 말씀해 주셨습니다. 이것은 제 인생에서 가장 의미 있는 경험 중의 하나가 되었습니다.

저는 미친 듯이 응답을 찾아나서지 않았습니다. 저는 매일 하나님 말씀을 읽는 일을 계속했습니다. 하나님의 말씀을 읽는 동안, 하나님의 마음을 아시는 성령님이 제 인생에서 하나님이 하고 계신 일을 이해하도록 저를 도와주고 계시다는 것을 확신하게 되었습니다. 당신이 알아야 한다면 하나님께서는 당신의 인생에서 하고 계시는 일을 적절한 시간에 가르쳐 주실 것입니다.

## 하나님의 시간에

어느 날 아침 저는 나사로의 죽음에 관한 이야기를 읽고 있었습니다(요 11:1-44). 일어난 일들의 순서를 제가 읽은 대로 정리해 보겠습니다. 요한은 예수님이 나사로와 그의 누이들인 마리아와 마르다를 사랑하셨다고 기록했습니다. 나사로가 죽을 병에 걸렸다는 말을 들으신 예수님은 그 마을에 가는 것을 미루셨습니다. 다시 말하면 마리아와 마르다가 그들의 오빠를 도와달라고 예수님께 청했는데 침묵하셨던 것입니다. 나사로가 병으로 죽어 가고 또 죽었을 때까지 예수님은 응답하지 않으셨습니다. 그들은 나사로를 사랑한다고 말씀하신 그분으로부터 응답을 받지 못했습니다. 예수님은 마리아와 마르다까지도 사랑한다고 말씀하셨습니다. 그럼에도 불구하고 응답하지 않으셨습니다.

나사로는 죽었습니다. 그들은 장례식의 모든 절차를 끝냈습니다. 그들은 나사로의 시신을 펴고, 무덤에 넣고, 돌로 막았습니다. 여전히 하나님의 침묵을 경험했습니다. 그때 예수님이 제자들에게 "가자"고 하셨습니다.

예수님이 도착하셨을 때 나사로는 벌써 죽은 지 나흘이나 되어 무덤 속에 있었습니다. 마리아는 예수님께 여쭈었습니다. "주께서 여기 계셨더라면 내 오라버니가 죽지 아니하였겠나이다"(요 11:32).

그때 성령님이 제게 무언가를 깨닫도록 도와주셨습니다. 그것은 마치 예수님께서 마리아와 마르다에게 말씀하실 때처럼 생생하게 느껴졌습니다.

맞다. 내가 왔더라면 네 오라비가 죽지 않았을 것이다. 내가 병자들을 고치는 것을 네가 여러 번 보았기 때문에 너는 내가 네 오라비를 고칠 수 있다는 것을 알았다. 네가 구하는 시간에 내가 왔더라면 나는 네 오라비를 고쳐주었을 것이다. 그러나 그랬다면 너희들은 나에 대해서 너희들이 이미 알고 있는 만큼밖에는 알지 못했을 것이다. 나는 너희가 나에 대해서 이미 알고 있는 것보다 더욱 깊이 알 준비가 되어있음을 알았다. 나는 너희들이 내가 부활이요, 생명임을 알게 되기를 원한다. 그것은 너희가 지금까지 전혀 몰랐던 나 자신을 너희에게 보여주려는 기회다.

그 진리가 점점 뚜렷해지자, 저는 하마터면 제가 앉아있던 의자에서 용수철처럼 튀어오를 뻔했습니다. "그것이 내 인생에서 일어나고 있는 일이구나! 바로 그거야! 하나님의 침묵은 내가 전혀 알지 못하던 그분 자신의 놀라운 부분을 내게 보여주실 준비가 되셨다는 뜻이야." 저는 즉시 하나님에 대한 저의 마음 자세를 바꾸었습니다. 저는 간절히 기대하는 마음을 가지고 하나님이 그분 자신에 대해서 무엇을 가르쳐 주시는가 주목해서 살펴보기 시작했습니다. 그리고 저는 그런 준비되고 기대하는 마음 없이는 절대로 감지할 수 없었을 일들이 제 인생에서 일어나는 것을 경험했습니다.

요즘도 저는 기도한 후 하나님의 침묵을 경험할 때 "죄의 진단 목록"을 훑어내려 가면서 기도합니다. 종종 하나님의 침묵은 죄의 문제 때문이기도 합니다. 제가 회개하지 않은 죄가 있으면 먼저 고백하고 정정합니다. 그리고 난 후에도 침묵이 계속되면 저는 제가 전에 알지 못하던 하나님과의 새로운 경험을 위해서 준비합니다. 어떤 경우, 하나님은 당신에게 그분에 대한 좀더 깊은 이해를 주시려고 준비하면서 침묵을 지키십니다. 언제든지 침묵이 닥치면 하나님이 당신에게 마지막으로 주신 말씀을 지키고, 하나님과의 신선한 만남을 주시며 기다리십시오.

하나님의 침묵에 대해 두 가지로 반응할 수 있습니다. 한 가지는 의기소침해지고 죄책감을 느끼고 버림받았다고 생각하는 것입니다. 다른 방법은 하나님이 당신에게 그분에 대한 더 깊은 이해를 가져다 주시기를 기대하는 것입니다. 이 두 가지 반응에는 마치 밤과 낮 같은 큰 차이가 있습니다.

저를 자유케 만든 것이 무엇인지 아십니까? 진리입니다. 그리고 진리는 제 인생에 깊이 관여하고 계신 한 인격체이십니다. 하나님이 제 인생에서 어떤 일을 하고 계신지 제가 이해했던 순간, 저는 하나님께로 제 인생을 조정했습니다. 저는 우울함과 죄책감을 갖게 하는 마음 자세를 던져 버렸습니다. 저는 제가 하나님께 소용이 없고 그분이 제 기도를 더이상 들어주시지 않는다는 느낌을 떨쳐 버렸습니다. 그 순간 하나님은 제가 어떻게 반응해야 그분을 더 깊이 알게 되는지 보여주기 시작하셨습니다.

### 요약

기도는 하루에 한 번, 혹은 하루에 세 번 식사 전에 해야 하는 어떤 종교 의식에 불과한 것이 아닙니다. 기도는 한 인격체와의 관계입니다. 온 우주의 주인이신 하나님과의 상호교제입니다. 당신이 기도할 때 우주의 중심인 하나님의 보좌 앞에 나아온 것입니다. 당신은 혼자 기도하는 것이 아닙니다. 예수님과 성령님이 중보기도를 해주십니다. 성령님은 당신이 무엇을 기도해야 할지, 어떻게 기도해야 할지를 알도록 도와주십니다. 그분은 하나님의 뜻을 좇도록 인도해 주십니다. 그분은 하나님이 무엇을 주기 원하시는지 혹은 하기 원하시는지를 이미 알고 계십니다. 그분의 임무는 당신이 그 방향으로 기도하도록 인도하는 것입니다.

성령님은 종종 성경 말씀을 사용하여 진리를 계시하십니다. 그러나 진리는 그저 어떤 개념이 아닙니다. 진리는 인격체이십니다. 성령님이 진리를 계시하시면 당신은 자신의 삶을 하나님께 조정하고 순종해야 합니다. 기도라는 관계성이 아마도 당신과 하나님의 사랑의 관계를 가장 잘 나타내 주는 척도일 것입니다. 기도생활이 침체되었다면 아마도 사랑의 관계가 냉담해졌을 것입니다.

 ## 오늘의 하나님을 경험하는 삶

하나님 아버지와 기도하는 시간을 가지십시오. 하나님 아버지의 뜻을 따라 당신의 기도를 지도해 달라고 성령님께 구함으로 시작하십시오. 앞으로 며칠 동안 기도 중에 성령님이 당신에게 어떤 지시를 주시는지 주목해서 살펴보십시오. 하나님의 사역에서 당신을 어떻게 인도하실지를 나타내 주실 것입니다.

이번 주에 또 한 번 하나님과 산책하는 기회를 가지면 좋을 것입니다. 하나님이 원하시고 당신이 갈망하는 하나님과의 친밀한 관계를 키우려면 그분과 시간을 함께 해야 합니다. 하나님과 산책할 때 어떤 계획을 머리에 짜고 나가지 마십시오. 예배와 찬양과 감사로 시간을 보내십시오. 성령님께 하나님의 뜻을 따라 기도할 수 있도록 당신을 인도해 달라고 기도하십시오.

# 14장 하나님은 환경을 통해서 말씀하신다

너는 마음을 다하여 여호와를 신뢰하고 네 명철을 의지하지 말라
너는 범사에 그를 인정하라그리하면 네 길을 지도하시리라
잠언 3:5-6

제가 세미나를 인도하고 있을 때면 종종 어떤 사람들은 제게 화가 나서 이렇게 말합니다. "당신이 뭐라든지 나는 이것을 경험했소."

저는 제가 알고 있는 한 최대로 부드럽게 반응합니다. "저는 당신의 체험을 무시하는 것이 아닙니다. 성경과 대치되기 때문에 당신이 자신의 체험을 해석하는 방법에 대해 문제를 제기하는 것입니다."

우리의 경험만으로는 우리의 지침이 될 수 없습니다. 모든 경험은 성경을 통해서 주장되어야 하고 이해되어야 합니다. 성경에 계시된 하나님은 변치 않으십니다. 인생을 통해서 당신의 경험이나 지혜를 바탕으로 반응하고 싶을 때가 있을 것입니다. 환경에만 기초해서 하나님의 뜻을 구하는 것은 우리를 잘못 인도할 위험이 있습니다. 이것이 당신의 지침이 되어야 합니다. 항상 성경으로 돌아가서 진리를 확인하라(혹은 성령님이 진리를 계시하시도록 하라).

성경을 공부할 때 하나님이 성경 전체를 통해 어떻게 일하시는 지를 살펴보십시오. 어떤 고립된 한 사건을 의지하지 마십시오. 하나님이 역사상

어떻게 행해오셨나를 배우면 당신의 삶에서도 유사하게 일하실 것을 기대할 수 있습니다. 성경으로 확인되었을 때만 당신의 경험은 유효합니다. 저는 절대로 어떤 사람이 개인적으로 경험한 것을 부인하지 않습니다. 그러나 저는 항상 저의 성경 이해를 바탕으로 그것을 해석합니다.

## 성경이 당신의 인도자이다

저는 우리가 무엇을 해야 하는지를 알려주는 인도자로서 성경을 사용합니다. 어떤 사람들은 제게 이렇게 얘기합니다. "헨리, 그것은 실용적이지가 못해요." 그들은 저를 성경으로부터 멀어지게 하고는 세상의 방법이나 개인의 경험에 의지하게 만듭니다. 그리스도의 제자로서 저는 성경에서 찾는 지침들을 무시할 수 없습니다. 성경은 저의 신앙과 생활의 지침입니다.

어떻게 하면 하나님의 말씀을 당신의 인도자로 삼을 수 있습니까? 하나님의 인도를 구할 때 저는 항상 성경에서 보는 지시를 따를 것을 고집합니다. 성령님은 성경, 기도 그리고 환경을 사용하셔서 우리에게 말씀하시거나 하나님 아버지의 뜻을 보여주십니다.

## 예수님은 아버지의 활동을 주시해서 보았다

예수님은 아버지의 활동을 주시해서 보고 자신의 인생과 매일의 삶을 향한 하나님의 뜻을 알았습니다. 예수님은 이 과정을 요한복음 5:17, 19-20에서 설명하셨습니다. "내 아버지께서 이제까지 일하시니 나도 일한다…내가 진실로 진실로 너희에게 이르노니 아들이 아버지께서 하시는 일을 보지 않고는 아무것도 스스로 할 수 없나니 아버지께서 행하시는 그것을 아들도 그와 같이 행하느니라 아버지께서 아들을 사랑하사 자기의 행하시는 것을 다 아들에게 보이시고…"(요 5:17, 19-20).

예수님은 하나님 아버지를 위해서 어떤 일을 하실 때 자신이 주도권을 잡지 않는다고 하셨습니다(요 5:19). 오직 아버지만이 주도권을 잡으실 권리가 있으십니다. 하나님 아버지께서는 예수님이 지상에 오실 때까지 일하셨으며 또 일하고 계셨습니다(요 5:17). 아버지는 아들에게 자신이 하고 계신 일을 알게 하셨습니다(요 5:20). 아들이 아버지의 활동을 보았을 때, 그것은 아들로 하여금 동참하라는 아버지의 초청이었습니다. 하나님은 환경을 사용하셔서 예수님이 무엇을 해야 하는지를 보여주셨습니다. 환경은 하나님 아버지가 하시는 일을 보는 하나의 방법입니다. 어떤 일들은 오직 하나님만이 하실 수 있습니다.

예수님은 항상 하나님이 역사하고 계신 곳을 찾으셨고 하나님께 동참하셨습니다. 아버지 하나님은 예수님을 사랑하셨고 그분에게 자신이 하고 계신 것을 다 보이셨습니다. 예수님은 무엇을 할까 추측하실 필요가 없었습니다. 예수님은 아버지를 위해서 무엇을 할까 상상하실 필요가 없었습니다. 예수님은 하나님이 그의 주위에서 무엇을 하시는지 주목하여 보고, 자신의 삶을 거기에다 올려놓으셨습니다. 그러면 하나님이 예수님을 통해서 자신의 목적을 이루실 수 있었습니다.

이것이 바로 예수님이 우리 삶의 주인임을 인정하고 우리가 행하여야 할 예수님의 바람입니다. 우리는 그분이 하시는 일을 보고 우리 인생과 계획과 목표를 그분에게로 조정합니다. 우리는 우리의 인생을 그분의 발 앞에 – 그가 일하고 계신 곳에 – 두어야 합니다. 그렇게 하면 그분이 우리를 통해 자신의 목적을 성취하십니다.

예수님의 예는 하나님이 환경을 통해서 말씀하신 긍정적인 예입니다. 많은 경우 환경은 "나쁘게" 보입니다. 당신은 이런 나쁘게 보이는 환경에 처해서 "왜 이런 일이 제게 일어나고 있습니까?"라고 하나님께 묻고 싶을지 모릅니다. 그러나 당신은 혼자가 아닙니다.

## 하나님의 관점이 필수이다

욥은 위와 같은 나쁘게 보이는 경험을 가졌습니다. 그는 그의 온 재산을 빼앗겼을 때, 자녀들을 잃었을 때, 그의 온몸에 악창이 났을 때, 무슨 일이 일어나고 있는지 이해하지 못했습니다(욥 1-2장). 그는 그의 환경을 이해하기 위해서 안간힘을 썼습니다. 그는 하나님의 관점에서 무슨 일이 일어나고 있는지 알지 못했습니다(욥 1:6-12; 2:1-7). 또한 욥기 마지막 장에서 볼 수 있는 하나님이 그의 재산과 자녀와 건강을 되돌려 주시는 것을 알지 못했습니다(욥 42:12-17).

욥의 친구들은 자신들이 하나님의 관점을 가지고 있다고 생각하고 욥에게 죄를 고백하라고 충고했습니다. 욥은 그의 삶에서 고백해야 할 불의한 일을 찾지 못했습니다. 당신이 욥기 마지막 장을 알지 못했고 하나님의 관점을 알지 못했다면, 당신은 누구 편을 들겠습니까? 하나님의 편입니까, 욥의 편입니까? 아마도 당신은 욥의 편을 들고 하나님께 무슨 일이 일어나고 있는 것인지, 왜 하나님은 이런 일을 허락하는 것인지 물을 것입니다. 당신은 하나님이 욥을 가혹하게 대하셨다고 생각할 것입니다.

어렵고 혼동이 되는 환경에 부딪히면 그것에 의해서 위축됩니다. 환경에 푹 빠져서 하나님을 바라보면 항상 하나님에 대한 비뚤어진 이해를 갖게 됩니다.

예를 들면, 당신은 이렇게 얘기할 수 있습니다. "하나님은 나를 사랑하지 않으셔." "하나님은 공평하지 않으셔." 두 개의 서술은 모두 하나님에 대해서 잘못 설명한 것입니다. 당신은 비극적이고 혼동스런 환경에 푹 빠져서 기도를 하는 중에 하나님을 원망한 적이 있습니까? 아마도 당신은 하나님의 사랑과 지혜에 대해서 의문을 제기했을 것입니다. 당신은 어쩌면 하나님이 틀린 것이라고 얘기하기는 두렵지만 "하나님, 제게 이 일이 옳다고 믿게 하셨으니 하나님이 저를 속이신 것입니다. 왜 저를 저지하지 않으셨어요?"라고 은연중에 말할 것입니다. 힘든 환경에 푹 빠져서 하나님을 바라보면 잘못된 결론에 다다를 수가 있습니다.

어떻게 해야 합니까? 우선 하나님께로 나아가서 당신의 환경을 하나님의 관점에서 보게 해달라고 기도하십시오. 그리고 하나님의 마음을 가지고 당신의 환경을 되돌아보십시오. 당신이 어렵거나 혼동되는 환경에 처했을 때, 성령님은 하나님의 말씀을 가지고 당신의 환경을 하나님의 관점에서 이해하도록 도와주실 것입니다. 그분이 당신이 처한 환경의 진실을 계시해 주실 것입니다. 그러면 당신은 자신과 자신의 생각을 하나님의 관점으로 조정할 수 있습니다.

### 캐리의 암

저는 저희 딸 캐리가 암과 맞서 투병한 일을 이미 얘기한 바 있습니다. 그것은 저희 가족 모두에게 어려운 환경이었습니다. 의사들은 저희더러 딸에게 여섯 달 내지 여덟 달간의 화학요법과 방사선치료를 할 터이니 준비를 단단히 하라고 했습니다. 저희는 하나님이 저희를 사랑하심을 알았기 때문에 이렇게 기도했습니다. "하나님, 저희 자신을 조정해야 하는 이 경험을 통해서 주님이 이루고자 하시는 것은 무엇입니까?"

기도 중에 하나님께서 성경구절의 한 약속의 말씀을 주셨다는 것을 믿게 되었습니다. 저희는 이 약속을 받은 것 외에도 이 성경의 약속을 인용한 편지를 받았고 전화를 받았습니다. 그들 또한 이 구절이 저희 환경에 주신 하나님의 말씀임을 감지했습니다. 그 성경구절은 이렇습니다. "예수께서 들으시고 이르시되 이 병은 죽을 병이 아니라 하나님의 영광을 위함이요 하나님의 아들이 이로 말미암아 영광을 받게 하려 함이라 하시더라" (요 11:4).

성경과 기도와 다른 성도들의 간증이 결국 같은 결론으로 요약되는 것을 보면서 저희는 하나님께서 말씀하고 계신다는 믿음이 점점 강해졌습니다. 저희는 저희의 인생을 이 진리에 조정하고, 하나님께서 이 환경을 어떻게 그분의 영광을 위해 쓰시는가를 주목해서 보기 시작했습니다.

이 기간 동안 캐나다, 유럽 그리고 미국 등지에서 많은 사람들이 캐리를 위해서 기도해 주었습니다. 개인적으로, 대학생 그룹에서, 교회에서 저희를 위해 기도하고 있다고 알려주려고 전화를 했습니다. 그들과 이야기하면서 한 가지 공통점이 떠올랐습니다. 그들은 주로 다음과 같은 얘기를 했습니다.

"우리의 기도생활(기도사역)은 참으로 메마르고 차가워졌었습니다. 우리는 특별한 기도응답을 받은 지가 꽤 오래되었답니다. 그러나 우리가 캐리의 소식을 들었을 때는 당장 우리 기도제목에 그것을 넣었답니다."

3개월간의 치료 후에 의사들은 좀더 많은 테스트를 해보았습니다. 그들은 "이거 이해할 수가 없는데요. 모든 테스트 결과가 음성이군요. 우리는 암의 아무런 흔적도 발견할 수 없습니다." 저는 당장 캐리를 위해서 기도해 주던 분들에게 이 기도응답을 알렸습니다. 전화를 하는 족족 사람들은 이 기도의 응답은 하나님이 자신들의 기도생활을 완전히 새롭게 하시는 데 사용하신 것이라고 말했습니다. 교회의 기도사역도 활성화되었습니다. 학생 기도 그룹들도 새 생명을 찾았습니다.

### 하나님의 영광을 위하여

그때 저는 하나님이 이 역경을 통해 무엇을 하고자 하셨는지 깨닫기 시작했습니다. 이 경험을 통해서 하나님은 그분의 사람들로부터 영광을 받으셨습니다. 수많은 사람들이 기도의 필요성을 새롭게 느끼게 되었습니다. 그들은 개인적으로 진리의 임재를, 인격체이신 진리를 새롭게 경험하기 시작했습니다. 이때 캐리의 가장 친한 친구들이 뜨겁게 기도하기 시작했습니다. 심지어 어떤 학생들은 하나님이 캐리를 통해 하신 일을 보고 주님을 알게 되었습니다. 하나님은 이 병을 통해서 진실로 영광을 받으셨습니다.

무슨 일이 일어났습니까? 저희는 괴로운 상황에 부딪혔습니다. 저희는 그 환경에 푹 빠져서 하나님께 등을 돌리고 하나님을 그릇 이해할 수도 있었을 것입니다. 그러나 저희는 하나님께로 나아갔습니다. 저희는 그분의 관점을 찾았습니다.

성령님께서 하나님의 말씀을 가지고 하나님의 관점에서 본 그 환경의 결과를 저희에게 보여주셨습니다. 저희는 하나님을 믿고 저희의 인생을 하나님과 하나님이 하고 계신 일로 조정했습니다. 그리고 나서 저희는 하나님의 목적이 이루어짐으로써 하나님이 영광을 받으시는 길을 찾으면서 역경을 이겨 나갔습니다. 그래서 기도응답이 왔을 때, 저는 저의 할 일이 하나님의 사람들에게 "주님의 놀라운 역사를 선포하는 것"임을 알았습니다. 이 과정을 통해서 하나님은 저희의 상황에 대한 하나님의 관점을 보여주심으로써 하나님의 자비로우심을 새로이 깨닫게 해주셨습니다.

환경이 어렵거나 혼동될 때, 어떻게 대응해야 하는지 간추려 보겠습니다.
- 하나님이 십자가에서 이미 그분의 절대적인 사랑을 영원히 표현하셨음을 마음에 새긴다. 그 사랑은 절대 변치 않는다.
- 환경에 푹 빠져있는 채로 하나님이 어떤 분이신가를 이해하려고 노력하지 않

는다.
- 하나님께로 나아가서 환경을 하나님의 관점에서 보게 해달라고 기도한다.
- 성령님의 인도하심을 기다린다. 그분은 하나님의 말씀을 가지고 환경을 이해할 수 있게 도와주신다.
- 인생의 초점을 하나님께로 맞춘다. 환경을 통해서 하나님이 하고 계시다고 생각되는 일에 초점을 맞춘다.
- 하나님이 하라고 말씀하시는 모든 일을 한다.
- 하나님이 인생에서, 인생을 통해서 그분의 목적을 이루시는 것을 경험한다.

하나님이 주권자이심을 명심해야 합니다. 당신은 욥의 경우처럼, 하나님이 무엇을 하시는지 밝히지 않으시는 경우에 처하게 될 것입니다. 그럴 때마다 하나님의 사랑과 주권을 인정하고 그분의 끝없는 은혜로 환경을 투시하십시오.

## 환경 속의 진리

당신은 하나님께로부터 들을 때까지, 당신이 처한 환경 속의 진리를 알 수 없습니다. 출애굽기 5-6장에서, 모세는 하나님께 들은 대로 바로에게 이스라엘을 놓아 달라고 했습니다. 바로는 그것을 거부하고 이스라엘 민족을 더욱 학대했습니다. 이스라엘 사람들은 이런 큰 고통을 가져온 모세를 비난했습니다. 당신이 모세의 입장이었다면 어떻게 했겠습니까?

대부분 하나님의 뜻을 잘못 이해했다고 인간적으로 판단하는 경향이 있습니다. 혹은 당신의 선의를 악의로 갚은 이스라엘 민족에게 화가 나거나 하나님에 대해 화가 났을 수 있습니다.

모세의 이야기는 저에게 위로가 됩니다. 그는 하나님을 원망하고 그분이 약속하신 것을 지키지 않았다고 불평했습니다. 우리도 아마 이렇게 반응했을 것입니다. 모세는 "주여 어찌하여 이 백성이 학대를 당하게 하셨나이까 어찌하여 나를 보내셨나이까 내가 바로에게 들어가서 주의 이름으로 말한 후로부터 그가 이 백성을 더 학대하며 주께서도 주의 백성을 구원하지 아니하시나이다"(출 5:22-23)라고 말합니다. 그는 실망하여 포기할 태세에 있었습니다(출 6:12).

저는 하나님이 우리에게도 인내해 주시는 것 때문에 얼마나 기쁜지 모릅니다! 하나님은 시간을 들여서 모세에게 하나님의 관점을 설명해 주셨습니다. 하나님은 사람들에게 하나님의 강하신 구원의 손길을 보여주시기 위해 바로가 완강히 버티기를 원하신다고 했습니다. 하나님은 사람들이 "스스로 계신 자"이신 그분을 경험으로 알게 되기를 원하셨습니다.

모세의 경험을 보고 배우십시오. 혼동스러운 환경에 처해도 하나님을 원망할 생각은 마십시오. 그분을 따르는 일을 무조건 포기하지 마십시오. 하나님께 나아가십시오. 하나님께 당신이 처한 환경 속의 진리를 보여달라고 기도하십시오. 그분의 관점을 보여달라고 부탁하십시오. 그리고는 주님의 역사를 기다리십시오.

당신의 인생이 전적으로 하나님 중심이 되는 것이 필요합니다. 당신이 해야 할 가장 어려운 일은 자기를 부인하고, 하나님의 뜻을 택하며, 그분을 따르는 것입니다. 하나님과의 관계에서 가장 어려운 것은 하나님 중심이 되는 것입니다. 만약 당신이 온종일을 어떻게 살았는가 기록한다면, 그 날의 당신의 기도와 마음 자세와 생각과 모든 것이 자기 중심적인 것을 발견할 것입니다. 당신은 사물을 하나님의 관점에서 보고 있지 않을지도 모릅니다. 당신은 하나님께 당신의 관점이 무엇인지 설명하려고 노력하고 있을지도 모릅니다. 하나님이 당신 인생의 주인이 되실 때, 오직 그분만이 다음의 권리를 가지고 계십니다.
- · 당신 삶의 초점
- · 당신 삶의 주도자
- · 당신 삶의 지도자

이것이 "하나님이 주인 되신다"의 의미입니다.

### 진리로부터 듣는 것

성령님은 말씀하실 때 진리를 계시하십니다. 그분은 당신에게 어떤 인격체에 대해 말씀하실 것입니다. 그분은 예수님에 관해서 말씀하실 것입니다. 진리는 인격체이십니다! "내가…진리요"(요 14:6).

풍랑 속의 진리. 제자들이 배를 타고 가다가 풍랑을 만났습니다. 예수님은 배 뒤에서 잠들어 계셨습니다. 만일 당신이 그들에게 가서 "당신이 처한 환경 속의 진리가 무엇입니까?" 하고 묻는다면 그들이 무어라고 답했겠습니까? 그들은 "우리는 죽었다"고 했을 것입니다. 그것이 진리였습니까? 아니지요. 진리는 배 뒤에서 잠이 들어 계셨습니다. 진리는 한 인격체인 것입니다. 조금 후에 진리 자신이 일어나서 풍랑을 잠잠하게 하실 것이었습니다. 그제야 그들은 그들이 처한 환경 속의 진리를 깨달았습니다. 진리는 당신의 삶 속에 항상 임재해 계시는 인격체이십니다. 하나님께로부터 듣기 전까지, 당신은 당신이 처한 환경 속의 진리를 알 수 없습니다. 그분이 진리입니다! 그리고 그 진리가 당신의 삶 속에 임재하셔서 적극적으로 활동하고 계십니다!

장례식장에서의 진리. 다음의 상황에서 진리가 어떤 변화를 가져왔는지 살펴봅시다.

그 후에 예수께서 나인이란 성으로 가실새 제자와 많은 무리가 동행하더니 성문에 가까이 이르실 때에 사람들이 한 죽은 자를 메고 나오니 이는 한 어머니의 독자요 그의 어머니는 과부라 그 성의 많은 사람도 그와 함께 나오거늘 주께서 과부를 보시고 불쌍히 여기사 울지 말라 하시고 가까이 가서 그 관에 손을 대시니 멘 자들이 서는지라 예수께서 이르시되 청년아 내가 네게 말하노니 일어나라 하시매 죽었던 자가 일어나 앉고 말도 하거늘 예수께서 그를 어머니에게 주시니 모든 사람이 두려워하며 하나님께 영광을 돌려 이르되 큰 선지자가 우리 가운데 일어나셨다 하고 또 하나님께서 자기 백성을 돌보셨다 하더라 예수께 대한 이 소문이 온 유대와 사방에 두루 퍼지니라(눅 7:11-17).

당신이 아들의 장례식에 참여하고 있는 과부에게 "당신이 처한 환경 속의 진리가 무엇입니까?" 물으면 그녀는 이렇게 대답했을지 모릅니다. "제 남편은 젊은 나이에 죽었어요. 저에게는 외아들이 있었는데 그 애와 행복한 나날들을 함께 보내리라고 생각했었지요. 그 애가 나를 돌봐주고 서로 교제하면서…이젠 우리 아들이 죽었으니 저는 여생을 홀로 보내야 합니다." 이것이 진리였습니까?

아니었지요. 진리는 그곳에 서 계셨습니다! 그분이 손을 펴서 과부의 아들을 다시 살려주셨을 때 모든 것이 바뀌었습니다. 예수님께로부터 듣기 전까지, 어떤 상황 속의 진리도 결코 알 수 없습니다.

예수님께서 무리에게 자신을 계시하셨을 때 "모든 사람이 두려워하며 하나님께 영광을" 돌렸습니다. "큰 선지자가 우리 가운데 일어나셨다"고 그들은 외쳤습니다. "하나님께서 자기 백성을 돌보신" 것입니다. 예수님에 대한 이 소문이 온 유대와 사방에 두루 퍼졌습니다(눅 7:16-17). 절대로 어떤 상황 속의 진리를 그 환경을 보고 판단하지 마십시오. 예수님께로부터 듣기 전까지는 절대로 당신의 상황을 판단하지 마십시오. 그분이 모든 상황에서 진리이십니다!

배고픈 자들의 진리. 요한복음 6:1-15에 보면 예수님은 5천 명의 배고픈 사람들에게 둘러싸여 계십니다. 예수님은 그들을 먹이고자 하셨습니다. 예수님은 빌립을 시험하려고 어디서 떡을 살 수 있는지 물으십니다. 제자들에게 그들이 처한 환경 속의 진리가 무어냐고 물으면 그들은 아마 "안됩니다, 주님. 지금의 상황은 불가능입니다"라고 대답했을 것입니다. 그것이 진리입니까? 우리는 이미 나머지 이야기를 알고 있습니다. 우리도 우리의 인생에서 이적을 베푸신 하나님을 의지하는 것이 좋지 않을까요? 진리는 친히 5천 명과 그들의 가족들을 다 먹이고 열두 광주리를 남기셨습니다!

저는 하나님이 빌립의 믿음을 시험하신 것처럼 우리의 믿음을 시험하실지 궁금합니다. 그분이 "이 무리를 먹이라"고 말씀하실 때 우리 교회가 "우리 예산은 그것을 감당치 못하겠는데요"라고 대답할 수 있습니다. 진리는 교회의 머리로서 교회 가운데서 외칩니다. "나를 믿으라. 나는 너희에게 내 능력으로 이루어지지 못할 명령은 하지 않는다. 나를 의지하고 순종하라. 그러면 이루어진다."

### 예, 주님

나쁜 것을 선택할 것인지 혹은 좋은 것을 선택할 것인지 고민하는 것은 쉽습니다. 좋은 것을 택할 것이냐 아니면 최선을 택할 것이냐가 가장 힘든 결정입니다. 종종 다 좋아 보이는 여러 개의 가능성을 놓고 고민해야 할지도 모릅니다. 그럴 때 다음과 같은 자세로 시작해야 합니다. "주여, 제가 당신의 뜻이라고 알고 있는 것은 무엇이든지 하겠습니다. 어떤 값을 치르더라도 큰 조정을 해서라도, 제가 제 마음을 아는 한 저는 당신을 따르는 일을 먼저하기로 서약합니다. 주님, 그것이 어떻게 보이든지 저는 하고야 말겠습니다!"

하나님의 뜻을 찾기 전에 이 기도를 먼저 해야 합니다. 그렇지 않으면 당신에게는 "주의 뜻이 이루어지이다"라는 의도는 없는 것입니다. 당신은 "주의 뜻이 나의 뜻과 상반되지 않는 한 주님의 뜻이 이루어지이다"라고 말하는 것입니다. 그리스도인에게 있어서 함께 쓰일 수 없는 두 단어가 있습니다. 그것은 "안돼요, 주님"입니다. 당신이 그분에게 "안돼요"라고 말하면, 그분은 당신의 "주님"이 아닙니다. 그분이 진정으로 당신의 주님이라면 당신의 대답은 항상 "예"이어야 합니다. 어떤 결정을 내릴 때는 항상 여기서부터 시작하십시오. "당신이 무엇을 원하시든지 저는 하겠습니다"라고 솔직하게 말할 수 있을 때까지는 아무 일도 시작하지 마십시오.

### 영적인 만남의 물질적인 표징들

이스라엘 민족이 요단강을 건너 약속의 땅으로 들어갔을 때, 하나님은 여호수아에게 다음과 같은 지시를 내리셨습니다. "백성의 각 지파에 한 사람씩 열두 사람을 택하고 그들에게 명령하여 이르기를 요단 가운데 제사장들의 발이 굳게 선 그곳에서 돌 열둘을 택하여 그것을 가져다가 오늘 밤 너희가 유숙할 그곳에 두게 하라"(수 4:2-3).

그 돌들은 이스라엘 민족에게 상징의 역할을 할 것이었습니다. 여호수아는 이렇게 설명해 주었습니다. "이것이 너희 중에 표징이 되리라 후일에 너희의 자손들이 물어 이르되 이 돌들은 무슨 뜻이뇨 하거든 그들에게 이르기를 요단 물이 여호와의 언약궤 앞에서 끊어졌나니 곧 언약궤가 요단을 건널 때에 요단 물이 끊어졌으므로 이 돌들이 이스라엘 자손에게 영원히 기념이 되리라 하라"(수 4:6-7).

그 돌들은 하나님이 그분의 사람들을 위해 행하신 놀라운 일을 기억하게 하는 것들이었습니다. 다른 여러 경우에도 사람들은 하나님과의 뜻 깊은 만남을 기념하기 위해서 단을 쌓거나 돌을 세웠습니다(노아 - 창 6-8장, 아브람 - 창 12:1-8; 13:1-18, 이삭 - 창 26:17-25, 야곱 - 창 28:10-22; 35:1-7, 모세 - 출 17:8-16; 24:1-11, 여호수아 - 수 3:5-4:9, 기드온 - 삿 6:11-24, 사무엘 - 삼상 7:1-13).

구약성경에 등장하는 인물들은 종종 그들의 하나님과의 만남을 기념하기 위해 돌로 기념비를 세우거나 단을 쌓았습니다. 벧엘(하나님의 집)이나 르호봇(방)과 같은 장소들은 하나님의 사람들 사이에서 하나님의 위대한 역사를 기념하게 되었습니다. 모세는 한 단을 세우고 그것을 "여호와 닛시"(하나님은 나의 깃발)라고 이름했고, 사무엘은 "여호와께서 여기까지 우리를 도우셨다"고 하면서 한 돌을 취해 그것을 "에벤에셀"이라고 이름했습니다(삼상 7:12). 이 단과 돌들은 하나님과의 위대한 영적인 만남의 표징이 되었습니다. 그것들은 그들의 자손들에게 하나님이 어떻게 하나님의 사람들을 위해서 역사하셨는지 가르쳐 주는 좋은 기회가 되었습니다.

## 영적 명세서

제 삶에서 '영적인 표징'을 알아보는 것이 도움이 되었습니다. 매번 제 인생에 대한 하나님의 부르심과 지시를 대할 그 시점에서 저는 마음속으로 영적 표징을 하나씩 세웁니다. 그러한 영적인 표징들을 보고서 저는 언제 결단해야 하고, 어느 순간에 돌이켜야 하며, 어느 방향으로 가야 하나님께서 지시하시는 곳으로 가는 것인지 알 수 있습니다. 저는 오랜 시간에 걸쳐 쌓인 이 영적인 표징들을 돌아보면서 하나님께서 얼마나 신실하게 그분의 거룩하신 목적에 따라 제 인생과 사역을 인도해 오셨는지 볼 수 있습니다.

저는 하나님을 섬길 수 있는 여러 가지 선택사항을 놓고 고민할 때가 있습니다. 저는 이 중에서 어떤 것이 하나님이 원하시는 것인지 구분해야 합니다. 하나님이 인도하시는 방향을 알고자 할 때 저는 저의 영적인 표징들을 뒤돌아봅니다. 이것이 저의 과거와 현재에 대한 하나님의 관점을 알도록 도와줍니다. 그런 후 저는 제가 가진 선택사항을 살펴봅니다. 저는 그 중에서 어떤 것이 하나님이 지금까지 제 인생에서 하고 계시던 일과 가장 일관성이 있는지 살펴봅니다. 대부분의 경우 선택사항 중의 하나가 일관성을 갖고 있을 것입니다. 만일 아무것도 일관성 있어 보이지 않으면 저는 계속 기도하면서 주님의 인도하심을 기다립니다. 환경이 하나님이 말씀하시는 것과 일직선상에 있지 않으면 저는 아직 때가 되지 않았다고 간주합니다. 그리고 저는 하나님이 자신의 때를 계시하시기를 기다립니다.

제가 남침례교단으로부터 국내선교부의 기도와 영적 각성을 강조해 줄 지도자로 와 줄 것을 부탁받았을 때, 저는 그때까지 제 일생에 그런 엄청난 직책을 맡아본 일이 없었습니다. 오직 하나님만이 그것이 하나님의 거룩하신 목적의 일부인지 아닌지를 계시하실 수 있었습니다. 저는 이 결정을 하나님의 관점에서 보기 위해 저의 영적 표징들을 다시 생각해 내었습니다.

제 가족의 전통은 스펄전 목사님이 영국을 예수님께로 돌이키려고 하던 그때, 스펄전 칼리지를 다니고 있던 몇 명의 조상들에게로 거슬러 올라갈 수 있습니다. 저는 복음적으로 예수님을 전하는 증인들이 하나도 없는 캐나다의 한 고장에서 자라났습니다. 제 아버지는 평신도 사역자로서 그 고장에 개척교회를 세우는 것을 돕고 계셨습니다.

제가 십대 소년이었을 때, 캐나다의 복음주의 교회가 없는 지역에 대한 큰 부담을 느끼기 시작했습니다. 1958년, 제가 신학교에 다니고 있을 때, 하나님께서는 큰 성령의 역사를 온 나라에 일으키기 원하시며 캐나다를 사랑하고 계심을 저에게 확신시켜 주셨습니다. 제가 새스커툰에 있는 교회의 담임목사로 가라는 하나님의 부르심을 받아들였을 때, 하나님은 그곳에서의 영적 각성의 가능성을 보여주심으로써 저를 그곳으로 부르셨다는 사실을 확인시켜 주셨습니다. 그곳에서 시작된 영적 각성은 1970년대 초반, 온 캐나다를 일깨웠습니다.

1988년, 국내선교부의 밥 햄블린 씨가 저에게 전화를 했습니다. "헨리, 우리는 비어있는 자리를 영적 각성을 일으킬 사람으로 채우기를 오랫동안 기도해 왔어요. 우리는 2년이 넘게 이 자리를 메울 사람을 찾아왔습니다. 당신이 오셔서 남침례교단의 영적 각성부를 인도해 주시겠습니까? 한 번 깊이 생각해 보시지요."

제 인생에 있어서 하나님의 역사(영적 표징들)를 돌이켜 본 결과, 영적 각성을 강조하는 것이 제 목회 전반에 있어서 중요한 요소였음을 알게 되었습니다. 저는 햄블린 씨에게 말했습니다. "영적 각성을 제외한다면 세상의 어떤 것을 준다 해도 제가 캐나다를 떠나는 일은 기도해 볼 여지도 없는 일이었습니다. 영적 각성은 제 인생 전반에 걸쳐 계속 있어온 깊은 흐름입니다. 그것은 저의 십대 후반 이후로, 그리고 특별히 1958년 이후부터 더욱 뚜렷이 흐르고 있는 영적 전류입니다." 많은 기도와 말씀 속에서의 확신, 그리고 다른 성도들로부터 오는 확신을 거쳐서 저는 국내선교부로 갈 것을 결정했습니다. 하나님은 저를 바꾸지 않으셨습니다. 하나님은 자신이 제 인생의 여정을 통해서 계속 해오시던 어떤 일에 초점을 맞춰주신 것입니다.

## 요약

하나님은 환경을 통해서 예수님이 무엇을 해야 하는지를 보여주셨습니다. 예수님은 환경을 보시고 하나님이 역사하시는 어느 곳에 동참하기를 원하시는지를 알았습니다. 하나님은 당신에게도 그분이 인도하시는 방향을 가르쳐 주시기 위해 환경을 사용하실 수 있습니다. 그러나 하나님이 성경과 기도를 통해서 무엇을 말씀하시는가에 비추어 이것을 평가해야 합니다. 영적인 표징들을 살펴보는 것도 환경을 통해 지시를 주시는 것을 알 수 있는 방법 중의 하나입니다. 하나님이 믿음의 발을 한 걸음 내딛게 하시는 것은 지금까지 그분이 이미 당신의 삶에서 하고 계시던 역사의 연장선상에 있을 것입니다.

어떤 때는 혼동스럽거나 어려운 상황에 처할 수 있습니다. 나쁘거나 어려운 환경을 이해하기 위해서는 하나님의 관점을 갖는 것이 중요합니다. 절대로 환경을 보고 상황에서의 진리를 판단하지 마십시오. 하나님께 듣기 전까지는 그 환경 가운데의 진리가 무엇인지 결코 알 수 없습니다.

## 오늘의 하나님을 경험하는 삶

기도하면서 하나님과 시간을 보내십시오. 당신 자신의 영적인 표징들을 분별하고, 이해할 수 있게 해달라고 기도하십시오. 당신의 배경이나 구원의 경험, 미래에 대한 중대한 결정을 내렸을 때 등등을 시점으로 할 수 있습니다. 어떤 변화나 결단 혹은 진로를 결정할 때 하나님이 인도하셨던 확실한 경험이 있습니까? 영적 표징의 목록을 작성하기 시작해 보십시오. 완벽한 목록일 필요는 없습니다. 묵상과 기도를 통해서 당신의 인생에서 하나님이 역사하신 흔적을 더 찾는 대로 목록에 첨부하셔도 됩니다.

# 15장 하나님은 교회를 통해서 말씀하신다

> 오직 사랑 안에서 참된 것을 하여 범사에 그에게까지 자랄지라
> 그는 머리니 곧 그리스도라 그에게서 온 몸이 각 마디를 통하여
> 도움을 받음으로 연결되고 결합되어 각 지체의 분량대로 역사하여
> 그 몸을 자라게 하며 사랑 안에서 스스로 세우느니라
> 에베소서 4:15-16

저는 밴쿠버의 어떤 작은 교회에서 임시 담임목회자로 봉사했습니다. 제가 그 교회로 가기 일주일 전에 라오스에서 망명한 한 가족이 그 교회에 등록했습니다. 저는 하나님이 절대로 우연히 어떤 사람들을 교회에 더해 주시지 않는다는 것을 알고 있었습니다. 교회에 더해진 사람들은 누구나 제 사역의 대상입니다. 목사로서 저의 책임은 그들을 하나님이 교회에 더해 주실 때 그분이 무엇을 하고 계셨는지 알아보는 것이었습니다. 저는 하나님이 우리 교회를 통해서 그들의 인생에 어떤 일을 하고 싶어하시는지 알아볼 필요가 있었습니다. 또한 하나님이 그들을 통해서 우리 교회에 어떤 일을 하고 싶어하시는지 알아볼 필요가 있었습니다. 저와 다른 사람들은 그 라오스인들의 삶을 통해서 하나님의 역사를 목격할 기회를 갖게 되었습니다. 우리는 함께 기도하고 나누면서 가장인 토마스가 하나님이 그

의 인생을 향해 가지고 계신 계획을 이해하도록 도왔습니다.

토마스는 태국의 난민수용소에서 구원받았습니다. 그의 삶이 너무나도 영광스럽게 변화되었기에, 토마스는 모든 라오스 사람들이 예수님을 알게 되기를 원했습니다. 그는 라오스인 형제들을 찾아서 예수님께로 인도하려고 온 동네를 돌아다녔습니다. 토마스가 전도를 시작한 첫주에 그는 15명의 어른을 주님께로 인도했습니다. 그 다음 주에는 11명을 주님께 인도했는데, 그는 자신이 주님께 너무나 충성스럽지 못하다고 느껴 슬피 울었습니다.

다음 성도총회에서 저는 이렇게 말했습니다. "우리는 라오스인을 위한 지교회를 시작해야 함을 느낍니다." 저는 하나님이 하고 계시다고 생각되는 모든 것을 이야기했습니다. "하나님이 그 사람들을 주님께로 인도하고 계시다고 믿습니다. 그러므로 우리는 라오스인 지교회를 시작할 수 있습니다." 그리고 나서 저는 우리가 어떤 반응을 보이기를 하나님이 원하시는지, 교회에서 느끼는 바대로 결정하라고 말했습니다. 그들은 투표를 통해서 라오스인 지교회 설립에 동의했습니다.

"우리는 토마스를 지교회 담임목사님으로 모셔야 할 것입니다"라고 제가 제안했습니다. 저는 하나님이 토마스의 생애에 어떻게 역사하고 계신지 성도들에게 말해 주었습니다. 하나님은 그에게 목자의 마음을 주셨습니다. 그는 복음 전도에 대한 부담을 가지고 있었습니다. 그는 바로 얼마 전에 하나님이 그를 통해서 하시고자 하는 일이면 무슨 일이든지 하기 위해서, 그 지역의 침례교 신학대학에 훈련을 받으려고 입학했습니다. 성도들은 토마스를 새 지교회의 목사로 초빙하기로 결정했고 토마스도 동의했습니다.

두 달 후, 토마스는 세인트 루이스에서 열리는 한 소수민족 목사들의 모임에 초청받았습니다. 토마스는 그가 가도 되는지 물었습니다. 저는 "물론입니다"라고 했습니다.

그러자 그가 물었습니다. "제 친구들을 몇 명 데려가도 될까요?" 저는 그가 친구 18명을 데려가고 싶다고 말할 때까지 그것이 무엇을 의미하는지 알지 못했습니다. 그때 그가 이렇게 말했습니다. "블랙가비 목사님, 제가 캐나다의 모든 주요 도시들을 거쳐서 돌아와도 괜찮겠습니까? 제 형제들이 그 모든 도시에 흩어져 살고 있어요. 제가 그들에게 가서 그들을 주님께로 인도하기를 하나님은 원하십니다. 만일 하나님이 도우신다면, 제가 그들을 위한 목사님을 찾게 될 것입니다." 그때 저는 하나님이 무언가 특별한 일을 하고 계심을 깨달았습니다.

"오, 토마스, 제발 가십시오!" 그는 갔습니다. 얼마 후, 그 해 크리스마스 때, 캐나다 전역에 살고 있던 라오스인들이 예수님 안에서 찾은 새 생명을 경축했습니다.

얼마의 시간이 지난 후, 저는 밴쿠버교회를 방문차 들렀습니다. 저는 토마스에 관해서 물었습니다. 라오스 정부에서는 교회를 시작해도 좋다는 허가를 내렸습니다. 토마스는 라오스로 돌아가서 복음을 전했고, 그의 동포 교우들 133명이 주님을 알게 되었습니다. 그는 또한 네 개의 지교회를 세웠습니다. 그는 라오스인 전부가 주님을 알게 되기 바라는 마음을 가지고 밴쿠버교회와 라오스의 교회들을 연결시켰습니다.

처음에 우리가 본 것은 일개의 라오스 난민이었습니다. 하나님은 무엇을 보셨습니까? 그분은 한 민족, 한 국가가 그분께로 이끌리고 있는 것을 보셨습니다. 하나님이 새 사람을 당신 교회에 더하시는 영광을 주실 때, 그분이 무엇을 하시고자 하는지를 여쭈어 보십시오. 그리고 하나님의 역사라고 느끼는 것을 나누십시오. 하나님은 교회 지체를 통해서 다른 지체들의 사명을 가르쳐 주십니다.

## 기차 철로의 비유

눈이 몸에게 이야기할 수 있다고 가정해 봅시다. "우리 이 철로 위로 걸어갑시다. 아무것도 없어요. 기차는 한 대도 보이지 않습니다." 그래서 몸은 철로 위를 걷기 시작합니다.

그러자 귀가 몸에게 이야기합니다. "반대편 방향에서 기적소리가 저에게 들리는데요."

눈이 논쟁을 시작합니다. "그러나 내가 보기에는 철로 위에 아무것도 없어요. 계속해서 걸읍시다." 몸은 눈의 이야기만 듣고 계속해서 걸어갑니다.

잠시후 귀가 말합니다. "기적소리가 점점 커지면서 가까워지고 있어요!"

그때 다리가 말합니다. "나도 기차가 덜컹거리며 오고 있는 것을 느낄 수 있어요. 우리의 몸을 철로 바깥으로 내려보내는 게 좋겠어요." 이것이 만일 당신의 몸이라면 어떻게 하시겠습니까?

- 갈등을 무시하고 갈등이 사라지기를 기다리겠습니까?
- 몸의 모든 지체들에게 묻고, 투표해서 다수결로 정하겠습니까?
- 눈이 한 번도 실망시킨 일이 없으므로 눈을 믿고 계속 걷겠습니까?

아니지요. 아마도 가능한 한 빨리 철로에서 뛰어내리겠지요. 이 문제는 한심하게 보일 수 있습니다. 하나님은 우리의 몸에 여러 감각기관과 지체를 주셨습니다. 각 지체가 각자 할 일을 할 때, 온 몸이 제대로 움직일 수 있습니다. 우리의 육체적인 몸에서 우리는 다수결에 따라 투표로 결정을 하거나, 갈등을 모른 체하고 넘어가거나, 한 감각기관만 믿고 다른 기관을 무시하지 않습니다. 그렇게 사는 것은 굉장히 위험한 것입니다.

교회는 그리스도의 몸이기 때문에, 모든 지체들이 하나님이 그 교회가 어떤 교회가 되어야 하며 또 어떤 일을 하기를 원하시는가에 대한 생각을 나눌 수 있을 때, 그 역할을 잘 해낼 수 있습니다. 교회는 모든 지체를 통해서 말씀하시는 하나님의 온전하신 조언을 들을 필요가 있습니다. 그럴 때 교회는 하나가 되어서 자신있게 하나님의 뜻을 행할 수 있게 됩니다.

## 그리스도의 몸

현대의 복음주의 교회가 갖고 있는 가장 큰 문제점 중의 하나는 그들이 '만인 제사장 주의'의 교리를 너무 강조한 나머지 '공동체 의식'을 잃어버렸다는 것입니다. 좀더 간단히 표현하면 무슨 뜻입니까? 그리스도인들이 자기들은 하나님 앞에 홀로 선다고 생각하기 때문에 교회를 포함한 그 누구도 자기들에게 책임이 없다고 느낍니다.

그리스도인들은 물론 중보자이신 예수 그리스도를 통해 하나님과 직통합니다. 그러나 하나님은 교회를 창조하시고 그것을 그분의 구속의 대행자로 삼으셨습니다. 하나님은 교회에 목적을 가지고 계십니다. 하나님은 교인 한사람 한사람이 교회를 통해서 하나님의 구속의 목적을 이루어나가도록 그들을 각 교회에 두셨습니다.

교회는 하나의 몸입니다. 그리스도의 몸입니다(고전 12:27)! 예수님이 한 지역교회의 머리로 존재하고 계시고(엡 4:15), 각 지체는 하나님이 기뻐하시는 대로 몸에 두신 것입니다(고전 12:18). 성령님은 공동체의 유익을 위해서 각 사람에게 자신을 나타내십니다(고전 12:7). 온몸이 다 아버지 하나님에 의해 기능적으로 맞춰진 것입니다. 모든 지체는 성령님에 의해서 아버지 하나님이 원하시는 곳에서 일하도록 능력을 받고 무장된 것입니다. 그리고 몸은 각 지체가 그리스도의 장성한 분량에 미칠 때까지 머리의 조절에 의해 세워지도록 활동합니다(엡 4:13). 하나님은 우리를 상호의존적인 존재로 만드셨습니다. 우리는 서로를 필요로 합니다. 한 지체가 모자라면 몸의 다른 지체들이 채워줄 것입니다.

그러므로 하나님이 몸 안에서, 몸을 통해서 하시는 일은 내가 그분께 어떻게 반응해야 하는지를 아는 데 없어서는 안될 요소입니다. 하나님이 몸 안의 어디에서 일하시나를 보고 저는 제 인생을 그곳으로 조정하고 맞춥니다. 교회에서, 저는 하나님이 원하시는 각 지체에서 하나님의 일을 이루시도록 선택권을 드립니다. 그것이 바울이 이렇게 얘기한 취지입니다. "우리가 그를 전파하여 각 사람을 권하고 모든 지혜로 각 사람을 가르침은 각 사람을 그리스도 안에서 완전한 자로 세우려 함이니"(골 1:28). 바울은 계속해서 믿는 자들에게 그의 인생과 사역에 요긴하게 참여하라고 부탁했습니다. 바울의 그런 사역의 효과가 그들에게 미쳤습니다(골 4:3; 살후 3:1-2; 엡 6:19).

### 하나님의 뜻을 알게 도와준 교회

제가 신학교에 다닐 때 한 지역교회에서 봉사했습니다. 그 첫해에 저는 십대 소년들을 가르쳤습니다. 저는 마음으로부터 우러나와서 기꺼이 하고 있었습니다. 그 다음해에 저는 음악과 교육 담당자로 추천을 받았습니다. 저는 그런 직분을 맡은 적이 없었습니다. 성가대에서 노래를 한 적은 있었지만 음악을 인도한 적은 없었습니다. 게다가 그 교회의 교육 프로그램을 지도하는 것에도 문외한이었습니다. 다음은 제가 결정을 내리게 된 과정입니다.

그 교회의 성도들은 지도자를 필요로 하고 있었습니다. 기도를 하면서 그들은 하나님께서 그들의 필요를 채워주시기 위한 목적을 가지고 저를 그 교회에 보내주셨다고 느꼈습니다. 저도 그 필요를 보았고 하나님께서 그곳에서 저를 사용하실 수 있다고 깨달았습니다. 예수 그리스도의 종으로서 저는 "안돼요"라고 말할 권리가 없었습니다. 저는 머리이신 예수 그리스도께서 그 몸의 나머지 지체들을 통해서 제가 그 몸 안에서 어떻게 행동해야 하는지를 가르쳐 주실 것이라고 믿었습니다. 저는 제가 아는 한 최선을 다하겠다고 말했습니다. 그리고 2년 동안 음악과 교육 담당자로 섬겼습니다.

그리고 나서 그 교회는 저를 그들의 목사로 임명할 것을 가결했습니다. 저는 그때까지 단 세 번도 제대로 설교를 해보지 못했습니다. 저는 하나님이 저를 목사로 부르셨기 때문에 신학교에 간 것이 아니었습니다. 단지 하나님이 어떤 것을 마음에 두고 부르셨건, 그분과의 관계로 저를 부르셨다고 느꼈기 때문에 신학교에 간 것입니다. 저는 하나님을 섬기는 도구를 얻기 위해서 신학교의 훈련이 필요하다고 느꼈습니다. 저는 "해외나 국내선교사로 가겠어요"라고 한 적이 없었습니다. 음악, 교육 혹은 설교라고 한 적도 없습니다. 저는 이렇게 기도했습니다. "주여, 몸과의 관계 속에서 어디로든지 저를 인도하시면 그것을 제가 하겠습니다. 저는 당신의 목적을 위한 당신의 종입니다." 그래서 저는 그들의 목사가 되기로 결정했습니다.

몸에서 분리되어 있으면 그리스도의 몸에 당신이 어떻게 연관되어 있어야 하는지에 관한 하나님의 뜻을 알 수 없습니다. 눈이 없으면 손은 어디를 만져야 할지 알 수 없습니다. 귀가 없으면 몸은 언제 어떻게 반응해야 하는지 알 수 없습니다. 모든 지체는 다른 지체가 하는 말에 귀를 기울여야 합니다.

만일 지체들이 하나님이 하신다고 느끼는 것에 대해서 이야기하지 않는다면 몸 전체가 곤경에 빠진 것입니다. 교회와 관계를 갖고 임무를 다하면서 저는 하나님의 뜻을 이해하는 데 다른 지체들을 의지합니다.

### 하나님이 교회를 통해서 말씀하시기를 믿는 것

교회에서의 필요가 부르심을 조장하지는 않습니다. 그러나 필요가 무시를 당해서도 안됩니다. 하나님의 뜻을 아는 데 있어서 성도들이 당신을 도와주는 것을 절대 겁낼 필요가 없습니다. 그러나 한 개인이 전체 교회는 아니라는 것을 명심하십시오. 사람들의 모든 조언을 종합해서 최종적으로 하나님께 나아가 명확한 길을 보여주시기를 기도해야 합니다. 여러 가지 일들이 일관성 있게 엮어지는 것을 발견할 것입니다. 성경, 기도, 환경 그리고 교회에서 듣는 모든 것이 일치하기 시작할 것입니다. 그 때 당신은 자신을 가지고 일을 진행시킬 수 있습니다.

당신은 제게 이렇게 말할 수 있습니다. "헨리, 당신은 나의 교회를 모릅니다. 나는 그들로 하여금 내가 하나님의 뜻을 찾는 것을 돕게 할 수는 없어요." 주의하십시오! 당신이 그렇게 얘기하는 것은 당신의 교회에 대한 믿음을 얘기하는 것이 아니라 당신의 하나님에 대한 믿음에 대해서 얘기하는 것입니다. 당신은 "헨리, 하나님도 이런 사람들을 통해서는 역사하실 수 없어요. 하나님은 그만큼 충분한 능력을 갖지 못하셨어요"라고 말하는 것입니다. 당신 마음속에 그런 식으로는 믿고 있지 않을 줄 압니다. 그러나 당신이 무엇을 하느냐가 말하는 것보다 당신이 하나님을 어떻게 믿고 있느냐를 더욱 정확히 말해 줍니다.

하나님이 다른 신자들을 통해서 당신에게 조언을 주실 것을 믿으십시오. 중대한 결정을 할 때 그들에게 의뢰하십시오. 교회가 무엇을 얘기하는지 귀기울여 들으십시오. 그리고 주시는 메시지를 하나님께 확인하십시오.

### 지체들과 나눔

새스커툰에 있을 때, 하나님이 교회의 성도들을 감동시켜서 그들에게 자신의 뜻을 계시하시면, 저는 그들이 교회의 다른 지체들과 그 사실을 나누기를 권장했습니다. 우리가 하나님이 무슨 말씀을 하시는지 모르면 그분께 우리의 인생을 조정할 수 없습니다. 머리께서 어떤 지체에게 말씀하시면, 우리 모두는 우리 교회에게 그분이 무슨 말씀을 하시는지 들어야 합니다. 모든 사람에게 기회가 주어지며 나누라고 격려를 받습니다. 각 사람은 하나님이 그들을 인도하시는 대로 반응하기를 권장받습니다.

이것은 예배가 끝날 무렵 갖는 경배의 시간뿐만 아니라 기도회나 기관장 회의, 성도 총회, 주일학교 교실, 가정 성경공부, 혹은 개인적인 대화에서도 표현되도록 장려되었습니다. 많은 사람들이 교회 사무실로 전화를 해서 하나님이 그들의 경건의 시간을 통해서 무슨 말씀을 하셨는지를 나누었습니다. 다른 이들은 직장이나 학교에서 경험한 것을 나누었습니다. 전 교회가 그리스도께서 우리 가운데 임재하심을 경험적으로, 실제적으로 느끼게 되었습니다.

당신의 인생에서 어떻게 하나님을 경험했는지를 나누는 것이 종종 다른 사람이 하나님을 의미 있게 만날 수 있도록 도울 수 있습니다. 예를 들어, 예배 시간에 한 사람이 주님께 대한 의미심장한 헌신의 결단을 하면 저는 그에게 간증할 기회를 줍니다. 그 간증이 때로는 다른 사람들도 그와 비슷하게 반응하도록 촉매역할을 합니다. 하나님은 이렇게 교회를 통해서 신자들에게 말씀하십니다.

 요약

하나님은 성령님을 통해서 하나님의 백성에게 말씀하십니다. 하나님은 어떤 방법이든 선택하실 수 있지만 대개 성경, 기도, 환경 그리고 교회를 통해서 말씀

하시는 것이 현대의 통례입니다. 하나님은 하나님 자신과 자신의 목적과 길을 계시하십니다. 하나님이 말씀하시면, 성경, 기도, 환경 그리고 교회를 통해서 하시는 말씀이 일관성 있게 일치되어갑니다. 그 때 하나님의 인도하심을 자신있게 따를 수 있습니다.

각 지체는 하나님에 의해서 그리스도의 몸에 더해지기 때문에 그들이 그리스도의 몸에서 제대로 역할을 감당하기 위해서는 상호의존적이어야 합니다. 하나님이 다른 지체들의 조언을 통해서 당신이 그리스도의 몸에 어떻게 참여해야 하는지를 가르쳐 주시지 않는 한, 당신은 그것을 알 수 없습니다. 모든 지체는 서로에게 속해 있으며 서로를 필요로 합니다. 당신은 하나님이 다른 신자들을 통해서 당신이 하나님 나라에서 어떤 사명을 가지고 있는지 말씀해 주시기를 기대하며 의지해야 합니다.

 ## 오늘의 하나님을 경험하는 삶

당신의 교회를 위해서 기도하고 하나님이 교회의 지체들을 통해서 각 사람이 하나님의 부르심을 이해하는 데 어떤 도움을 주는지 알게 해달라고 기도하십시오. 하나님이 다른 신자들을 통해서 당신에게 말씀해 주신 때를 기억하고 그들을 사용하셔서 말씀해 주신 하나님께 감사를 드리십시오.

가까운 장래에 당신의 교회 성도 두세 사람과 모여서 당신의 교회를 위해 기도하는 시간을 가지십시오. 하나님이 당신의 삶과 교회에서 무슨 일을 하고 계신지에 대해 말하십시오. 당신의 교회가 기도하는 집이 될 수 있게 기도하십시오. 주님이 추수할 일꾼들을 보내주시도록 기도하십시오. 하나님이 당신 교회의 각 지체들이 하나님 나라의 사역과 섬김에 있어서의 자신의 자리를 알 수 있도록 기도하십시오.

# 16장 하나님의 초청은 믿음의 갈등을 초래한다

믿음이 없이는 하나님을 기쁘시게 하지 못하나니
하나님께 나아가는 자는 반드시
그가 계신 것과 또한 그가 자기를 찾는 자들에게
상 주시는 이심을 믿어야 할지니라
히브리서 11:6

이 장은 당신이 하나님의 뜻을 따르는 데 있어서의 전환점에 초점을 맞추고 있습니다. 하나님이 그분의 일에 참여하라고 부르실 때, 그분은 하나님 크기의 사명을 가지고 계십니다. 당신은 그것을 당신 혼자의 힘으로는 할 수 없음을 깨닫게 될 것입니다. 하나님이 도와주시지 않는다면, 당신은 실패하고 말 것입니다. 여기가 바로 많은 사람들이 하나님의 인도를 느끼고서도 따르지 않기로 결정하는 갈등의 고비입니다. 그러면서도 그들은 어째서 자기들은 다른 그리스도인들이 경험하듯이 하나님의 임재와 역사를 경험하지 못하는지 의아해합니다.

갈등(crisis)이라는 단어는 결단(decision)을 의미하는 단어로부터 파생되었습니다. 같은 헬라어 단어는 종종 심판(judgment)이라고도 종종 번역되어 있습니다. 믿음의 갈등은 당신에게 어떤 결단을 요구하는 전환점입니다. 당신은 하나님에 대해 무엇을 믿고 있느냐를 결정해야 합니다. 당신이 이 전환점에서 어떤 반응을 보이느냐가 당신이 하나님만이 하실 수 있는, 하나님 크기(God-sized)의 일에 관여하게 되느냐, 아니면 당신이 가던 그 길로 계속해 가면서 하나님이 당신의 인생에서 목적하신 일을 놓치느냐를 결정짓습니다. 이것은 한 번 경험하고 끝나는 일이 아닙니다. 이것은 매일 경험하는 일입니다. 어떻게 사느냐 하는 것이 바로 당신이 하나님에 대해 무엇을 믿고 있느냐의 간증입니다.

## 믿음으로 책정한 교회 예산

어느 해, 우리 교회의 재정위원회에서 일하시는 분들이 저에게 이렇게 말했습니다. "목사님은 우리에게 교회생활의 모든 면에 있어서 믿음으로 살라고 가르치셨습니다. 교회의 예산만 제외하고는요." 저는 그들에게 그것이 무슨 뜻인지 설명해 달라고 했습니다. 그들은 이렇게 대답했습니다. "예산을 짤 때 저희들은 우리가 감당할 수 있다고 믿는 범위 내에서만 계획을 합니다. 그렇게 하는 것은 우리가 하나님이 무언가 하시기를 바라고 있음을 반영하지 않는 것입니다."

"흠, 그렇다면 여러분은 우리가 예산을 어떻게 세워야 한다고 생각하십니까?" 저는 되물었습니다.

그들은 이렇게 대답했습니다. "최우선적으로 하나님이 우리를 통해서 하시려는 모든 것을 알아내야 합니다. 두번째로 우리는 우리의 예산을 목록별로 적어봐야 합니다. 예를 들면, 우리의 십일조와 헌금을 가지고 할 수 있는 일들, 다른 사람들이 내겠다고 약속한 헌금을 가지고 할 수 있는 것들, 하나님을 의지해야만 하는 일들…."

온 교회가 모여서 기도하기 시작했습니다. 그리고 우리는 하나님께서 우리로 하여금 이 방법을 사용해서 예산 세우기를 원하신다고 결정했습니다. 우리는 우리가 예산을 세워 계획하는 일들이 하나님이 우리가 하도록 인도하시는 일임을 절대적으로 확신했습니다. 그리고 그 일을 하는 데 얼마나 들지를 예산에 적었습니다. 우리는 우리 교회에서 얼마나 헌금할지를 목록에 적었고, 다른 사람들(교단, 자매 교회, 후원자)이 헌금하겠다고 약속한 액수 또한 목록에 적었습니다. 그리고 난 후 예산의 총계와 우리가 실질적으로 받을 수 있는 액수간의 차이가 하나님께 공급해 달라고 기도할 부분이었습니다.

그런데 우리의 큰 의문은 우리의 운영예산이 어떤 것이어야 하는가였습니다. 결국 믿음으로 우리는 꼭해야 한다고 믿는 일들에 드는 총합계를 우리의 운영예산으로 채택했습니다. 이 시점에서 우리는 믿음의 갈등에 부딪혔습니다. 우리에게 이런 일을 하도록 인도하신 하나님이 그것에 필요한 물질을 공급해 주시리란 것을 우리가 진정으로 믿었습니까? 언제든지 하나님이 하나님 차원의 일을 하도록 인도하시면 당신은 믿음의 갈등을 겪게 됩니다. 믿음의 갈등을 겪을 때, 당신이 바로 다음에 무엇을 하느냐가 당신이 하나님에 대해 진정으로 믿고 있는 것이 무엇인지를 드러내 줍니다.

평소의 우리 교회 예산은 74,000달러입니다. 그러나 우리가 세운 예산은 164,000달러였습니다. 우리는 하나님이 우리의 필요를 채워주시도록 매일 기도하기로 작정했습니다. 우리가 예상치 못한 돈이 들어올 때마다 우리는 하나님께 그 영광을 돌렸습니다. 우리는 그 해 말에 우리 교회가 172,000달러를 받았음을 알게 되었습니다. 하나님은 우리를 혁신적으로 변화시키는 믿음의 교훈을 주셨습니다.

가장 큰 갈등은 우리가 할 수 있다고 믿는 것을 운영예산으로 정하지 않고, 우리가 필요한 것의 총계를 우리의 운영예산으로 책정할 때였습니다. 74,000달러를 운영예산으로 책정하는 것은 그다지 믿음을 필요로 하지 않습니다. 우리는 그 정도는 끄떡없이 할 수 있다는 것을 알았으니까요. 그러나 164,000달러를 운영예산으로 책정하는 데는 믿음이 필요했습니다. 하나님이 공급해 주시지 않는 한 우리는 그렇게 큰 돈이 생길 만한 방법을 알 길이 없었습니다.

여기서의 전환점, 즉 믿음의 갈등이 무엇인지 아시겠습니까? 우리는 적은 예산 쪽을 택하고 하나님에 대해서 전혀 아무것도 몰랐을 수도 있었습니다. 같은 지역사회에 살면서 우리 교회를 주목했던 사람들은 그저 사람들이 할 수 있는 것만을 하는 교회로 보았을 것입니다. 그들은 하나님과 그분이 하실 수 있는 일들을 보지 못했을 것입니다.

### 믿음의 갈등

하나님과의 만남은 믿음을 요구한다.
하나님과의 만남은 하나님 크기의 것이다.
하나님의 계시(초청)에 대한 당신의 반응이 하나님에 대한 당신의 믿음을 드러낸다.
진정한 믿음은 행동을 요구한다.

## 하나님과의 만남은 믿음을 요구한다

하나님이 말씀하실 때, 당신의 반응은 믿음을 요구합니다. 성경 전체를 통해서 하나님이 하나님 자신과 자신의 목적과 길을 계시하셨을 때, 그분에게 응답하는 것은 믿음을 요구했습니다. 하나님은 당신이 믿음으로 그분과 동행하는 것에 관심이 있으십니다. 다음의 성경구절들을 읽고 하나님이 믿음에 관해서 하시는 말씀을 들어보십시오.

믿음은 바라는 것들의 실상이요 보이지 않는 것들의 증거니(히 11:1).

이는 우리가 믿음으로 행하고 보는 것으로 행하지 아니함이로라(고후 5:7).

내가 진실로 진실로 너희에게 이르노니 나를 믿는 자는 내가 하는 일을 그도 할 것이요 또한 그보다 큰 일도 하리니 이는 내가 아버지께로 감이라(요 14:12).

이르시되 너희 믿음이 작은 까닭이니라 진실로 너희에게 이르노니 만일 너희에게 믿음이 겨자씨 한 알만큼만 있어도 이 산을 명하여 여기서 저기로 옮겨지라 하면 옮겨질 것이요 또 너희가 못할 것이 없으리라(마 17:20).

내 말과 내 전도함이 설득력 있는 지혜의 말로 하지 아니하고 다만 성령의 나타나심과 능력으로 하여 너희 믿음이 사람의 지혜에 있지 아니하고 다만 하나님의 능력에 있게 하려 하였노라(고전 2:4-5).

만일 너희가 굳게 믿지 아니하면 너희는 굳게 서지 못하리라 하시니라(사 7:9).

믿음이란 하나님이 약속하셨거나 말씀하신 것은 꼭 이루어진다는 확신입니다. 보이는 것은 믿음의 반대말입니다. 당신이 보기에도 뻔히 이루어질 것 같은 일은 믿음을 필요로 하지 않을 것이 분명합니다. 우리 교회의 예산에 대한 예화를 기억하십니까? 우리가 감당할 만한 예산을 책정했다면 우리는 믿음을 필요로 하지 않았을 것입니다.

믿음은 어떤 개념이나 관념에 두는 것이 아닙니다. 믿음은 한 인격체이신 하나님께 두는 것입니다. 당신이나 다른 어떤 사람이 생각하기에 일어나면 좋겠다고 결정한 일을 사람들이 믿도록 인도했다면, 당신은 위험한 입장에 처한 것입니다. 믿음은 하나님 안에서, 하나님이 목적하고 계시다고 말씀하신 것일 때만 정당한 것입니다. 당신이 일어나기를 고대하는 일이 하나님께로 온 것이 아니라 당신 자신에게서 온 것이라면, 당신은 당신이 할 수 있는 일에만 의지해야 합니다. 당신 자신, 당신의 가족, 교회에 믿음을 발휘하라고 하기 전에 꼭 하나님으로부터 말씀을 들으십시오.

하나님을 믿는 아주 작은 겨자씨만한 믿음만으로도 당신에게는 불가능이 없습니다. 예수님은 그의 제자들이 그분 자신이 했던 일보다도 더 큰 일들을 하게 된다고 말씀하셨습니다. 그러므로 우리의 믿음은 하나님의 능력에 근거해야지 인간의 지혜에 의존해서는 절대 안됩니다. 확고한 믿음이 없이는 당신은 걸려 넘어지고 말 것입니다.

### 하나님만이 하실 수 있는 일

모세는 이스라엘 자손들을 바로의 군대로부터 구출해 내거나, 홍해를 가르고 마른 땅으로 인도해 내거나, 바위를 쳐서 물을 마시게 하거나, 떡과 고기를 공급해 줄 수 없었습니다. 모세는 그에게 사명을 주신 하나님이 자신이 하겠다고 말씀하신 일들을 그대로 하시는 하나님임을 믿어야 했습니다. 여호수아는 요단강을 갈라 마른 땅으로 이스라엘 자손들을 건너게 할 수 없었고, 여리고 성을 허물어뜨릴 수 없었으며, 적을 무찌르거나 해를 멈추게 할 수도 없었습니다. 오직 하나님만이 그런 일들을 하실 수 있었습니다. 여호수아는 하나님에 대한 믿음을 지니고 있었어야 했습니다.

신약시대의 제자들에게도 마찬가지입니다. 그들 스스로는 많은 사람들을 먹일 수 없었고, 병자를 낫게 할 수도, 풍랑을 잠잠하게 할 수도, 죽은 자를 살려낼 수도 없었습니다. 오로지 하나님만이 이런 일을 하실 수 있었습니다. 그러나 하나님은 그분의 종들을 통해서 자신이 스스로 이런 일들을 하시려고 그들을 부르신 것입니다.

하나님이 당신을 통해서 일하고 싶다고 말씀하실 때, 그 사명은 분명히 하나님만이 하실 수 있는 일일 것입니다. 당신이 하나님에 대해서 무엇을 믿느냐가 당신의 행동을 결정할 것입니다. 당신을 부르신 하나님께 대한 믿음을 지니고 있다면 당신은 그분께 순종할 것입니다. 그럴 때 하나님은 자신이 목적하신 일을 성취시키실 것입니다. 믿음이 없다면 당신은 그분이 원하시는 일을 하지 않을 것입니다. 그것이 불순종인 것입니다.

예수님은 주위에 있던 사람들에게 질문하셨습니다. "너희는 나를 불러 주여 주여 하면서도 어찌하여 내가 말하는 것을 행하지 아니하느냐"(눅 6:46). 예수님은 종종 제자들의 믿음 없음을 한탄하시며 그들을 꾸짖으셨습니다. 그들이 믿음 없다 함은 곧 그들이 예수님이 누구신지 정말로 알지 못했다는 말입니다. 따라서 그들은 예수님이 어떤 일을 하실 수 있는지도 알지 못했습니다.

### 순종은 믿음을 보여준다

모세와 제자들에게는 믿음이 요구되었습니다. 하나님이 하나님 크기의 사명을 주시려고 누군가를 부르실 때는 항상 믿음이 요구됩니다. 순종은 하나님에 대한 믿음을 보여줍니다. 불순종은 종종 믿음 없음을 나타냅니다. 믿음이 없이는 아무도 하나님을 기쁘시게 할 수 없습니다. 믿음이 없이는 어떤 교회도 하나님을 기쁘시게 할 수 없습니다.

성경 속의 인물들이 당한 동일한 갈등에 우리도 접하게 됩니다. 하나님이 말씀하실 때, 우리의 믿음이 요구됩니다. 그러나 우리의 중대한 문제는 우리가 자기 중심적인 데 있습니다. 우리는 자신의 힘으로, 자기가 현재 가지고 있는 자원을 사용해서 일을 성취시켜야 한다고 생각합니다. 우리는 이렇게 생각합니다. "난 그것을 할 수 없어. 불가능해."

우리는 이것을 잊어버립니다. 하나님은 언제나 그분이 무엇을 하려 하시는지를 계시하시려고 우리에게 말씀하시지 결코 우리가 그분을 위해서 무엇을 하기를 원하셔서 말씀하시지 않으십니다. 우리가 하나님께서 우리를 통해 그분의 일을 하실 수 있도록 하나님께 동참하는 것입니다. 우리는 우리의 제한된 능력과 자원 안에서 임무를 성취할 필요가 없습니다. 믿음으로, 우리는 확신을 가지고 하나님을 순종하여 좇을 수 있습니다. 그분이 목적하신 일은 꼭 성취된다는 것을 알기 때문입니다. "예수께서 그들을 보시며 이르시되 사람으로는 할 수 없으되 하나님으로는 그렇지 아니하니 하나님으로서는 다 하실 수 있느니라"(막 10:27). 성경은 이것이 진리임을 증거합니다.

### 렌 코스터 목사님과 지교회들

새스커툰의 페이스 침례교회에서 우리는, 서스캐처원 주 전체에 그리스도를 위하여 사람들에게 복음 전하는 일에 쓰임받아야 할 필요가 있음을 느꼈습니다. 그 지역에는 200개가 넘는 도시와 마을이 있었습니다. 이것은 우리가 새 지교회를 개척해야 함을 뜻했습니다. 이것을 하기 위해서 렌 코스터 목사님을 선교담당 목사로 임명하라는 하나님의 인도하심을 느끼게 되었습니다. 코스터 목사님은 교회들이 다른 교회를 개척할 수 있도록 준비시켜 주는 역할을 할 것이었습니다.

14년에 걸쳐서 코스터 목사님과 루스 사모님은 여러 작은 교회를 돌보아왔습니다. 코스터 목사님이 얼마나 주님께 헌신되었는지, 그는 목회를 하기 위해 14년 동안을 주유소에서 일했습니다. 이처럼 생활비를 스스로

버는 목사님이 없었다면 그 교회들은 목사님을 모실 수 없었을 것입니다. 그 14년 동안, 코스터 목사님과 사모님은 언젠가는 자기 집을 마련할 수 있을지도 모른다는 희망을 가지고 7,000달러를 모았습니다. 코스터 목사님이 우리 교회를 도와서 지교회들을 세우는 것이 자기의 사명임을 확실히 느꼈을 때, 저는 그분께 말씀드렸습니다. "코스터 목사님, 우리는 목사님의 사례비는커녕 이사 비용도 드릴 여유가 없군요."

그분은 이렇게 말씀하시더군요. "블랙가비 목사님, 저를 부르신 하나님이 저를 도와주실 것입니다. 우리가 모아놓은 돈으로 이사 비용을 충당하고 이사를 하려고 합니다." 그 후 코스터 목사님은 제 사무실로 찾아와서 이렇게 말했습니다. "저는 아내와 함께 밤새도록 하나님께 기도하면서 이야기를 나누었어요. 저는 14년 동안 직업을 갖고 목회를 해왔기 때문에, 생활비를 벌기 위해 일을 하는 것에는 별로 문제가 없어요. 중요한 것은 하나님이 저를 사역에만 전담하도록 인도하시는 것 같다는 느낌입니다. 제 아내와 저는 저희가 은행에 모아둔 돈이 하나님의 것임을 지난밤에 깨달았어요. 하나님은 우리가 그 돈을 생활비로 쓰기를 원하시는 것 같아요. 그 돈을 다 쓰고 나면 하나님이 그 이후에는 어떻게 살아야 할 것인지 보여주실 것입니다. 그러니까 블랙가비 목사님, 저희들의 생활비에 대해서는 걱정을 않으셔도 됩니다."

코스터 목사님이 제 방에서 나가셨을 때 저는 감정이 북받쳐옴을 느꼈습니다. 하나님 아버지 앞에서 저는 울고 또 울었습니다. 저는 하나님 아버지께 이렇게 말했습니다. "아버지, 그렇게 충성스러운 부부가 왜 이런 희생을 치러야 하는지 저는 이해할 수 없습니다." 저는 그들의 행동을 통해서 나타난 코스터 목사님 부부의 위대한 믿음을 보았습니다.

이틀이 지난 후, 저는 브리티시 컬럼비아의 캄룹스라는 도시에 살고 있는 어떤 장로교 평신도에게서 편지를 받았습니다. 그 편지는 아주 짧고 간

단한 내용을 담고 있었습니다. "렌 코스터라는 분이 당신과 함께 일하게 되었다는 것을 알게 되었습니다. 하나님이 제 마음에 그분의 사역을 도와야 한다는 영감을 주셨습니다. 7,000달러를 동봉하오니 그분을 재정적으로 지원하는 데 써주십시오." 그 편지를 뜯어보고 저는 하나님 아버지 앞에 다시 무릎을 꿇고 울었습니다. 이번에는 하나님이 하실 수 있다고 말씀하시는데도 그분을 의지하지 않은 것에 대해서 하나님께 용서를 구했습니다.

저는 코스터 목사님께 전화를 했습니다. "목사님, 목사님은 당신의 재산 모두를 하나님의 제단에 바쳤지만, 하나님은 목사님을 위해 다른 무언가를 숨겨놓으셨습니다. '나는 너에게 공급해 주는 자'라고 하신 하나님이 방금 공급해 주셨습니다!" 그리고 나서 저는 일어난 일을 말했습니다. 그것이 코스터 목사님의 인생에 어떤 역할을 했는지 아십니까? 그것이 우리의 교회 생활에 어떤 영향을 주었는지 아십니까? 하나님을 의지하는 우리 모두의 믿음이 자랐습니다. 그 일 이후, 우리는 믿음으로 한 발자국 더 나가서 일하고 또 일하였습니다. 우리는 하나님이 놀라운 일을 하시는 것을 주목하여 보았습니다.

우리가 믿음을 발휘하여 코스터 목사님을 부르지 않았다면, 우리는 그렇게 하나님을 경험할 수 없었을 것입니다. 그 경험은 우리가 어떻게 하나님을 의지해야 하는지를 가르쳐 주었습니다.

비슷하게, 하나님과의 만남은 믿음의 갈등을 가져옵니다. 그 갈등을 처리하기 위해서는 믿음이 요구됩니다. 믿음이 없이는 하나님을 기쁘시게 할 수 없습니다.

## 하나님과의 만남은 하나님 크기의 것이다

하나님은 세상이 하나님을 알게 되는 것에 관심을 갖고 계십니다. 사람들이 하나님이 어떤 분이신지를 아는 단 하나의 방법은 그들이 하나님이 하시는 일을 보는 것입니다. 그들은 하나님의 본질이 그분의 활동을 통해서 나타남을 볼 때 그분의 본질을 파악할 수 있습니다. 하나님이 그분의 역사에 당신을 참여시키실 때, 그 사명은 항상 하나님과 같은 차원에 속한 것입니다.

어떤 사람들은 이렇게 말합니다. "하나님은 절대로 내가 할 수 없는 일을 하라고 시키지 않으실 것입니다." 저는 하나님이 제게 주신다고 생각되는 사명이 제가 해낼 수 있는 것이라고 판단되면, 그 사명은 하나님으로부터 온 것이 아니라는 것을 알게 되었습니다. 성경에 보면 하나님이 주시는 사명들은 항상 하나님 크기의 것들입니다. 하나님은 하나님의 사람들과 그분을 주시하고 있는 세상을 향하여 그분의 본질, 힘, 공급하심, 그리고 자비를 나타내기 원하시기 때문에, 하나님이 주시는 사명들은 항상 사람이 할 수 있는 범위를 넘어선 것들입니다. 그 방법만이 세상이 하나님을 알게 되는 유일한 방법입니다.

많은 "하나님 크기"의 사명들을 성경에서 찾아볼 수 있습니다. 아브라함이 무자하고 사라도 아이를 잉태할 능력을 잃은 나이에, 하나님은 아브라함에게 한 민족의 아버지가 될 것을 말씀하셨습니다. 하나님은 모세에게 이스라엘 자손을 구출하고, 홍해를 건너고, 바위를 쳐서 물을 내어 마시게 하라고 말씀하셨습니다. 하나님은 기드온에게 300명의 군사를 가지고 거대한 12만 명의 미디안 군대를 물리치라고 말씀하셨습니다. 예수님은 제자들에게 군중을 먹이라고 하셨고, 모든 족속으로 제자를 삼으라고 하셨습니다. 위에 열거한 어느 것도 인간의 힘으로는 불가능합니다. 하나님의 사람들과 세상은 오로지 하나님만이 하실 수 있는 어떤 일이 일어나는 것을 볼 때, 하나님을 알게 됩니다.

### 사람들이 하나님을 알게 되다

하나님은 사람들이 하나님을 알게 되기를 원하십니다. 그것이 하나님이 우리를 통해서 일하기로 선택하신 이유입니다. 사람들은 우리가 누구인지 압니다. 그들은 우리가 무엇을 할 수 있는지도 압니다. 하나님이 개입하셨다고밖에는 설명할 수 없는 일이 벌어지는 것을 목격할 때 사람들은 하나님을 알게 될 것입니다.

모세와 홍해. 하나님은 모세로 하여금 이스라엘 사람들이 홍해 바닷가에 장막을 치도록 인도하게 하셨습니다. 하나님은 자신이 홍해를 가르고 그들을 마른 땅을 밟아서 건너게 할 것을 아셨습니다. 하나님이 말씀하셨습니다. "…내가 그와 그의 온 군대로 말미암아 영광을 얻어 애굽 사람들이 나를 여호와인 줄 알게 하리라…"(출 14:4). 결과는 무엇이었습니까? "이스라엘이 여호와께서 애굽 사람들에게 행하신 그 큰 능력을 보았으므로 백성이 여호와를 경외하며 여호와와 그의 종 모세를 믿었더라"(출 14:31).

여호수아와 요단강. 하나님은 여호수아로 하여금 이스라엘 민족을 이끌고 홍수난 때 요단강을 건널 것을 명령하셨습니다. 왜냐고요? "이는 땅의 모든 백성에게 여호와의 손이 강하신 것을 알게 하며 너희가 너희의 하나님 여호와를 항상 경외하게 하려 하심이라 하라"(수 4:24).

여호사밧 왕과 이스라엘이 큰 군대를 대적하다. 큰 군대가 이스라엘과 전쟁을 하려고 몰려왔습니다. 여호사밧 왕은 금식을 선포하고 백성들에게 하나님의 인도하심을 구할 것을 촉구했습니다. 그는 기도했습니다. "우리 하나님이여… 우리를 치러 오는 이 큰 무리를 우리가 대적할 능력이 없고 어떻게 할 줄도 알지 못하옵고 오직 주만 바라보나이다"(대하 20:12).

하나님이 그의 기도에 이렇게 응답하셨습니다. "…이 큰 무리로 말미암아 두려워하거나 놀라지 말라 이 전쟁이 너희에게 속한 것이 아니요 하나님께 속한 것이니라… 이 전쟁에는 너희가 싸울 것이 없나니 대열을 이루고 서서 너희와 함께한 여호와가 구원하는 것을 보라…"(대하 20:15, 17).

여호사밧은 노래하는 자를 택하여 여호와의 자비에 감사하는 찬송을 부르게 하여 진두에 세웠습니다. 여호사밧과 이스라엘이 전쟁터에 이르기도 전에 하나님은 침략군을 섬멸하셨습니다. 그러자 "이방 모든 나라가 여호와께서 이스라엘의 적군을 치셨다 함을 듣고 하나님을 두려워"(대하 20:29)하게 되었습니다.

사드락과 메삭과 아벳느고. 사드락과 메삭과 아벳느고는 느부갓네살 왕에게 순종치 않고 하나님께 순종하기로 택했습니다. 극렬히 타는 풀무 가운데 던져지기 직전에 그들은 이렇게 말했습니다. "…우리가 섬기는 하나님이 계시다면 우리를 맹렬히 타는 풀무불 가운데에서 능히 건져내시겠고 왕의 손에서도 건져내시리이다"(단 3:17). 그들을 붙들고 있던 사람들은 불에 타서 죽었지만 하나님은 그 세 명의 충성스런 사람들을 구원하셨습니다.

느부갓네살 왕은 이렇게 고백했습니다. "사드락과 메삭과 아벳느고의 하나님을 찬송할지로다 그가 그의 천사를 보내사 자기를 의뢰하고 그들의 몸을 바쳐 왕의 명령을 거역하고 그 하나님밖에는 다른 신을 섬기지 아니하며 그에게 절하지 아니한 종들을 구원하셨도다 그러므로 내가 이제 조서를 내리노니 각 백성과 각 나라와 각 언어를 말하는 자가 모두 사드락과 메삭과 아벳느고의 하나님께 설만히 말하거든 그 몸을 쪼개고 그 집으로 거름터를 삼을지니 이는 이같이 사람을 구원할 다른 신이 없음이니라…"(단 3:28-29). 이 이방의 왕이 온 나라에 조서를 내렸습니다. "지극히 높으신 하나님이 내게 행하신 이적과 놀라운 일을 내가 알게 하기를 즐겨 하노라 참으로 크도다 그의 이적이여, 참으로 능하도다 그의 놀라운 일이여, 그의 나라는 영원한 나라요 그의 통치는 대대에 이르리로다"(단 4:2-3).

초대교회. 초대교회의 그리스도인들은 성령의 인도하심을 따랐습니다. 다음은 하나님이 그들의 세상에 끼치신 영향에 대한 간증입니다.
- 제자들은 성령 충만해져서 배우지도 않은 외국어로 말했습니다. 그때 베드로는 설교를 했습니다. "그 말을 받는 사람들은 침(세)례를 받으매 이 날에 신도의 수가 삼천이나 더하더라"(행 2:41).
- 하나님은 베드로와 요한을 사용하셔서 한 앉은뱅이를 예수님의 이름으로 고쳐 주셨습니다. 그들은 설교를 했습니다. "말씀을 들은 사람 중에 믿는 자가 많으니 남자의 수가 약 오천이나 되었더라"(행 4:4).
- 하나님은 베드로를 사용하셔서 도르가를 죽음에서 일으키셨습니다. "온 욥바 사람이 알고 많은 사람이 주를 믿더라"(행 9:42).

오늘날 세상 사람들은 종종 하나님을 섬기는 헌신된 그리스도인들을 봅니다. 그러나 그들은 하나님을 보고 있지 않습니다. 그들은 우리가 하는 일에 대해 이렇게 평가합니다. "글쎄요, 하나님을 섬기는 헌신적인 괜찮은 사람들이 있군요." 그러나 그들은 하나님의 역사라고밖에는 설명할 수 없는 일들이 일어나는 것은 보지 못합니다. 왜냐구요? 그것은 우리가 오로지 하나님만이 하실 수 있는 일을 시도하지 않기 때문입니다.

### 세상이 하나님을 알게 되다

이 세상은 예수님이 활동하고 계심을 볼 수 없기 때문에, 우리가 섬기고 있는 예수님께 흥미를 갖지 못합니다. 그들은 우리가 하나님을 위해 좋은 일을 하는 것을 보고 이렇게 이야기합니다. "글쎄, 저것도 좋은 일이긴 하지만 내가 할 만한 일은 아니야." 세상 사람들은 그들이 보고 있는 것에 동참하기를 원치 않기 때문에 우리를 그냥 지나쳐 버립니다. 그들은 하나님을 볼 기회를 갖지 못하고 있습니다.

하나님이 역사하시는 것을 세상으로 보게 하면, 하나님이 사람들을 자신에게로 이끄실 것입니다. 예수님만이 높임을 받으시게 하십시오. 말로만 말고 당신의 삶을 통해서 보이십시오. 살아 계신 그리스도가 한 인생과 한 가족과 한 교회 안에서 일으키시는 변화를 보여줍시다. 그것이 그들의 반응에 변화를 가져다줄 것입니다. 하나님 자신이 하셨다고밖에는 설명할 수 없는 일이 하나님의 사람들을 통해서 일어나는 것을 이 세상이 볼 때, 사람들은 그들이 보고 있는 하나님께로 이끌릴 것입니다. 세계의 지도자들로 하여금 전능하신 하나님의 기적적인 역사들을 목격하게 하면, 그들은 느부갓네살이 했던 것처럼 하나님만이 오직 한 분이신 진정한 하나님이심을 선포할 것입니다.

세상 사람들은 하나님의 본질이 그분의 활동을 통해서 나타났을 때 하나님을 알게 됩니다. 하나님이 역사하기 시작하실 때, 그분은 오직 자신만이 하실 수 있는 어떤 일을 성취시키십니다. 그럴 때, 세상 사람들과 하나님의 사람들은 모두 자신들이 전에 알지 못하던 방법으로 하나님을 알게 됩니다. 그것이 하나님께서 그의 종들에게 하나님 크기의 사명을 주시는 이유입니다.

세상 사람들이 그리스도와 그의 교회로 관심을 쏟지 않는 이유는 그리스도인들에게 오로지 하나님만이 하실 수 있는 일을 시도하는 믿음이 없기 때문입니다. 당신, 혹은 당신의 교회에서 하나님만이 하실 수 있는 일에 반응을 보이지도 않고 시도하지도 않는다면, 당신은 믿음을 발휘하고 있지 않은 것입니다. "믿음이 없이는 하나님을 기쁘시게 하지 못하나니"(히 11:6). 만일 당신이 속한 지역사회에 사는 사람들이 복음에 대해서 신약에 나오는 사람들 같은 호응을 보이지 않는다면, 그것은 곧 그들이 그리스도의 한 교회인 당신의 행위와 태도에서 하나님을 발견하지 못했다는 증거라 할 수 있습니다.

하나님은 무슨 일을 완수하는 것보다 당신이 그분을 경험하고 있느냐에 더 큰 관심을 가지고 계십니다. 당신은 일을 완수하고도 하나님을 전혀 경험하지 못할 수 있습니다. 하나님은 어떤 일을 그저 완수하는 데 관심이 있는 게 아닙니다. 하나님은 하고 싶으시면 언제든지 일을 완수시키실 수 있습니다. 하나님은 무엇에 관심이 있으십니까? 당신과 세상 사람들이 그분을 알고 경험하는 것입니다. 그래서 하나님은 당신에게 오셔서 하나님 크기의 사명을 주실 것입니다. 그분이 당신에게 하라는 일을 시작할 때, 하나님은 그분이 목적하신 일들을 성취시키십니다. 그러면 당신과 당신 주위에 함께한 모든 사람들은 하나님을 경험하게 될 뿐더러 전에 알던 하나님을 그 어느 때보다 깊이 알게 될 것입니다.

### 하나님께 동참하는 일은 믿음과 행동을 요구한다

새스커툰에 있는 우리 교회는 성장하고 있었고 보다 큰 장소가 필요했습니다. 우리는 749달러의 건축기금밖에는 갖고 있는 것이 없었지만 하나님이 건물을 위한 계획을 세우라고 인도하심을 느꼈습니다. 그 건물은 220,000달러가 들 것이었습니다. 우리는 어떻게 해야 할지 오리무중이었습니다.

우리는 건축에 드는 인건비를 최소한으로 절감하려 노력했습니다. 그러나 건축 계획이 반쯤 진전되었을 때까지도 100,000달러가 부족했습니다. 사랑하는 교인들은 그들의 목사인 제가 하나님이 우리에게 하라고 부르신 일을 하나님이 이루실 것인지를 과연 믿고 있는지를 주시하였습니다. 저는 이것을 하라고 우리를 인도하신 하나님이 어떻게 해야 할지를 보여주실 것을 확신했습니다.

하나님은 건축에 필요한 돈을 채워주시기 시작했습니다. 마지막에 가서는 60,000달러 정도가 모자랐습니다. 우리는 텍사스의 한 단체에서 올 기금을 예상하고 있었습니다. 이해할 수 없게도 그 기금이 오는 것이 거듭해서 지연되었습니다. 하루는 두 시간 동안 캐나다의 달러 환율이 역사상 최저를 기록했습니다. 그런데 정확히 바로 그 순간에, 텍사스의 그 단체로부터 캐나다로 송금이 되어 왔습니다. 그것이 어떤 결과를 낳았는지 아십니까? 다른 때 보냈을 경우보다 60,000달러가 더 오게 되는 결과를 가져왔습니다. 그리고 나서 곧 환율은 다시 상승되었습니다.

하늘에 계신 아버지께서 자녀들을 돕기 위해서 경제를 돌아보십니까? 아무도 하나님이 한 교회를 돕기 위해 그런 일을 하셨다고 믿지 않을 것입니다. 그러나 저는 당신에게 하나님이 그런 일을 하셨다는 것을 믿는 한 교회를 보여드릴 수 있습니다! 그 일이 일어났을 때, 저는 주님이 사람들의 눈 앞에서 하신 일로 인해 그분을 찬미했습니다. 저는 그 모든 일로 인해 하나님께서 영광을 받으셨으리라 확신했습니다. 하나님은 자신을 우리에게 계시하셨고, 우리는 그 경험을 통해서 하나님을 새로운 방법으로 알게 되었습니다.

## 당신의 행동이 당신의 믿음을 드러낸다

하나님이 어떤 사람에게 그분의 계획과 목적을 계시하실 때, 그것은 항상 믿음의 갈등을 일으킬 것입니다. 당신이 하나님에 대해서 무엇을 믿고 있는지가 당신의 행동과 삶의 방식을 결정합니다.

당신이 무슨 말을 하든지 당신의 행동은 당신이 하나님에 대해서 무엇을 믿고 있는지를 드러냅니다. 하나님이 그분의 목적을 당신에게 드러내셨을 때, 당신은 갈등 즉 결단의 시간에 부딪치게 됩니다. 하나님과 세상 모든 사람들은 당신의 반응을 보고 당신이 진정 하나님에 대해서 무엇을 믿고 있는지 알게 됩니다.

### 다윗이 믿음을 발휘하다

사무엘상 16:12-13에서 하나님은 다윗을 택하시고 사무엘로 하여금 이스라엘을 인도할 다음 왕으로 기름을 붓게 하셨습니다. 사무엘상 17장에서 하나님은 다윗을 그분의 역사 가운데로 끌어들이셨습니다. 사울이 아직도 왕이었을 당시 이스라엘은 블레셋과 전쟁 중에 있었습니다. 아직 어린 소년이었던 다윗은 아버지의 심부름으로 전쟁터에 나간 형들을 찾아갔습니다. 다윗이 그곳에 다다랐을 때, 골리앗(약 2미터 70센티미터의 거인)이 이스라엘에서 한 사람을 보내어 자신과 싸우게 하라고 도전을 했습니다. 지는 나라가 이긴 나라의 종이 되는 것이었습니다. 이스라엘 군대는 겁에 질려 있었습니다. 다윗은 기가 막혀서 이렇게 물었습니다. "…이 할례 받지 않은 블레셋 사람이 누구이기에 살아 계시는 하나님의 군대를 모욕하겠느냐?"(삼상 17:26). 다윗은 믿음의 갈등에 부딪쳤습니다. 다윗은 하나님이 이 사명을 위해서 자기를 준비시켜 주시고 전쟁터로 보내셨음을 깨달았을 것입니다.

다윗은 이 거인과 싸우겠다고 말했습니다. 그는 그의 믿음을 이렇게 표현했습니다. "…여호와께서 나를 사자의 발톱과 곰의 발톱에서 건져내셨은즉 나를 이 블레셋 사람의 손에서도 건져내시리이다"(삼상 17:37). 다윗은 전쟁에서 흔히 쓰이던 무기를 들기를 거부했습니다. 대신 그는 물매와 미끈한 돌 다섯 개를 취했습니다. 그는 골리앗에게 말했습니다. "…너는 칼과 창과 단창으로 내게 나아오거니와 나는 만군의 여호와의 이름 곧 네가 모욕하는 이스라엘 군대의 하나님의 이름으로 네게 나아가노라 오늘 여호와께서 너를 내 손에 넘기시리니…온 땅으로 이스라엘에 하나님이 계신 줄 알게 하겠고 또 여호와의 구원하심이 칼과 창에 있지 아니함을 이 무리로 알게 하리라 전쟁은 여호와께 속한 것인즉 그가 너희를 우리 손에 넘기시리라"(삼상 17:45-47). 다윗은 골리앗을 죽였고, 이스라엘은 승리를 거두었습니다.

다윗은 살아 계시며 구원자이신 하나님을 믿는다고 고백했습니다. 그는 하나님이 전능하시며 이스라엘 군대를 지켜 주실 것이라고 말했습니다. 다윗의 행동은 그가 하나님에 대해서 진정 무엇을 믿고 있었는지 확인시켜 주었습니다. 많은 사람들은 그가 어리석은 소년이라고 생각했고 골리앗마저도 그를 비웃었습니다. 그러나 하나님은 이스라엘을 구원하셨습니다. 하나님은 다윗을 통해서 놀라운 승리를 주심으로써 이스라엘 중에 하나님이 계시다는 것을 온 세상에 알리셨습니다.

### 사래의 불신앙

하나님은 아브람을 부르셔서 그의 자손을 하늘의 별과 같이 헤아릴 수 없이 많게 해주겠다고 약속하셨습니다. 아브람은 늙도록 무자하였기 때문에 하나님께 그 약속에 대해서 의문을 제기했습니다. 하나님은 다시 확인시켜 주셨습니다. "…네 몸에서 날 자가 네 상속자가 되리라…아브람이 여호와를 믿으니 여호와께서 이를 그의 의로 여기시고"(창 15:4, 6).

아브람의 아내 사래는 그때 70대의 노파였습니다. 그녀는 자신이 출산할 연령이 지났으므로 다른 방법으로 자손을 만들겠다고 작정했습니다. 그녀는 자신의 몸종인 하갈을 아브람에게 주어 그녀를 통해서 아이를 얻고자 하였습니다. 아브람은 그것을 허락했고 하갈은 1년 후에 이스마엘을 낳았습니다. 사래의 이 행동은 그녀가 하나님에 대해서 무엇을 믿었는지를 보여줍니다. 아브람은 믿음으로 살라는 명령을 받았음에도 불구하고 이 경우에는 사래와 합심하여 하나님의 목적을 인간의 방법으로 성취해보려고 했습니다.

사래의 행동은 그녀가 진정으로 하나님에 대해서 무엇을 믿고 있었는지를 얼마나 잘 나타냅니까? 그녀는 하나님이 인간적으로는 불가능한 일 – 77세의 여인이 아이를 낳는 일 – 을 하실 수 없다고 믿었습니다. 그녀의 하나님에 대한 믿음은 그녀 자신의 인간적인 판단력 때문에 제한되었습니다. 이 불신앙의 행위는 값비싼 대가를 치르게 하였습니다. 이스마엘은 아브람과 사래의 노년에 많은 고통을 가져다주었습니다. 이스마엘과 그의 아랍인 후손들은 이삭 및 유대인들과 적대관계를 가지고 그때부터 오늘날까지 살아오고 있습니다. 하나님의 초청에 대한 당신의 반응은 당신이 하나님에 대해서 진정으로 무엇을 믿고 있는가를 잘 나타냅니다.

### 행동이 말한다

하나님의 일에 동참하라는 초청을 받은 후 믿음의 갈등에 부딪칠 때, 당신이 바로 다음에 무엇을 하느냐가 당신이 하나님에 대해서 무엇을 믿느냐를 말해줍니다. 당신의 행동이 당신의 말보다 더 크게 외칩니다.

두 소경이 예수님이 자비로우신 메시야(다윗의 자손)이심을 믿는 믿음을 나타냈을 때, 그들의 믿음에 따라서 예수님은 그들을 고쳐주셨습니다(마 9:27-

31). 혈루병으로 여러 해를 앓던 여인은 예수님의 옷자락을 살짝 만지기만 해도 치유의 힘이 예수님으로부터 자기에게로 흘러나올 것이라고 믿었습니다. 그녀는 예수님의 치유의 힘을 경험하기 위해서 대중 앞에서 창피를 당하는 것도 마다하지 않았습니다. 그녀는 믿음에서 우러나오는 행동을 했고, 예수님은 그녀를 고쳐주셨습니다(마 9:20-22).

제자들은 바다 한가운데서 풍랑을 만났습니다. 예수님은 그들의 인간적인 두려움을 꾸짖지 않으시고 예수님의 임재와 보호 그리고 능력을 깨닫지 못한 것을 꾸짖으셨습니다(마 8:23-27). 이 경우 그들의 행동은 그들의 믿음이 아닌 불신앙을 드러냈습니다. 제자들이 만났던 것과 같은 인생의 풍랑에 접할 때, 우리는 마치 하나님이 계시지 않는 듯한, 하나님이 상관하지 않으시는 듯한 반응을 보일 때가 많습니다.

자기의 종을 고쳐주시기를 예수님께 부탁하러 온 백부장은 이렇게 얘기했습니다. "다만 말씀으로만 하옵소서 그러면 내 하인이 낫겠사옵나이다" (마 8:8). 예수님은 백부장이 예수님의 권능과 능력을 믿었음을 칭찬하셨습니다. 그리고 그 상전의 믿음에 의거해서 종을 치유해주셨습니다(마 8:5-13).

위의 각 예에 등장하는 사람들 각자가 어떤 행동을 했느냐가 그들이 어떤 믿음을 소유했는지를 예수님께 나타냈습니다. 당신이 믿는다고 말하는 것이 아닌 당신의 행동이 당신이 하나님께 어떤 믿음을 갖고 있는지를 나타냅니다.

## 진정한 믿음은 행동을 요구한다

믿음의 갈등에 부딪쳤을 때, 무엇을 하느냐가 당신이 무엇을 믿는지를 표현합니다. "영혼 없는 몸이 죽은 것같이 행함이 없는 믿음은 죽은 것이니라"(약 2:26). 행동이 따르지 않는 믿음은 죽은 믿음입니다!

히브리서 11장은 종종 "믿음의 장"이라고 불립니다. 그곳에 등장하는 인물들은 자신의 믿음을 행동으로 보여준 사람들입니다. 히브리서 11장을 공부해보면 믿음의 삶이 인간이 보기에 항상 같은 결과를 가져다주지 않음을 보게 됩니다.

33절부터 35절 전반부는 믿음의 사람들이 승리와 구원을 경험한 것을 표현하고 있습니다. 35절 후반부부터는 다른 믿음의 사람들이 받은 고문, 형벌, 죽음 등을 표현하고 있습니다. 전자의 사람들이 후자의 경우보다 더 믿음이 좋았다고 할 수 있습니까? 아닙니다. "이 사람들은 다 믿음으로 말미암아 증거를 받았으나"(히 11:39)라고 되어있습니다. 그들은 주님으로부터 "잘했다!"라는 말을 듣는 것이 인생 그 자체보다 중요하다고 확신했습니다. 40절에 보면 하나님은 믿음의 사람들에게 이 세상이 줄 수 있는 어떤 것보다도 좋은 것을 예비하셨습니다.

> 이러므로 우리에게 구름같이 둘러싼 허다한 증인들이 있으니 모든 무거운 것과 얽매이기 쉬운 죄를 벗어 버리고 인내로써 우리 앞에 당한 경주를 경주하며 믿음의 주요 또 온전하게 하시는 이인 예수를 바라보자 그는 그 앞에 있는 기쁨을 위하여 십자가를 참으사 부끄러움을 개의치 아니하시더니 하나님 보좌 우편에 앉으셨느니라 너희가 피곤하여 낙심치 않기 위하여 죄인들이 이같이 자기에게 거역한 일을 참으신 이를 생각하라(히 12:1-3).

겉으로 드러나는 성공이 언제나 믿음을 나타내는 것도 아니고, 나타나는 실패가 믿음이 없음을 보여주는 것도 아닙니다. 충성스러운 종은 주인이 시킨 일을 그 결과에 개의치 않고 하는 사람입니다. 십자가의 고난을 참으시고 지금은 하나님의 보좌에 앉아 계신 예수님만이 우리의 본입니다. 오직 그분만을 생각해야 합니다! 충성에 대한 상이 얼마나 큽니까! 충성되게 살다가 낙심치 마십시오. 충성스런 종들에게는 상이 기다리고 있습니다.

저는 당신이 하나님을 전심으로 찾으며 그분을 기쁘시게 해드리려고 노력하기를 기도합니다(히 11:6). 다음 장에서는 하나님의 뜻을 따르는 데 있어서 치르는 대가에 대해서 좀더 자세히 살펴보기로 하겠습니다. 당신의 믿음을 표현하는 데 따르는 행동 중의 하나는 하나님께로 당신 자신을 조정해야만 하는 것입니다. 하나님을 따르는 것은 항상 당신, 심지어는 당신의 주위 사람들에게까지도 비싼 대가를 요구하는 조정을 필요로 할 것입니다.

 요약

하나님이 자신의 일에 참여하라고 당신을 부르실 때, 그분은 당신과 주시하고 있는 세상에 자신을 나타내기 원하십니다. 그러므로 그분은 당신으로 하여금 하나님 크기의 사명에 동참하라고 하실 것입니다. 그런 엄청난 사명 앞에 서면 당신은 반드시 믿음의 갈등에 부딪치게 됩니다. 당신을 부르신 하나님에 대해서 어떤 믿음을 갖고 있는지를 결정해야 합니다. 무슨 말을 하든지 상관없이 당신이 어떤 반응을 보이느냐가 당신의 믿음을 드러냅니다. 하나님을 따르는 일은 믿음과 행동을 요구합니다. 믿음이 없이는 하나님을 기쁘시게 할 수 없습니다. 당신이 믿음에 의거한 행동을 할 때 하나님은 기뻐하십니다.

**오늘의 하나님을 경험하는 삶**

믿음의 장인 히브리서 11장을 펴십시오. 기도하면서 이 장을 읽으십시오. 주님께 모든 일에서 그분을 의뢰하는 믿음을 더해주시기를 구하십시오. 믿음의 길이 그 장의 전반부가 아닌 후반부의 결과를 초래한다 할지라도 당신이 믿음의 여정을 계속할 수 있게 능력을 주시기를 기도하십시오.

주님께 과거 당신이 믿음으로 행한 경험과 하나님이 사명을 주셨는데도 당신이 믿음으로 반응하지 않았던 경우를 생각나게 해달라고 기도하십시오. 당신의 믿음이나 불신앙에 대해서 하나님이 말씀해 주실 때 그분에게 동의하십시오. 그분의 충성된 종이 되기로 한 당신의 헌신을 새롭게 하십시오. "주여, 당신이 제게 무엇을 원하시든지 저의 답은 항상 예입니다!"

# 17장 하나님과의 연합은 획기적인 조정을 요구한다

또 무리에게 이르시되 아무든지 나를 따라 오려거든
자기를 부인하고 날마다 제 십자가를 지고 나를 따를 것이니라
누구든지 제 목숨을 구원하고자 하면 잃을 것이요
누구든지 나를 위하여 제 목숨을 잃으면 구원하리라
누가복음 9:23-24

우리는 하나님이 우리에게 말씀하셔서 어떤 과제를 주시기를 원합니다. 그러면서도 우리 인생에 획기적인 조정을 하는 데는 관심이 없습니다. 성서적으로 볼 때, 그것은 불가능한 일입니다. 하나님께서 어떤 사람에게 말씀하시고, 그를 통해서 하시고자 하는 일을 말씀하실 때 획기적인 조정은 언제나 필수였습니다. 그의 인생을 하나님께로 조정해야만 했습니다. 조정이 끝난 뒤에야 하나님은 부르신 그 사람을 통해서 그분의 목적을 성취하셨습니다.

## 두 번째 주요 전환점

하나님의 뜻을 알고 행하는 데 있어서 첫 번째 고비는 믿음의 갈등입니다. 하나님은 스스로 말씀하신 그대로의 하나님이시며, 말씀하신 그대로 일하시는 분임을 당신은 믿어야 합니다. 하나님에 대한 믿음이 없이는 이 첫 번째 전환점에서 잘못된 결정을 내릴 것입니다.

당신의 인생을 하나님께로 조정하는 것이 하나님의 뜻을 알고 행하는 데 있어서 두 번째의 중요한 전환점입니다. 인생을 하나님께로 조정하는 것도 고비입니다. 조정하기로 결단하면, 당신은 순종의 단계로 올라갈 수 있습니다. 그러나 조정하기를 거부한다면, 하나님이 당신의 인생을 위해 보관하고 계신 것을 잃어버릴 수 있습니다.

하나님을 일단 믿고 나면, 당신의 행동이 당신의 믿음을 나타냅니다. 이 행동이 이 장에서 초점을 맞춰 공부할, 획기적인 조정 중의 하나입니다. 순종도 요구되는 행동의 일부분입니다. 조정과 순종은 당신과 주위 사람들에게 값비싼 대가를 치르게 합니다.

약 65킬로미터쯤 떨어진 우리의 지교회에 일꾼이 필요하게 되었습니다. 저는 교인들에게 하나님께서 사람을 보내사 그 지교회의 평신도 목회자로 쓰시도록 기도부탁을 했습니다. 한 젊은 부부가 이에 응했습니다. 남편은 대학을 다니고 있었고, 그들은 경제적인 형편이 아주 어려웠습니다.

그들이 그 지교회 근처에 살게 된다면 그는 하루에 왕복 약 130킬로미터를 운전하면서 통학해야 했습니다. 그러나 저는 그들에게 그럴 만한 재정적인 능력이 없다는 것을 알았습니다. 그래서 저는 말했습니다. "안됩니다. 저는 당신에게 그 일을 하게 할 수 없어요." 그리고 나서 왜 그 일을 하는 것이 그들에게 공평치 못한가에 대해 온갖 이유를 들어 설명했습니다.

이 젊은 부부는 하나님이 그들을 구원해 주신 사실에 대해 깊이 감사하고 있었습니다. 그 젊은 청년이 저를 바라보며 이렇게 말했습니다. "목사님, 제가 주님을 위해 희생할 기회를 빼앗지 말아 주세요." 그 말은 제 마음을 부수어 놓았습니다. 제가 어떻게 거절하겠습니까? 저는 이 젊은 부부가 우리 교회의 새로운 지교회들을 세우는 데 순종하려고 그러한 비싼 값을 치러야 함을 알았습니다.

우리는 하나님께 한 평신도 목회자를 불러 달라고 기도했습니다. 저는 하나님이 우리가 예상치 못한 방법으로 기도에 응답하신다는 사실에 대해서 마음을 열고 있어야 했습니다. 이 젊은 부부가 하나님의 부르심에 대해서 깊은 헌신과 희생의 자세로 응했을 때, 예수님의 몸(우리 교회)은 그들이 부르심 받았음을 확인시켜 주었고, 하나님은 그들의 필요를 채워주셨습니다.

## 있던 곳에 계속 머물러 있으면서 하나님과 동행할 수 없다

하나님께서 당신에게 말씀을 통해 그분이 무엇을 하시려는지를 계시하실 때, 그것은 바로 당신의 인생을 그분께로 조정하라는 하나님의 초청입니다. 당신이 그분과 그분의 목적과 방법에 당신의 인생을 조정하고 나면, 당신은 순종해야 하는 위치에 놓이게 됩니다. 조정은 순종할 수 있도록 당신을 준비시킵니다. 당신은 평상시대로 삶을 영위하거나, 당신이 있던 그 자리에 머물러 있으면서 동시에 하나님과 동행할 수 없습니다. 이것은 성경 전체를 통해 볼 때 사실입니다.

- 노아는 평상시대로 삶을 영위하면서 동시에 방주를 만들 수는 없었습니다(창 6장).

- 아브람은 우르나 하란에 계속 머물러 있으면서 가나안에서 한 민족의 아비가 될 수 없었습니다(창 12:1-8).
- 모세는 사막의 한구석에서 양을 치면서 동시에 바로를 대적할 수는 없었습니다 (출 3장).
- 다윗은 왕이 되기 위해서 그가 기르던 양떼를 떠나야만 했습니다(삼상 16:1-13).
- 아모스는 이스라엘을 향해 외치기 위해서 뽕나무를 두고 떠나야 했습니다(암 7:14-15).
- 요나는 니느웨에서 외치기 위해 그의 집과 편견을 버려야만 했습니다(욘 1:1-2; 3:1-2; 4:1-11).
- 베드로, 안드레, 야고보와 요한은 예수님을 따르기 위해서 고기잡이를 그만두어야 했습니다(마 4:18-22).
- 마태는 예수님을 따르기 위해서 세관을 떠나야 했습니다(마 9:9).
- 사울(나중에 바울이 됨)은 하나님이 이방인에게 복음을 전하는 데 쓰임 받기 위해서 그의 삶의 방향을 하나님께로 완전히 바꾸어야 했습니다(행 9:1-19).

획기적인 변화와 조정이 있어야 했습니다! 어떤 이들은 가족과 조국을 떠나야 했습니다. 어떤 이들은 편견을 버리고 선호하던 것을 바꾸어야 했습니다. 또 어떤 이들은 삶의 목표와 추구하는 이상과 소원을 뒤로하고 떠나야만 했습니다. 모든 것을 하나님께 맡기고 온 인생을 조정해야 했습니다. 필수적인 조정이 완료되었을 때, 하나님은 그들을 통해서 그분의 목적을 성취해 나가기 시작하셨습니다. 그러나 위에 열거한 사람들은 모두 하나님께로 그들의 인생을 조정하는 것이 그들이 지불한 대가보다 훨씬 더 값진 것임을 배웠습니다.

당신은 이렇게 생각하고 있을지도 모릅니다. "하지만 하나님은 나에게 획기적인 조정을 하라고 하시진 않을 거야." 당신이 하나님을 이해하고 성경을 읽는다면, 하나님이 그분의 사람들에게 가장 확실한 조정을 요구하시는 것을 알게 될 것입니다. 심지어 하나님은 자신의 독생자에게까지도 획기적인 조정을 요구하셨습니다. "우리 주 예수 그리스도의 은혜를 너희가 알거니와 부요하신 이로서 너희를 위하여 가난하게 되심은 그의 가난함으로 말미암아 너희를 부요하게 하려 하심이라"(고후 8:9). 예수님은 십자가의 죽음을 통한 구속으로 아버지께 동참하시기 위해서, 천국에서의 자신의 지위와 부귀를 버리셨습니다. 그것은 실로 획기적인 조정이었습니다!

당신이 그분의 제자(그를 따르는 자)가 되기 원한다면 선택의 여지가 없습니다. 하나님을 따르기 위해서 당신의 인생에서 획기적인 조정을 해야만 합니다. 주인을 따르는 것은 당신의 인생에 있어서 조정을 요구합니다. 하나님을 따르고 하나님이 말씀하신 대로 순종하는 데 필수적인 모든 조정을 할 자세가 갖추어져 있지 않으면, 당신은 하나님께 아무 소용이 없습니다. 당신이 하나님을 따르는 데 있어서 가장 큰 어려움은 조정을 해야 하는 단계에서 올지도 모릅니다.

우리는 조정의 단계를 건너뛰고, 하나님을 믿는 데서 바로 순종하는 단계로 가기를 원하는 경향이 있습니다. 그러나 그분을 따르기 원한다면, 당신은 선택의 여지가 없습니다. 그분의 길은 당신의 길과는 완전히 다릅니다. 하나님은 말씀하십니다. "하늘이 땅보다 높음같이 내 길은 너희의 길보다 높으며 내 생각은 너희의 생각보다 높음이니라"(사 55:9). 그분을 따르는 유일한 길은 당신의 인생을 그분에게로 조정하기를 요구합니다.

### 조정하기를 거부한 부자 청년

부자 청년은 영생 얻기를 원했지만 예수님께로 자신의 인생을 조정하는 것은 원치 않았습니다(눅 18:18-27). 그에게는 돈과 부가 더 중요했습니다. 예수님은 그가 돈을 사랑하면서 동시에 하나님을 온전히 사랑할 수 없음을 아셨습니다(마 6:24). 예수님은 그의 신이 되어버린 재산을 버리라고 요구하셨습니다. 부자 청년은 필요한 조정을 하기를 거부하였고, 따라서 영생을 경험하는 기회를 놓쳤습니다.

부자 청년의 물욕과 돈을 사랑함이 그를 우상 숭배자로 만들었습니다(엡 5:5). 그는 참 하나님과 그의 보내신 자 예수 그리스도를 알 기회를 놓쳤습니다. 그는 영생을 얻기 원했지만, 참 하나님께로 그의 인생을 조정하기는 거부했습니다.

오늘날도 많은 사람들이 동일한 갈등을 접합니다. 번영과 세상의 것들을 사랑함이 당신의 인생을 하나님께로 조정하는 작업을 거부하도록 당신을 유혹할 수 있습니다. 돈과 물질을 향한 사랑이 하나님과의 사랑의 관계를 대치할 수 있습니다. 예수님은 말씀하십니다. "너희가 하나님과 재물을 겸하여 섬기지 못하느니라"(마 6:24). 진정한 주인이시고 하늘에 계신 아버지이신 하나님과 바른 관계를 맺기 위해 많은 사람들이 해야 할 주요한 조정 중 하나가 바로 이것입니다.

### 획기적인 조정을 한 엘리사

엘리사는 아주 다른 반응을 보였습니다(왕상 19:15-21). 하나님은 엘리야에게 그의 계승자로서 엘리사를 선택하라고 하셨습니다. 그는 들에서 열두 겨릿소를 데리고 밭을 갈고 있는 엘리사를 만났습니다. 엘리야로부터 하나님의 부르심을 전해들은 엘리사는 획기적인 조정을 했습니다. 그는 하나님의 부르심에 응하기 위해서 가족과 직업(농사)을 버리고 떠나야 했습니다. "건너온 다리를 불태운다"(온 길로 다시 돌아가지 않는다)라는 말을 들어본 적이 있을 것입니다. 엘리사는 그의 농기구를 불태우고 24마리의 소를 버렸습니다. 그리고 두 마리의 소를 잡아 요리해서 온 동네 사람을 먹였습니다. 그는 돌아오지 않을 작정이었습니다!

엘리사가 필요한 조정을 했을 때에야 비로소 하나님께 순종하는 단계에 온 것입니다. 그 결과, 하나님은 엘리사를 통해 구약에 기록된 것 중 가장 위대한 기사와 기적을 행하게 하셨습니다(왕하 2-13장). 엘리사는 부르심을 받은 초기에 조정을 해야만 했습니다. 그가 조정을 하기 전까지, 하나님은 그를 통해서 기적을 베푸실 수 없었습니다.

하나님께 온전히 바쳐지고, 조정되고, 순종된 단 한 사람의 인생을 통해서 하나님이 하실 수 있는 모든 일을 요약할 수 있는 사람은 아무도 없습니다! 당신은 하나님께 온전히 바쳐지고, 조정되고, 순종된 그 한 사람이 되고 싶습니까? 하나님이 그분의 일에 참여하라고 당신을 부르실 때, 그 임무는 하나님 차원의 것이기 때문에 당신은 믿음의 갈등에 부딪치게 될 것입니다. 당신의 반응은 우선 믿음을 요구합니다. 믿음은 행동을 통해서 표현될 것입니다. 첫 번째 행동은 당신의 인생을 하나님께로 조정하는 것입니다. 두 번째 행동은 하나님이 당신에게 하라고 하신 것을 그대로 하는 순종입니다. 먼저 조정을 하지 않고는 순종의 단계로 올라갈 수 없습니다.

## 조정의 종류

어떤 종류의 조정이 필요합니까? 이 질문에 답하려는 것은 마치 하나님이 당신에게 하라고 하실지 모르는 일을 모두 적어보라는 것과 같습니다. 그것은 끝이 없을지도 모릅니다. 그럴지라도, 저는 어떤 예를 들어 요구될 만한 조정의 일반적인 범주들을 가르쳐 드릴 수는 있습니다.

조정은 다음에 열거된 영역들 중 하나, 또는 여러 가지일 수 있습니다.

- 당신의 환경에서(직장, 가정, 재정적인 문제 등등)

- 당신의 인간 관계에서(가족, 친구, 사업상의 거래인 등등)
- 당신의 생각에서(편견, 방법, 당신의 가능성 등등)
- 당신의 헌신도에서(가족, 교회, 직장, 계획, 전통 등등)
- 당신의 행동에서(어떻게 기도하는지, 주는지, 섬기는지 등등)
- 당신의 믿음에서(하나님에 관하여, 그분의 목적과 길에 대하여, 그분과 당신의 관계에서 등등)

위의 목록은 끝없이 계속될 수 있습니다. 획기적인 조정은 당신의 믿음에 따라 행동하는 시점에서 올 것입니다. 당신이 믿음의 갈등에 부딪치면 당신은 하나님에 대하여 무엇을 믿는지를 결정해야 합니다. 그 정신적인 결정은 쉬운 부분일지 모릅니다. 어려운 부분은 하나님께로 당신의 인생을 조정함으로써 당신의 믿음을 표현하는 것입니다. 당신은 오직 하나님만이 하시는 일을 해보라고 부르심을 받을지 모릅니다. 전에는 당신이 할 수 있는 일만을 해보았을지라도….

어떤 경우에는 한 가지 조정이 여러 영역을 한꺼번에 포함해야 할지도 모릅니다. 예를 들어, 베드로는 신실한 유대인이었습니다. 그는 정결한 음식만을 먹었습니다. 그는 '불결한' 이방인과는 상관을 하지 않고 살았습니다. 하루는 그가 지붕 위에 있을 때 하나님께서 그에게 환상을 보여주셨습니다. 하나님은 베드로에게 그분이 창조하신 것이면 어떤 것도 '불결하다'고 일컬어질 수 없다는 사실을 주지시켜 주시기 원했습니다. 그때 베드로는 몇몇 이방인들과 함께 고넬료와 그의 집 식구들에게 복음을 전하러 가라는 지시를 받았습니다.

베드로가 고넬료를 만난 경험은 베드로의 이방인들과의 관계, 그가 깨끗하다고 느끼는 것과 더럽다고 생각하는 것과 믿는 것, 유대 전통에 대한 그의 헌신도, 그가 이방인과 갖는 교제에 관한 행동 등에 조정을 요구했을 것입니다(행 10:1-20). 베드로는 필요한 조정을 했고 하나님께 순종했습니다.

그렇게 했을 때 하나님이 그를 통해서 일하셔서 고넬료와 그의 온 집안이 그리스도께로 나아오게 되었습니다.

조정에 어떤 제목을 붙이느냐는 하나님이 당신에게 그분 자신과 목적, 길로 가기 위해서 어떤 변화를 원하시는지 알아보는 것만큼 중요하지는 않습니다. 당신이 무엇을 해야 하는지를 하나님이 가르쳐 주실 것입니다. 그때 조정을 하기로 선택해야만 합니다.

### 절대적인 항복

하나님은 자주 당신이 한 번도 고려해 보지 않았던 영역에서의 조정을 요구하십니다. 당신은 어떤 사람이 이렇게 얘기하는 것을 들었을 것입니다. "하나님께 당신이 하지 않을 일에 대해서 언급하지 마십시오. 하나님은 바로 그것을 하라고 하실 것입니다." 하나님은 당신을 허우적거리게 할 방법을 찾고 계시는 분이 아닙니다. 그러나 당신 인생의 주인이 되기를 무척 원하십니다. 언제든지 당신이 그분의 주인 됨을 거부하는 부분을 만들면, 하나님은 그곳을 공격하십니다. 그분은 절대적인 항복에 관심을 갖고 계십니다. 하나님은 당신이 거부하는 부분을 직접적으로 공격하시지 않을지 모르지만, 당신 인생의 전부에서 하나님이 주인 되기를 원할 때까지 공격하실 것입니다.

하나님은 당신을 사랑하시기 때문에 항상 당신에게 최선을 주시는 것이 그분의 뜻입니다! 하나님이 당신에게 조정하라고 하시는 것은 항상 당신을 위한 것입니다. 하나님을 따르는 동안, 하나님이 인도하시는 방향에 따라 당신이 얼마나 빨리 조정하느냐에 따라 당신의 인생과 미래가 결정되는 시간이 올 것입니다.

조정은 언제든지 한 인격체에게로 하는 것입니다. 당신의 인생을 하나님께로 조정합니다. 당신의 관점이 하나님의 관점처럼 되기 위해서 조정합니다. 당신의 길이 하나님의 길처럼 되기 위해서 조정합니다. 당신이 필요한 조정을 마친 후에야, 하나님은 순종하기 위해서 무엇을 해야 할지를 말씀해 주실 것입니다. 당신이 그분께 순종할 때, 오직 하나님만이 하실 수 있는 일을 하나님이 당신을 통해서 하시는 것을 경험하게 될 것입니다.

어떤 이들은 획기적인 조정이 언제나 필요한 것인지에 대해 의문을 제기합니다. 언제든지 당신이 처해있던 곳에서 하나님이 일하고 계신 곳으로 가거나, 당신의 사고방식에서 하나님의 생각으로, 당신의 길에서 하나님의 길로 혹은 당신의 목적에서 하나님의 목적으로 옮겨가려면 획기적인 조정이 요구됩니다. 이제 당신은 얼마간의 조정을 함으로써 다음 번에 하나님이 사명을 주실 때 조정을 많이 하지 않아도 될 수 있습니다. 그러나 하나님께 동참하기 위해서는 조만간 획기적인 조정을 해야만 할 것입니다.

### 하나님을 전적으로 의지하는 것

하나님의 뜻을 알고 행하는 데 있어서 또 하나의 조정은 하나님이 당신을 통해서 하시고자 하는 일을 완성하시도록 하나님께 전적으로 의지하게 되는 것입니다. 예수님께서는 그분과 우리의 관계가 포도나무와 가지의 관계와 같다고 하셨습니다. 그분은 "나를 떠나서는 너희가 아무것도 할 수 없음이라"고 하셨습니다(요 15:5). 당신이 그분의 종이면, 그분이 자신의 일을 당신을 통해서 완성하실 수 있도록 그분과의 친밀한 관계 안에 머물러 있어야 합니다. 오로지 하나님께만 의지해야 합니다.

조정이란 당신의 능력, 당신의 기호, 당신의 목적에 따라 하나님을 위해 일하는 태도에서 하나님께 그리고 하나님의 역사와 자원에 대한 전적인 의뢰로 전환하는 것입니다. 이것은 획기적인 조정입니다! 이것은 결코 쉬운 것이 아닙니다.

다음의 성경구절을 읽고 왜 하나님의 목적을 성취시키는 데는 하나님께만 의존해야 하는지를 알아보십시오.

나는 포도나무요 너희는 가지라 그가 내 안에, 내가 그 안에 거하면 사람은 열매를 많이 맺나니 나를 떠나서는 너희가 아무것도 할 수 없음이라…(요 15:5).

그러나 내가 나 된 것은 하나님의 은혜로 된 것이니 내게 주신 그의 은혜가 헛되지 아니하여 내가 모든 사도보다 더 많이 수고하였으나 내가 한 것이 아니요 오직 나와 함께하신 하나님의 은혜로라(고전 15:10).

내가 그리스도와 함께 십자가에 못박혔나니 그런즉 이제는 내가 사는 것이 아니요 오직 내 안에 그리스도께서 사시는 것이라 이제 내가 육체 가운데 사는 것은 나를 사랑하사 나를 위하여 자기 자신을 버리신 하나님의 아들을 믿는 믿음 안에서 사는 것이라…(갈 2:20).

만군의 여호와께서 맹세하여 이르시되 내가 생각한 것이 반드시 되며 내가 경영한 것을 반드시 이루리라(사 14:24).

두려워하지 말라 내가 너와 함께함이라 놀라지 말라 나는 네 하나님이 됨이니라 내가 너를 굳세게 하리라 참으로 너를 도와주리라 참으로 나의 의로운 오른손으로 너를 붙들리라(사 41:10).

나는 하나님이라 나 외에 다른 이가 없느니라 나는 하나님이라 나 같은 이가 없느니라…나의 뜻이 설 것이니 내가 나의 모든 기뻐하는 것을 이루리라 하였노라…내가 말하였은즉 반드시 이룰 것이요 경영하였은즉 반드시 시행하리라…(사 46:9-11).

하나님이 당신 안에서 일하시지 않는 한 당신은 하나님 나라의 열매를 맺는 일을 절대로 할 수 없습니다. 당신이 예수님과 함께 못박혔으므로 그분이 당신을 통해 사시면서 그분의 목적을 그분의 은혜로 이루십니다. 하나님이 무엇을 하시려고 목적하시면 그분은 그 일이 성취될 것을 보장하십니다. 그분은 자신이 목적하시는 일을 성취시키는 분이십니다. 당신이 하나님 아닌 어떤 것에 의지하고 있다면, 당신은 하나님 나라에서 실패를 자처하고 있는 것입니다.

**주님을 기다리라**

어떤 경우, 당신이 조정하기 시작했을 때, 하나님이 기다리라고 말씀하실 때가 있습니다. 이것은 하나님이 당신을 따라갈 수 없어서 혹은 다음에 무엇을 하실지 몰라서 그렇게 하시는 것은 아닙니다. 하나님은 당신과의 사랑의 관계에 관심이 있으십니다. 하나님을 기다리는 동안 하나님께 대한 절대적인 의뢰를 배웁니다. 기다림은 당신스스로의 시간이 아닌 하나님의 시간에 행동할 것을 확인시켜 줍니다. 성경에서는 기다리라는 명령을 자주 합니다.

> 여호와여 아침에 주께서 나의 소리를 들으시리니 아침에 내가 주께 기도하고 바라리이다(시 5:3).

> 우리 영혼이 여호와를 바람이여 저는 우리의 도움과 방패시로다…(시 33:20).

> 여호와를 바라고 그의 도를 지키라 그리하면 네가 땅을 차지하게 하실 것이라 악인이 끊어질 때에 네가 똑똑히 보리로다…(시 37:34).

여호와여 내가 주를 바랐사오니 내 주 하나님이 내게 응답하시리이다(시 38:15).
오직 여호와를 앙망하는 자는 새 힘을 얻으리니 독수리가 날개 치며 올라감 같을 것이요 달음박질하여도 곤비하지 아니하겠고 걸어가도 피곤하지 아니하리로다…(사 40:31).

기다리는 시간이 수동적이고 비활동적인 시간이라고 생각할지도 모릅니다. 주님을 기다리는 것은 실은 비활동적인 것을 뺀 모든 것입니다. 그분을 기다리는 동안 당신은 열심을 가지고 그분과 그분의 목적과 길을 알기 위한 기도를 하고 있어야 합니다. 환경을 주목하면서 하나님께 그분의 관점에서 계시를 통해 환경을 해석해 달라고 물어야 합니다. 다른 그리스도인과 교제를 통해서 하나님이 그들에게 뭐라고 말씀하고 계신지를 알아봐야 합니다. 당신은 주님을 기다리는 동안 찾고, 두드리고, 구하는 일을 왕성하게 하고 있어야 합니다(마 7:7-8).

기다리는 동안 하나님이 바로 전에 당신에게 하라고 말씀하신 일을 계속하고 있어야 합니다. 기다리는 동안 모든 일의 결과에 대한 책임을 그것이 원래 속한 하나님께로 돌리는 것입니다. 그리고 나서 하나님이 특정한 인도를 보여주실 때, 그분은 당신이 몇 년을 노력해서 한 일보다 더 많은 일을 며칠 또는 몇 주 안에 하실 것입니다. 그분을 기다리는 것은 언제나 값어치있는 기다림입니다. 그분의 시기와 길은 항상 옳습니다. 당신은 그분의 길로, 그분의 시간에 그분의 목적을 당신을 통해서 성취하시도록 그분께 온전히 의지해야 합니다.

 요약

저는 당신에게 그대로 있으면서 하나님의 뜻에 순종하는 길을 동시에 갈 수 없다는 사실을 이해시키려고 노력했습니다. 획기적인 조정이 먼저 있어야만 합니다. 당신의 길, 생각 그리고 목적에서 하나님의 뜻으로 옮겨가기 위해서는 항상 획기적인 조정이 요구됩니다. 하나님은 당신의 환경, 관계성, 헌신도, 행동 그리고 믿음에서 조정을 요구하실 수 있습니다. 일단 필요한 조정을 하고 나면, 하나님을 순종함으로 따를 수 있습니다. 이것을 기억하십시오. 당신을 부르신 하나님이 자신의 뜻을 이룰 수 있도록 능력을 주시는 분이시라는 것을.

엘리사처럼 당신의 삶의 모든 영역에서 예수 그리스도의 주인 되심을 받아들이고 항복하기 원할 때 조정이 하나님을 경험하는 삶을 위해서는 아무것도 아니라는 것을 깨닫게 될 것입니다. 만일 모든 것을 그리스도의 주권 아래 항복하지 않았다면, 오늘 그렇게 결정하고 자기를 부인하고 자기의 십자가를 지고 그분을 따르십시오(눅 9:23).

 오늘의 하나님을 경험하는 삶

하나님께 크게 쓰임을 받은 사람들은 항상 그들의 인생에서 획기적인 조정을 단행했습니다. 다음의 하나님의 종들이 한 말을 읽어보시기 바랍니다. 이 고백들에 반영되어 있는 그들의 헌신도를 생각해 보고, 당신에게 가장 의미있게 다가오는 것에 표시를 하십시오.

데이비드 리빙스턴. 그는 의료 선교사로서 아프리카로 떠나는 일을 희생이 아닌 영광으로 여겼습니다. 그는 이렇게 말했습니다. "다른 사람들이 지상나라의 정부를 위해서 일하는 것을 영광으로 생각하는 한, 우리가 왕 중의 왕으로부터 받은 사명을 희생으로 여길 수 없습니다. 저는 온 영혼과 마음 속속들이 선교사입니다. 하나님 자신이 독생자를 가지셨는데 그가 선교사였으며 동시에 의사였습니다. 비록 아주 형편없는 복제품이 되겠지만, 아니 그렇게 되기를 희망하지만, 저는 그렇게 섬기면서 살고 싶습니다. 저는 그 속에서 죽고 싶습니다. 저는 아직도 부와 안락보다 가난과 선교를 좋아합니다. 이것이 저의 선택입니다."[1]

**짐 엘리엇.** 짐 엘리엇은 남미 퀴샤 인디언 선교사였습니다. 그는 천국의 상을 위하여 땅의 것을 포기하기를 원했습니다. 그의 유명한 고백은 이것입니다. "잃어서는 안되는 것을 얻기 위해 자기가 가지고 있을 수 없는 것을 버리는 자는 바보가 아닙니다."[2] 그는 예수님에 대해 들어본 적이 없는 그들에게 복음을 전하다 죽임을 당했습니다. 이후에 짐의 아내와 다른 이들이 짐을 죽인 살인자에게 복음의 메시지를 전했고, 많은 사람들이 그리스도의 구원의 지식을 알게 되었습니다.

**밥 피어스.** 밥 피어스의 기도는 이것이었습니다. "하나님의 마음을 아프게 하는 것들로 나의 마음을 아프게 하소서."[3] 그는 자신의 생각을 조정하여 하나님이 사랑하시는 소외된 사람들을 사랑하게 되었습니다. 그는 하나님께 쓰임을 받아 월드 비전(한국 선명회)과 '선한 사마리아 선교회'(Samaritan's Purse)를 창시하여 세계 곳곳의 소외된 사람들을 도왔습니다.

**오스왈드 스미스.** 그는 그의 인생에 대한 하나님의 계획을 너무도 사모했기 때문에, 어떤 기쁨이나 역경에도 굴하지 않았습니다. 그는 이렇게 말했습니다. "오 하나님, 제 인생을 향한 하나님의 계획을 원합니다. 조국에 있든지 타국에 있든지, 결혼을 했든지 독신이든지, 행복하든지 슬프든지, 건강하든지 병이 나든지, 번영이나 역경 속에서도 행복하고 만족하게 되기를 원합니다 – 저는 당신의 계획을 원합니다. 오 하나님, 제 생명을 걸고 원합니다!"[4] 그는 캐나다 선교의 주역이 되었습니다.

C.T. 스터드. 그는 이렇게 말했습니다. "예수 그리스도께서 하나님이시고 나를 위해서 죽으셨다면, 그분을 위해 드리는 나의 어떤 희생도 큰 것이 아닙니다."[5] 그는 중국, 인도, 아프리카의 선교사로 섬겼습니다.

위의 어떤 고백이 가장 의미 있게 당신에게 와닿습니까? 당신도 그리스도의 주인 되심에 그와 비슷한 헌신을 기꺼이 하고 싶다면, 지금 시간을 내어 당신의 인생을 그분 자신과 목적 그리고 길로 조정하기를 원하는 마음을 기도로 표현하십시오.

1. 데이빗, 나오미 셔블리 공저, 수천 마일의 연기(네쉬빌: 토마스 넬슨 출판사, 1989), 11.
2. 엘리자베스 엘리엇 저, 전능자의 그늘, 짐 엘리엇의 삶과 증언(뉴욕: 하퍼 앤드 브라더스 출판사, 1958), 247
3. 프랭클린 그래험, 자네트 로커비, 밥 피어스, 내가 하는 이 한 가지(와코, 텍사스: 워드 북스, 1983), 220
4. 셔블리, 11
5. 셔블리, 98

# 18장 하나님과의 연합은 순종을 요구한다

> 예수께서 대답하여 이르시되 사람이 나를 사랑하면 내 말을 지키리니
> 내 아버지께서 그를 사랑하실 것이요
> 우리가 그에게 가서 거처를 그와 함께 하리라
> 요한복음 14:23
> 이와 같이 너희 중의 누구든지 자기의 모든 소유를 버리지 아니하면
> 능히 내 제자가 되지 못하리라
> 누가복음 14:33

당신이 있던 자리에 계속 머물러 있으면서 하나님과 동행할 수는 없습니다. 당신이 하던 방식 그대로 하나님의 목적을 하나님의 방법으로 이룰 수 없습니다. 일단 당신의 인생을 하나님께로, 하나님의 목적과 길로 조정하고 나면 당신은 순종할 준비가 될 것입니다.

지난 7장에서 우리는 사랑과 순종의 관계에 대해서 공부했습니다. 순종이 당신의 하나님에 대한 사랑의 외적 표현임을 발견했습니다. 예수님은 "너희가 나를 사랑하면 나의 계명을 지키리라…나를 사랑하지 아니하는 자는 내 말을 지키지 아니하나니 너희가 듣는 말은 내 말이 아니요 나를 보내신 아버지의 말씀이니라"(요 14:15, 24)고 말씀하셨습니다. 복습하는 의미에서 그 장에 나왔던 개념들을 적어 보았습니다.

· 순종은 하나님을 향한 당신의 사랑의 표현이다.

· 순종과 사랑에 대한 보상은 하나님이 자신을 당신에게 나타내시는 것이다.
· 순종하는 데 문제가 있으면, 당신은 사랑의 문제를 가지고 있는 것이다.
· 하나님을 사랑한다면, 당신은 그분에게 순종할 것이다!

예수님은 "누구든지 하늘에 계신 내 아버지의 뜻대로 하는 자가 내 형제요 자매요 어머니이니라"(마 12:50)고 말씀하셨습니다. 예수님은 사람이 순종함으로 하나님과의 사랑의 관계를 표현한다고 명확히 말씀하셨습니다(요 14:15-21).

성도들에게 보내는 그의 편지에서 야고보는, 행함이 없는 믿음은 죽은 것이며 생명이 없는 것이라고 주장하는 데 긴 지면을 할애했습니다. 제자들이 예수님께 순종했을 때, 그들은 예수님 안에서, 예수님 주위에서 하나님의 위대한 역사가 일어나는 것을 목격하고 경험했습니다. 그들이 믿음 안에서 행동하지 않고, 그분의 뜻을 행하지 않았을 때, 그들은 그분의 위대한 일을 경험하지 못했습니다.

## 순종이란?

하나님의 종은 그분이 지시하시는 대로 합니다. 그들은 그분께 순종합니다. 종은 순종할지 안할지를 결정할 때 선택의 여지가 없습니다. 순종하지 않기로 하는 것은 반역이며 그러한 불순종은 심각한 결과를 초래합니다.

많은 사람들이 극단적으로 '자기 중심적'이기 때문에 자기 자신의 '일'을 하기 원합니다. 그들은 그들의 인생에서 순종의 의미가 무엇인지를 생각해 보려고도 하지 않습니다. 예수님은 순종에 대한 비유를 말씀하셨습니다. "그러나 너희 생각에는 어떠하냐 어떤 사람에게 두 아들이 있는데 맏아들에게 가서 이르되 얘 오늘 포도원에 가서 일하라 하니 대답하여 이르되 아버지 가겠나이다 하더니 가지 아니하고 둘째 아들에게 가서 또 그와 같이 말하니 대답하여 이르되 싫소이다 하였다가 그 후에 뉘우치고 갔으니"(마 21:28-30).

어떤 아들이 아버지의 뜻을 행했습니까? 안 가겠다고 했지만 나중에 뉘우치고 간 사람입니까, 아니면 가겠다고 해놓고 가지 않은 사람입니까? 둘째 아들입니다. 순종은 명령을 지키는 것입니다.

## 이미 알고 있는 하나님의 뜻을 행하라

어떤 사람들은 하나님이 그들에게 어떤 해야 할 과제를 주시기를 원합니다. 그들은 하나님이 시키시는 것이면 무엇이든 하겠다고 맹세합니다. 그러나 하나님이 그들의 인생을 관찰하실 때, 그분은 그들이 하나님께서 이미 그들에게 하라고 말씀하신 것도 순종해 오지 않은 것을 발견하십니다.

하나님은 당신에게 십계명을 주셨습니다. 당신은 그것을 지키고 있습니까? 예수님이 원수를 사랑하라고 하셨는데 당신은 그렇게 하고 있습니까? 예수님이 당신의 교회에게 세상 모든 족속으로 제자를 삼으라고 말씀하셨는데 당신은 그것을 하기 위해 최대의 노력을 기울이고 있습니까? 하나님은 성경을 통해서 모든 그리스도인 형제, 자매들과 화목하라고 하셨는데, 당신은 그것을 하고 있습니까?

하나님의 계명은 당신이 취사선택해서 지키고 싶은 것은 지키고 나머지는 잊어버려도 되도록 주어진 것이 아닙니다. 하나님은 당신이 하나님과의 사랑의 관계 안에서 그분의 모든 계명을 지키기를 원하십니다. 하나님은 당신이 조그만 일에 충성하는 것을 볼 때 당신에게 더 큰 것을 맡기실 것입니다.

### 순종과 하나님이 주시는 사명

하나님은 이 세상에서 계속 일해오셨습니다. 그분은 지금 당신이 처해 있는 바로 그곳에서 일하고 계십니다. 하나님은 언제나 먼저 주도권을 잡으시고 당신에게 오셔서 지금 그분이 무엇을 하고 계신지, 무엇을 막 하려고 하시는지를 계시하십니다. 그렇게 하실 때, 이것이 그분에게 동참하라는 당신에 대한 하나님의 초청입니다.

하나님께 동참하는 것은 당신의 인생을 하나님께로 크게 조정하도록 요구할 것이며, 그 결과 하나님이 당신을 통해서 그분의 뜻을 성취할 수 있습니다. 당신이 하나님이 무엇을 말씀하셨고 또 그가 막 하려고 하시는 일이 무엇인가를 알고, 당신의 인생을 그분께로 조정했을 때, 아직도 남아있는 하나님께 대한 한 가지 필수적인 반응이 있습니다. 당신 안에서, 당신을 통해서 일하시는 하나님을 경험하기 위해서, 당신은 그분께 순종해야 합니다. 당신이 그분께 순종할 때, 하나님은 당신을 통해서 그분의 일을 성취시키시고, 당신은 경험으로 하나님을 알게 될 것입니다.

이 장은 일곱 가지 실체 중에서 마지막 단계에 초점을 맞추고 있습니다. 당신이 하나님께 순종하면 하나님은 당신을 통해서 그분의 일을 성취하시고 당신은 하나님을 경험으로 알게 됩니다. 하나님이 주도권을 잡으시고 당신을 그분의 일에 참여시키신 후에, 당신은 그분을 믿고 당신의 인생을 그분께로 조정합니다. 이 과정은 매우 빠른 시간 내에 이루어질 수도 있고 오래 걸릴 수도 있습니다. 그러나 어찌됐든지 이 조정은 필수적입니다. 오직 그럴 때만 당신은 순종의 자리에 다다르게 됩니다. 먼저 그분께 순종해야만 합니다. 그 후에 하나님이 당신을 통해서 자신의 일을 이루십니다. 하나님이 당신의 인생을 통해서 하나님 크기의 일을 하시면 당신은 하나님을 경험적으로, 친밀하게 알게 됩니다.

### 진실의 순간

여러 모로, 순종은 당신의 진실이 밝혀지는 순간입니다. 당신의 행동에 따라 다음과 같은 일이 나타납니다.

1. 당신이 하나님에 대해서 무엇을 믿고 있는가가 드러납니다.
2. 당신 안에서, 당신을 통해서 위대한 일을 하실 하나님을 경험할 것인지 아닌지가 결정됩니다.
3. 당신이 하나님을 더욱 친밀하게 알게 될 것인지 아닌지 결정됩니다.

하나님께 순종할 것인가 아닌가를 선택해야만 하는 진실의 순간이 왔을 때, 당신이 하나님을 믿고 의지하지 않는 한, 당신은 하나님께 순종할 수 없습니다. 그분을 알지 못하는 한, 당신은 그분을 사랑할 수 없습니다.

예수님이 주시는 각 '새' 명령들은 하나하나가 모두 그분에 대한 새로운 지식과 이해를 필요로 할 것입니다. 성령님이 당신에게 예수님에 대해서 가르쳐 주실 것이기 때문에 당신은 그분을 의지하고 순종할 수 있습니다. 그럴 때 당신은 그분을 새로운 방법으로 경험하게 될 것입니다. 요한일서 2:3-6은 이렇게 얘기합니다. "우리가 그의 계명을 지키면 이로써 우리가 그를 아는 줄로 알 것이요 그를 아노라 하고 그의 계명을 지키지 아니하는 자는 거짓말하는 자요 진리가 그 속에 있지 아니하되 누구든지 그의 말씀을 지키는 자는 하나님의 사랑이 참으로 그 속에서 온전하게 되었나니 이로써 우리가 그의 안에 있는 줄을 아노라 그의 안에 산다고 하는 자는 그가 행하시는 대로 자기도 행할지니라."

예수님은 이것을 또 다른 방법으로 표현하셨습니다.

나더러 주여 주여 하는 자마다 다 천국에 다 들어갈 것이 아니요 다만 하늘에 계신 내 아버지의 뜻대로 행하는 자라야 들어가리라 그날에 많은 사람이 나더러 이르되 주여 주여 우리가 주의 이름으로 선지자 노릇하며 주의 이름으로 귀신을 쫓아내며 주의 이름으로 많은 권능을 행하지 아니하였나이까 하리니 그때에 내가 그들에게 밝히 말하되 내가 너희를 도무지 알지 못하니 불법을 행하는 자들아 내게서 떠나가라 하리라(마 7:21-23).

## 순종의 중요성

순종은 매우 중요합니다. 하나님이 당신을 사랑하심을 당신이 안다면, 당신은 그분으로부터 오는 지시에 대해 절대로 의구심을 가져서는 안됩니다. 그것은 항상 옳고 최선입니다. 하나님이 당신에게 지시를 주실 때, 당신은 그저 방관하고 있거나, 토론을 하거나, 논쟁을 해서는 안됩니다. 순종해야 합니다. 성경이 순종에 대해서 뭐라고 하는지 살펴봅시다.

네가 네 하나님 여호와의 말씀을 삼가 듣고 내가 오늘 네게 명령하는 그의 모든 명령을 지켜 행하면 네 하나님 여호와께서 너를 세계 모든 민족 위에 뛰어나게 하실 것이라…여호와께서 명령하사 네 창고와 네 손으로 하는 모든 일에 복을 내리시고 네 하나님 여호와께서 네게 주시는 땅에서 네게 복을 주실 것이며(신 28:1, 8).

네가 만일 네 하나님 여호와의 말씀을 순종하지 아니하여 내가 오늘 네게 명령하는 그의 모든 명령과 규례를 지켜 행하지 아니하면 이 모든 저주가 네게 임하고 네게 이를 것이니…네가 악을 행하여 그를 잊으므로 네 손으로 하는 모든 일에 여호와께서 저주와 혼란과 책망을 내리사 망하며 속히 파멸하게 하실 것이며(신 28:15, 20).

오직 내가 이것을 그들에게 명령하여 이르기를 너희는 내 목소리를 들으라 그리하면 나는 너희 하나님이 되겠고 너희는 내 백성이 되리라 너희는 내가 명령한 모든 길로 걸어가라 그리하면 복을 받으리라 하였으나(렘 7:23).

너희는 나를 불러 주여 주여 하면서도 어찌하여 내가 말하는 것을 행하지 아니하느냐 내게 나아와 내 말을 듣고 행하는 자마다 누구와 같은 것을 너희에게 보이리라 집을 짓되 깊이 파고 주추를 반석 위에 놓은 사람과 같으니 큰물이 나서 탁류가 그 집에 부딪치되 잘 지었기 때문에 능히 요동하지 못하게 하였거니와 듣고 행하지 아니하는 자는 주추 없이 흙 위에 집 지은 사람과 같으니 탁류가 부딪치매 집이 곧 무너져 파괴됨이 심하니라 하시니라(눅 6:46-49).

예수께서 대답하여 이르시되 내 교훈은 내 것이 아니요 나를 보내신 이의 것이니라 사람이 하나님의 뜻을 행하려 하면 이 교훈이 하나님께로부터 왔는지 내가 스스로 말함인지 알리라(요 7:16-17).

하나님은 그분께 순종하는 자들에게 복을 주십니다(신 28:1-14). 순종의 축복은 우리의 상상을 초월합니다. 그러나 그것은 하나님의 백성이 되는 것(렘 7:23), 인생에 풍파가 일어날 때 반석 위에 주추를 두는 것(눅 6:46-49) 그리고 영적인 진리를 아는 것(요 7:16-17) 등을 포함합니다.

하나님께 대한 반역은 순종의 반대입니다. 불순종은 하나님의 뜻을 거절하는 심각한 일입니다. 신명기 28:15-68은 불순종의 대가 중 몇 가지에 대해서 이야기하고 있습니다(순종과 불순종의 결과에 대해서 공부를 더하고 싶으면 신명기 30장과 32장을 참조하십시오).

## 순종의 대가

순종은 당신과 주위 사람에게 값비싼 대가를 치르게 합니다. 조정과 순종의 값을 치르지 않고서는 하나님의 뜻을 알 수도 없고 하나님의 뜻대로 행할 수도 없습니다. 하나님의 뜻을 따르는 데 있어서 기꺼이 값을 치르려는 것은 하나의 획기적인 조정입니다. "제자 중에서 많은 사람이 떠나가고 다시 그와 함께 다니지 아니하더라"(요 6:66). 그렇습니다. 많은 교회들이 이 시점에서 순종의 값을 기꺼이 치르기 싫어하기 때문에 하나님의 목적과 뜻을 그들을 통해서 이루시는 것을 경험할 기회를 놓치고 맙니다. 기꺼이 값을 치르고 따르는 이들은 하나님의 임재와 그들을 통해 역사하시는 하나님의 능력을 경험하게 됩니다.

사울을 예로 들어보면, 그는 예루살렘의 기존 종교계에서 인정을 받고 있었습니다. 그는 그리스도인들을 찾아내어 그들을 옥에 가두고 사형에 처하는 데 앞장섰습니다. 다메섹으로 가는 길에서 사울(후에 바울이 됨)은 살아계신 그리스도를 만났습니다. 부활하신 그리스도께서는 사울을 이방인에게 복음을 전할 이방인의 사도로 선택했노라고 말씀하셨습니다. 그는 가던 길에서 정반대 방향의 길로 돌아서야 했습니다. 그는 그리스도인들을 박해하던 입장에서 예수가 그리스도라는 메시지를 선포하게 되었습니다.

하나님은 당신의 계획이나 인생의 방향에 수정을 요하는 명령을 하십니다. 바울에게 그 조정은 매우 값비싼 것이었습니다. 그것은 심지어는 유대인들에게 죽음을 당할지도 모르는 위험으로 그를 몰아넣었습니다. 조정과 순종은 당신에게도 비싼 값을 치르게 할 수 있습니다.

하나님의 뜻에 순종하는 것은 때때로 반대와 오해를 자아냅니다. 바울은 예수님께 순종했기 때문에 심한 고통을 겪었습니다. 끝없이 매를 맞고 투옥되었습니다. 사람이 당하기에는 너무나 벅찬 위험을 당했습니다. 그는 한 서신에서 이렇게 결론을 맺었습니다. "내가 내 몸에 예수의 흔적을 지니고 있노라"(갈 6:17). 주님의 뜻을 행하기 전에는 바울은 그런 경험을 하지 못했습니다. 순종은 그에게 매우 값비싼 대가를 요구했습니다. 그럼에도 바울은 이렇게 고백했습니다. "내가 그리스도와 그 부활의 권능과 그 고난에 참여함을 알고자 하여 그의 죽으심을 본받아 어찌하든지 죽은 자 가운데서 부활에 이르려 하노니 내가 이미 얻었다 함도 아니요 온전히 이루었다 함도 아니라 오직 내가 그리스도 예수께 잡힌 바 된 그것을 잡으려고 달려가노라"(빌 3:10-12).

사도 바울은 그가 하나님의 뜻을 행하기 위해서 했던 조정을 이렇게 표현했습니다. "내가 여러 사람에게 여러 모습이 된 것은 아무쪼록 몇 사람이라도 구원하고자 함이니"(고전 9:22). 당신의 예수님에 대한 조정과 순종 역시 값비싼 대가를 요구할 것입니다. 성경은 값비싼 대가를 치르는 예로 가득차 있습니다.

모세와 이스라엘 백성. 모세가 하나님의 뜻에 순종하여 바로에게 이스라엘 백성을 보낼 것을 선포했을 때, 이스라엘 백성들은 어떤 대가를 치르게 되었습니까? 모세가 하나님께 순종했을 때 이스라엘 자손의 노역은 더욱 무거워졌고 이스라엘인 패장들은 두들겨 맞았습니다. 모세의 순종 때문에 이스라엘 백성들은 비싼 값을 치렀습니다(출 5:1-21).

예수님과 마리아. 예수님께서 순종함으로 십자가에서 죽는 것을 바라본 어머니는 어떤 값을 치렀습니까? 주 예수께서 아버지의 뜻을 좇아 십자가 상에서 돌아가셨을 때, 예수님의 어머니였던 마리아는 자기 아들이 잔인하게 죽임을 당하는 것을 목격하는 슬픔을 겪었습니다(요 19:17-37). 예수님의 순종이 그의 어머니에게 가슴이 찢어지는 경험을 하게 만들었던 것입니다. 그의 순종은 그의 모든 제자들의 마음에 두려움과 아픔을 주었습니다. 예수님이 하나님의 뜻을 행하시는 동안 많은 다른 사람들은 비싼 값을 치러야 했습니다.

**바울과 야손.** 바울이 순종함으로 데살로니가에 있는 이방인들에게 복음을 전했을 때 야손은 어떤 값을 치러야 했습니까? 바울이 복음을 전파하라는 하나님의 뜻에 순종했을 때, 다른 사람들도 그들의 인생에서 역사하시는 하나님께 응하도록 인도되었습니다. 야손과 다른 사람들은 그들이 바울과 사귀었기 때문에, 소동하는 군중들에게 잡혀 반역죄로 고소를 당했습니다. 하나님의 뜻에 대한 바울의 순종은 그와 함께한 사람들을 빈번하게 생명의 위험으로 몰아넣었습니다(행 17:1-9).

당신은 하나님의 뜻을 알고 행하는 데 있어서 매우 실질적인 이 요소를 그냥 지나쳐서는 안됩니다. 하나님은 그분의 계획과 목적을 당신에게 계시하실 것입니다. 그러나 당신의 순종은 당신과 당신 주위 사람들에게 값비싼 대가를 치르게 할 것입니다. 예를 들어, 어떤 목사님이 선교를 위해서 자신의 인생을 바치기로 결심하면 그분 자신보다도 그분 주위 사람들(가족, 교회)이 더 큰 값을 치러야 할지도 모릅니다. 그 목사님이 그의 교회를 선교에 직접적으로 참여하게 만들면, 그것은 목사님 자신보다도 교회의 교인들에게 더 비싼 대가를 요구할 것입니다.

### 내가 하나님의 뜻을 행함으로 우리 가족이 치렀던 값

저와 아내 마릴린이 선교사업에 헌신했을 때, 우리에게 닥친 큰 대가 중 하나는 제가 오랫동안 아이들 곁을 떠나 있어야 하는 것이었습니다. 우리가 새스커툰으로 갔을 때 큰 아이는 여덟 살이었습니다. 막내는 우리가 이

사간 지 몇 달 후에 태어났습니다. 아이들이 자라나는 그 무렵, 저는 대부분의 시간을 집에서 떠나 있었습니다. 마릴린은 다섯 아이를 제가 없는 상황에서 키워야 하는 대가를 치렀습니다.

저는 많은 하나님의 사람들이 이렇게 이야기하는 것을 들었습니다. "저는 진실로 하나님이 저를 부르신다고 생각합니다. 하지만 무엇보다도 제 아이들이 저를 필요로 합니다. 저는 제 가족을 그렇게 힘들게 할 수 없어요." 물론 당신의 아이들은 당신의 보살핌을 필요로 합니다. 그러나 당신이 하나님의 역사에 순종함으로 응했다면, 하나님이 당신의 아이들을 보살필 어떤 길을 마련해 주실 것을 믿지 않습니까? 우리는 그것을 믿었습니다!

우리는 하나님이 우리의 순종을 인정해 주실 것을 믿었습니다. 우리는 하나님이 어떻게 우리 아이들을 길러야 하는지를 알려주실 것이라고 믿었습니다. 우리는 하늘에 계신 우리 아버지께서 그분의 종들을 사랑하시고, 우리가 우리 아이들을 보살필 수 있는 것보다 훨씬 더 잘 돌봐주실 수 있는 분임을 믿게 되었습니다. 우리는 하나님이 우리가 아이들과 함께하지 못하는 시간을 보충하는 어떤 방법을 제시해 주시리라는 것을 믿었습니다. 이제 더 이상 그것이 제가 제 가족을 등한시하는 핑계가 될 수는 없습니다. 제가 하나님 아버지께 순종할 때, 그분이 제 가족을 돌봐 주시는 것을 믿을 수 있었습니다.

우리가 새스커툰에 있던 첫해에 세 사람에게 침례를 주었습니다. 매우 힘들었던 2년 반의 노력 끝에 주일성경학교에 30명이 출석하게 되었습니다. 마릴린이 제게 말했습니다. "헨리, 오늘 리처드가 제게 와서는 당신이 불쌍해서 못 견디겠다고 했어요. 그 애는 이렇게 말했답니다. '아빠의 설교는 참 좋아요. 그런데 매주 초청의 시간을 갖지만 아무도 나오지 않잖아요.'"

저는 리처드에게 가서 이렇게 말했습니다. "리처드야, 절대로 아빠를 불쌍하게 여기지 말아라. 하나님이 아빠에게 10년 동안 애써 일하게 하시고, 그럼에도 아주 적은 결과밖에 나오지 않는다 해도, 아빠는 결코 실망치 않고 하나님의 추수의 날을 기다리며 더 열심히 일할 거란다." 저는 무슨 일이 일어나고 있는지 리처드가 이해하도록 도와줘야 했습니다. 저는 하나님의 약속에 대해서 설명해 주었습니다. "울며 씨를 뿌리러 나가는 자는 반드시 기쁨으로 그 곡식 단을 가지고 돌아오리로다"(시 126:6). 하나님은 그 순간 제 아들에게 의미 깊은 영적인 진리를 가르쳐 주는 도구로 저를 사용하셨습니다.

### 하나님이 마릴린을 돌봐주시다

저는 마릴린이 의기소침했던 때를 기억합니다. 그녀는 용기를 잃었습니다. 그로부터 일주일 뒤, 제가 주일 설교를 마치자마자 리처드가 강단 앞으로 나와서 결신했습니다. 그애는 이렇게 말했습니다. "하나님께서 저를 사역자로 부르시는 것 같아요."

그애 바로 뒤에 우리의 이웃인 역시 리처드라는 이름을 가진 소년이 걸어 나왔습니다. 마릴린은 문제 가정에서 자라난 이 소년을 돌보는 데 많은 시간을 들였습니다. 그는 나와서 이렇게 말했습니다. "하나님께서 저를 사역자로 부르시는 것 같아요. 그리고 제가 이렇게 된 것은 블랙가비 여사 덕분이에요."

그리고 론이라는 소년도 그 예배 때 일어나서 말했습니다. "하나님께서 저 또한 사역자로 부르십니다. 그리고 이것은 블랙가비 여사가 많은 공을 들였기 때문입니다." 그가 그의 인생에서 문제에 부딪혔을 때, 우리 가족은 그의 인생을 향한 하나님의 뜻을 찾도록 용기를 북돋워 주었습니다. 마릴린은 론에게 사랑을 보여주려고 무진 애를 썼습니다. 마릴린이 위급한

이 순간에 하나님은 그녀를 돌보아 주셨습니다.

지금은 저의 다섯 아이 모두가 전담사역이나 선교사업으로 하나님이 부르셨음을 느끼고 있습니다. 리처드는 지금 캐나다 침례신학대학에서 총장직을 맡아 섬기고 있습니다. 오직 하나님만이 제 아이들에게 이렇게 아름다운 일을 하실 수 있습니다. 하나님만이 당신의 가족을 돌봐주실 수 있음을 기억하시기 바랍니다. 저는 이 세상의 그 누구보다도 하나님의 손에 저희 가족을 의탁할 것입니다.

## 기도의 조정과 대가

우리 교회가 하나님의 인도하심을 느낄 때, 저는 종종 제 기도생활에 갈등을 경험했습니다. 저는 그런 시간에 다른 어떤 때보다도 기도에 대해서 더 많이 배웁니다. 오직 기도로만 이루어질 수 있는 일들이 있습니다. 하나님은 많은 경우 우리가 구할 때까지 기다리십니다. 저의 갈등은 이것이었습니다. 하나님이 제가 기도하는 것을 이루어주실 때까지 기꺼이 기도하겠는가? 마가복음 11:24에 나오는 기도에 대한 약속은 저에게 항상 믿음과 기도의 관계에 대해 제가 믿고 있는 바에 대한 도전이 되어왔습니다. "그러므로 내가 너희에게 말하노니 무엇이든지 기도하고 구하는 것은 받은 줄로 믿으라 그리하면 너희에게 그대로 되리라"(막 11:24).

위의 성경구절은 종종 '구하고 내 것으로 주장하라(name-it-and-claim-it)'는 신학에 사용되곤 했습니다. 당신이 무엇을 원하는지 스스로 정합니다. 그것을 요구하고 자기 것이라고 주장하면 그것은 당신 것입니다. 그것은 자기 중심적인 신학입니다. 오직 하나님만이 주도권을 잡으심을 기억하십시오. 그분이 당신에게 그분의 뜻대로 하고 싶은 갈급함을 주십니다(빌

2:13). 성령님은 하나님의 뜻대로 기도하도록 당신을 인도하십니다(롬 8:26-28). 하나님 중심적인 접근 방법은 당신이 그분의 뜻대로 기도하도록 하나님이 인도하시도록 해 드리는 것입니다(예수님의 이름과 성품으로). 당신으로 하여금 기도하도록 하나님이 인도하신 것은 그분이 이루어 주신다는 것을 믿으십시오. 그리고 계속해서 믿음으로 기도하고 그 일이 이루어지는지를 주목하여 살펴보십시오.

하나님이 당신을 만나주실 때, 당신은 당신의 인생에서 획기적인 조정을 요구하는 믿음의 갈등에 부딪치게 됩니다. 당신은 어떻게 기도해야 하는지 배울 필요가 있습니다. 기도는 당신에게 분수에 넘치도록 값비싼 대가를 치르게 합니다. 하나님이 당신을 한밤중에 깨우셔서 기도하도록 만들지도 모릅니다. 당신은 기도하는 데 많은 시간을 투자해야 할지도 모릅니다. 어떤 때는 밤늦게까지, 어떤 때는 밤을 새워서 기도를 해야 할지도 모릅니다. 기도의 사람이 되는 것은 당신의 인생을 획기적으로 주님께 조정할 것을 요구합니다. 기도는 언제나 순종의 일부입니다. 하나님과의 기도라는 관계성을 통해서 하나님은 그 이상의 지시를 내리십니다.

주위 사람들이 기도하도록 인도할 때 당신은 또 다른 대가를 치러야 합니다. 대부분의 교회들이 어떻게 기도해야 하는지를 배우지 못했습니다. 제가 아는 계발되지 않은 가장 위대한 자원은 한마음으로 뭉쳐진 하나님의 사람들의 기도입니다. 예수님은 이사야 56:7을 인용하시며 "내 집은 기도하는 집"(눅 19:46)이라고 말씀하셨습니다. 당신의 교회가 기도하는 교회가 되도록 돕는 일은 매우 보람있는 경험이 될 것입니다. 모든 교회는 기도하는 교회가 되어야만 합니다!

### 두 번째 기회들

사람들은 자주 저에게 이런 질문을 합니다. "어떤 사람이 하나님께 불순종할 때, 하나님은 그 사람에게 두 번째 기회를 주시나요?" 이 질문에 대한 답은, 어떤 때는 '예' 입니다. 그러나 하나님은 항상 두 번째 기회를 주시지는 않습니다. 그리고 그러셔야 할 의무도 없습니다.

하나님이 종종 두 번째 기회를 주신다는 것을 알기 때문에 저는 안심이 됩니다. 하나님이 니느웨를 회개시키시려는 계획을 가지고 계셨을 때, 요나에게 하나님의 역사에 동참하라고 말씀하셨습니다. 요나는 그 이방의 적들에 대해 편견을 갖고 있었으므로 하나님께 불순종했습니다. 요나는 오히려 하나님이 니느웨를 멸망시키시는 것을 보고 싶어했습니다. 하나님께 대한 불순종은 매우 심각합니다. 요나는 폭풍이 이는 바다로 내던져졌고 3일 동안을 큰 고기의 뱃속에서 지내야 하는 역경을 겪었습니다. 요나는 자기의 불순종을 고백하고 회개했습니다. 그제야 하나님은 그에게 두 번째 순종의 기회를 주셨습니다.

두 번째에 가서 요나는 순종했습니다(마지못해서이긴 했지만). 요나는 첫날 한 문장으로 된 메시지를 외쳤고, 하나님은 그 메시지를 통해서 120,000명을 회개시키셨습니다. 요나는 이렇게 말했습니다. "주께서는 은혜로우시며 자비로우시며 노하기를 더디하시며 인애가 크시사 뜻을 돌이켜 재앙을 내리지 아니하시는 하나님이신 줄 내가 알았음이니이다"(욘 4:2). 요나와 니느웨에 대한 하나님의 반응은 하나님이 모든 민족들을 얼마나 끔찍이 아끼고 그들이 모두 회개하기에 이르기를 바라시는 하나님이신지를 요나에게 가르쳐 주었습니다.

위대한 하나님의 사람들 중에도 불순종과 죄로 하나님의 마음을 아프게 한 사람들이 있었지만 하나님은 그들을 포기하지 않으셨습니다. 하나님이 만일 단 한 번의 실수만을 사람들에게 허락하셨다면, 모세는 그런 훌륭한 사람이 되지 못했을 것입니다. 그는 여러 번 실수를 했습니다(예를 들면 출 2:11-15). 아브라함도 위대한 믿음의 여정을 시작했지만 애굽으로 가서 망치고 말았습니다 – 한 번도 아니고 여러 번(예를 들면 창 12:10-20). 다윗도 실수를 했고(예를 들면 삼하 11장), 베드로도 그랬습니다(예를 들면 마 26:69-75). 사울(바울)은 심지어 그리스도인들을 핍박하는 것으로 하나님을 위한 그의 사역을 시작했었습니다(행 9:1-2).

### 불순종은 값비싼 대가를 치르게 한다

그러나 불순종은 결코 하나님에 의해 가볍게 취급되지 않습니다. 요나는 불순종하다가 하마터면 목숨을 잃을 뻔했습니다. 모세는 애굽인을 살인한 죄 때문에 40년의 광야생활이라는 대가를 치렀습니다. 밧세바에 대한 다윗의 죄로 그는 그의 아들의 목숨을 대가로 치렀습니다. 바울의 초기 사역은 그의 불순종으로 말미암아 많은 지장을 초래했습니다. 그리스도인들의 박해자라는 그의 평판 때문에, 많은 사람들이 그에게 가까이 가기를 두려워했습니다.

하나님은 당신의 인격을 변화시키는 데 관심을 가지고 계십니다. 얼마 동안 하나님은 당신이 하는 대로 놓아두십니다. 그러나 하나님은 조만간 당신을 돌이키기 위해 연단이라는 수단을 사용하십니다.

하나님은 당신이 그릇된 결정을 하도록 내어버려 두실 수도 있습니다. 그러면 성령님은 그것이 하나님의 뜻이 아니라는 것을 당신이 인식하도록 하십니다. 그분이 당신을 다시 바른 길로 인도해 주십니다. 그분은 하나님이 무엇을 원하시는가를 명확히 해주실 것입니다. 그분은 당신을 바르게 고쳐주고 하나님의 길을 가르쳐 주심으로써 당신의 불순종이란 환경을 가지고도 모든 것이 합력하여 선을 이루게 하십니다(롬 8:28).

하나님이 용서하시고 많은 경우 두 번째 기회를 주시지만, 그렇다고 해서 불순종을 가볍게 여겨서는 안됩니다. 어떤 때는 두 번째 기회를 주시지 않으십니다. 아론의 두 아들 나답과 아비후는 하나님이 명하시지 않은 다른 불을 가져다 분향하다가 하나님께서 그들을 치셔서 죽었습니다(레 10장).

모세는 온 이스라엘 민족 앞에서 하나님의 영광을 가로채며, 반석을 치면서 "반역한 너희여 들으라 우리가 너희를 위하여 이 반석에서 물을 내랴"(민 20:10)라고 말했습니다. "우리가"라는 단어를 살펴보십시오. 하나님이 반석에서 물을 내시는 분이셨습니다. 모세는 하나님의 영광을 가로챘고, 하나님은 그 불순종의 결과를 묵인하려고 하지 않으셨습니다. 하나님은 모세가 이스라엘 민족과 함께 약속의 땅에 들어가도록 허락하지 않으셨습니다. 이때 하나님은 잘못을 돌이킬 수 있는 두 번째 기회를 주지 않으셨습니다.

### 미래의 복을 가져다주는 순종

순종은 비싼 값을 치르게 하지만 항상 그만한 가치가 있습니다. 치러야 할 값이 너무 비싼 게 아닐까 하는 유혹을 받을 때, 하나님의 뜻을 행치 않았을 때 치러야 할 값이 얼마나 중대할 것인지를 항상 기억하십시오. 그것은 비교도 안되게 더 비쌉니다.

우리는 주일 학교 출석자가 45명 정도의 아직 작은 교회였을 때, 지교회 세 곳을 인적, 물적으로 돕고 있었습니다. 그런데 우리는 매니토바 주에 있는 위니펙이란 도시에 또 다른 지교회를 세우라는 권유를 받았습니다. 그곳은 새스커툰으로부터 820킬로미터 떨어진 곳이었습니다. 그곳에 목자를 제공하려면 누군가가 왕복 1,640킬로미터에 달하는 거리를 운전해야 했습니다. 처음에 언뜻 보았을 때, 그 일은 우리 같은 작은 교회로서는 불가능한 일처럼 보였습니다.

저는 어떻게 소수의 충성스런 신자들이 2년이 넘게 모여왔는가를 우리 교인들에게 이야기했습니다. 그들은 남침례교단에 속한 교회를 시작하고 싶어했습니다. 우리가 그들을 후원해 줄 수 있는 가장 가까운 교회였습니다. 우리 교회는 이것이 하나님이 하고 계시는 일이라는 것에 동의했습니다. 우리는 우리가 하나님께 순종해야 함을 알았습니다. 우리는 그 새로운 지교회를 후원할 것에 동의했습니다. 그리고 나서 우리는 하나님께 어떻게 할 것인지 보여 달라고, 또 그것을 하는 데 필요한 힘과 자원을 주실 것을 기도했습니다.

저는 설교하고 교인들을 돌보기 위해 여러 번 위니펙까지 운전하여 다녀왔습니다. 하나님은 우리가 세웠던 어떤 지교회보다도 빨리 그곳의 목사님과 목사님께 드릴 사례비를 마련해 주셨습니다. 그러나 우리의 순종의 이야기는 거기서 끝나지 않았습니다. 프렌드십 침례교회는 9개의 다른 지교회의 모체 역할을 했을 뿐 아니라, 그 지역 모든 남침례교회들을 모아 지방회를 시작했습니다.

우리의 맏아들인 리처드가 신학교를 마쳤을 때, 위니펙의 그 교회는 그를 담임목사로 초빙했습니다. 이것이 그의 첫 목회였습니다! 우리의 둘째 아들인 톰은 그 교회의 음악, 교육, 청소년을 담당하는 교역자로 초청을 받았습니다. 저는 처음에는 불가능하게 보였던 한 번의 순종이 제 가족에게 이렇게 큰 미래의 복을 가져다주는 잠재적인 가능성을 지니고 있었음을 알지 못했습니다. 우리가 하나님께 순종해서 위니펙에 지교회를 세운 것이 얼마나 감사한 일이었는지요!

 요약

획기적인 조정과 값비싼 순종은 하나님의 임재와 능력이 당신을 통해 나타나기 위한 전제 조건입니다. 많은 그리스도인들과 교회들이 이 진실의 순간에 대가가 너무 크다고 결정합니다. 그들은 자주 순종을 하지 않는 것의 결과가 얼마나 값비싼지를 생각해 보지 않습니다. 하나님이 당신을 사명으로 부르셨을 때,

순종은 당신과 당신 주위의 사람들에게 값비싼 대가를 치르게 합니다. 그러나 대가가 얼마가 되든지, 하나님께 순종하는 데는 선택의 여지가 없습니다. 순종은 모든 종들에게 요구됩니다.

당신이 순종할 때, 하나님은 자신의 목적을 성취하실 것이고 당신은 하나님의 임재와 능력을 경험하는 감격을 만끽하게 될 것입니다. 당신과 당신 주위의 사람들이 하나님을 아는 위대한 지식을 경험으로 알게 될 것입니다.

 **오늘의 하나님을 경험하는 삶**

하나님이 그분의 일에 동참하라고 당신 혹은 당신의 교회를 부르셨는데 치러야 할 대가가 너무 커서 거부한 적이 있습니까? 당신이 과거에 불순종했던 경우를 가르쳐 달라고 하나님께 기도하십시오. 하나님이 마음에 생각나게 해주시면 하나님께 동의하고 당신의 죄를 고백하십시오. 하나님의 주권에 당신의 삶을 다시 한 번 항복하고 대가가 얼마나 크든지 순종할 것이라고 기도하십시오.

순종이 너무 비싼 대가를 요구한다고 느낄 때마다 당신은 자신이 누구인지, 무엇을 소유하고 있는지에 대해 착각하고 있는 것입니다. 예수님의 제자로서 당신은 값을 주고 사신 바가 되었으므로 당신은 당신 것이 아닙니다. 당신이 가진 모든 것도 하나님께 속한 것입니다. 당신은 하나님의 자원의 청지기일 뿐입니다. 당신 자신과 당신의 모든 소유가 하나님께 속한 이상 당신을 하나님께, 그리고 하나님의 목적에 재헌신하십시오. 하나님이 요구하시는 모든 것은 합당하다는 데 동의하시고 기도하십시오. 하나님의 뜻에 순종하기 위해 어떤 대가도 치르겠다고 결단하십시오. 하나님이 당신의 헌신이 진짜인지 시험하실 기회를 살펴보십시오. 하나님을 실망시키지 마십시오.

# 19장 하나님이 하나님 자신의 일을 성취하신다

진리를 따르는 자는 빛으로 오나니 이는 그 행위가 하나님 안에서
행한 것임을 나타내려 함이라 하시니라
요한복음 3:2
나의 뜻이 설 것이니 내가 나의 모든 기뻐하는 것을 이루리라 하였노라
…내가 말하였은즉 반드시 이룰 것이요 계획하였은즉 반드시 시행하리라
이사야 46:10-11

하나님이 그분께 동참하라고 우리를 초청하심을 경험할 때, 우리는 종종 표적을 보기 원합니다. 우리는 마치 이렇게 얘기하는 것과 같습니다. "주여, 이것이 당신의 뜻이라고 저에게 증명해 주십시오. 그러면 제가 순종하겠나이다." 모세가 불붙는 가시떨기나무 앞에 서서 하나님께 동참하라는 초청을 받았을 때, 하나님은 그가 하나님이 그를 보냈다는 표적을 받을 것이라고 말씀하셨습니다. 하나님은 모세에게 이렇게 말씀하셨습니다. "내가 반드시 너와 함께 있으리라 네가 그 백성을 애굽에서 인도하여 낸 후에 너희가 이 산에서 하나님을 섬기리니 이것이 내가 너를 보낸 증거니라"(출 3:12). 다른 말로 하면 "모세야 너는 순종해라. 내가 너를 통해서 이스라엘 백성을 구원할 것이다. 너는 내가 너의 구원자임을 알게 될 것이고, 이 산에서 나를 섬길 것이다"입니다.

하나님이 모세를 보냈다는 확인은 모세가 순종한 이후에 올 것이지, 순종하기 전이 아닙니다. 이것이 성경 전체를 통해서 가장 자주 나오는 경우입니다. 확인은 순종 이후에 옵니다.

하나님은 사랑이십니다. 그분을 의지하고 그분을 믿으십시오. 당신이 그분을 사랑하기에 그분께 순종하십시오. 그러면 당신은 그분과 친밀한 교제를 나누게 될 것입니다. 하나님은 당신을 통해서 하나님 크기의 사명을 성취시키심으로써 당신의 인생에서의 그분의 임재와 사역을 확인시켜 주실 것입니다. 그 확인은 기쁨의 순간이 될 것입니다!

## "문"이 닫힌다면…

당신이 하나님께서 당신을 어떤 임무나 장소 또는 사명으로 부르고 계심을 느꼈다고 가정합시다. 당신은 그것을 막 하려고 하는데 모든 일이 잘못되어 갑니다. 사람들은 보통 이렇게 말합니다. "글쎄, 아마 그것은 하나님의 뜻이 아닐 거야."

하나님은 당신을 하나님과의 관계로 부르십니다. 환경을 해석하는 데 있어서 매우 신중해야 합니다. 많은 경우에 우리는 너무 빨리 결론을 지어 버립니다. 하나님은 자신이 무엇을 하려고 하시는지를 말씀해 주시려고 우리를 한 방향으로 인도하십니다. 우리는 우리의 결론이 너무나 논리적으로 들리기 때문에 하나님이 무엇을 하고 계신지에 대해서 우리 멋대로 결정짓고 곧 결론을 내려 버립니다. 우리가 우리 자신의 추리에 따른 논리를 쫓아가기 시작하고 나면 아무 일도 제대로 되지 않는 것처럼 보입니다. 우리는 관계성을 떠나서 우리 자신의 손으로 해결해 보겠다고 나서는 경향이 있습니다. 그러지 마십시오.

대개의 경우 하나님이 당신을 부르시거나 지시를 내리실 때, 그분의 부르심은 당신으로 하여금 그분을 위해서 무엇을 하라는 것이 아닙니다. 그분은 당신이 처한 그 자리에서 그분이 무엇을 하시려는지를 말씀하고 계십니다. 그것의 한 예로 사도 바울의 사역에 관한 기록을 살펴보겠습니다.

성령이 아시아에서 말씀을 전하지 못하게 하시거늘 그들이 브루기아와 갈라디아 땅으로 다녀가 무시아 앞에 이르러 비두니아로 가고자 애쓰되 예수의 영이 허락하지 아니하시는지라 무시아를 지나 드로아로 내려갔는데 밤에 환상이 바울에게 보이니 마게도냐 사람 하나가 서서 그에게 청하여 이르되 마게도냐로 건너와서 우리를 도우라 하거늘 바울이 이 환상을 보았을 때 우리가 곧 마게도냐로 떠나기를 힘쓰니 이는 하나님이 저 사람들에게 복음을 전하라고 우리를 부르신 줄로 인정함이러라(행 16:6-10).

하나님은 이미 다메섹 도상에서 바울에게 그를 통해서 이방인들에게 복음을 전파시키겠다고 말씀하셨습니다. 바울이 아니라 하나님이 이방인들을 찾아가려고 하신 것입니다. 바울이 한 방향으로 가기를 시작하는데 성령님께서 그를 막으셨습니다(행 16:6-10). 그는 다른 쪽으로 가기 시작했습니다. 역시 성령님께서 그를 막으셨습니다. 하나님의 원래 계획은 무엇이었습니까? 이방인을 찾아가는 것이었습니다. 바울의 문제는 무엇이었습니까? 그는 자기가 무엇을 해야 하는지 알아내려고 노력하였고, 기회의 '문'은 닫혀 있었습니다. 그러나 정말 문이 닫혀 있었습니까? 아니지요. 하나님은 이 말씀을 하려고 노력하고 계셨던 것입니다. "내가 하는 말을 들어라. 바울아, 내가 너에게 가야 할 곳을 일러주기 전까지는 드로아에 머물러 있어라."

드로아에서 바울은 마게도냐로 가서 그곳에 있는 사람들을 도와주라는 환상을 보았습니다. 무슨 일이 일어나고 있었습니까? 하나님의 계획은 서쪽 그리스와 로마로 복음의 방향을 돌리는 것이었습니다. 하나님은 빌립보에서 역사하고 계셨고, 바울이 거기서 하나님과 합류하기를 바라셨던 것입니다.

하나님을 좇기 시작했는데 환경이 기회의 문을 닫는 것처럼 보이면, 주님께로 돌아가서 하나님이 무슨 말씀을 하시는지를 명확히 하십시오. 그것보다 더 좋은 방법은 애초에 하나님의 부르심을 받았다고 느꼈을 때, 하나님이 정확히 무슨 말씀을 하시는지 알려고 노력하는 것입니다. 하나님은 대개 당신을 단지 어떤 사역으로 부르시지 않고 관계성으로 부르십니다. 그 관계성을 통해서 하나님은 당신의 인생을 통해서 무언가를 하실 것입니다. 어떤 한 방향으로 나가기 시작했는데 모든 것이 막히면, 하나님께로 돌아가서 그분이 뭐라고 말씀하셨는지를 명확히 하십시오. 하나님이 말씀하신 것을 부인하지 말고 하나님이 하신 말씀을 명확히 하십시오.

모세는 계속 그것을 해야만 했습니다. 그는 하나님께 순종하여 바로에게 말했는데 모든 것이 잘못되었습니다. 모세는 포기하지 않았습니다. 그는 주님께로 돌아가서 무슨 일이 일어나고 있는지를 명확히 했습니다. 하나님은 모세에게 애굽에 내릴 재앙에 대해서 지시를 주기 시작하셨습니다. 바로는 점점 더 다루기 힘들어지는 것처럼 보였습니다. 모세는 매일 하나님의 지시를 찾았고 순종했습니다. 후에 모세는 이때를 회상하며 사건의 구비구비마다에서 섬세하신 하나님의 손길을 볼 수 있었습니다. 하나님은 하나님이 이스라엘을 애굽에서 구원하신 것임을 이스라엘, 애굽은 물론 주위의 모든 나라들이 알도록 하셨습니다.

### 학생 선교를 위해 부르심을 받은 부부

저는 한 아름다운 부부와 대화를 나눈 적이 있습니다. 그들은 새스커툰에서 학생 선교를 하라는 부르심을 받았다고 했습니다. 그들은 선교사로서의 사명을 감당하기 위해 준비작업을 시작했는데 교단의 선교본부에서 거절을 당했습니다.

그들은 이렇게 결론지었습니다. "그러면 우리가 실수를 한 것이다." 저는 그들에게 무조건 결론부터 내리지 말고 하나님께로 돌아가서, 그들이 하나님의 부르심을 느꼈을 때 하나님이 뭐라고 말씀하셨는지를 기억해 보라고 조언해 주었습니다. 그러나 그들은 하나의 세부항목이 자신들의 생각대로 되지 않았다고 해서, 하나님의 전체 계획을 파기시켰습니다.

저는 그들에게, 되돌이켜 하나님이 무엇을 하라고 그들을 부르셨는지를 명확히 하라고 당부했습니다. 하나님이 그들을 선교사역으로 부르셨습니까? 하나님이 그들을 학생들의 사역을 위해서 부르셨습니까? 하나님이 그들을 캐나다로 부르셨습니까? 그들은 하나님이 그들을 캐나다로, 학생 사역으로 부르셨음을 느꼈습니다.

그래서 저는 이렇게 이야기했습니다. "부르심을 받은 느낌을 그대로 가지고 계십시오. 하나의 문이 닫혔다고 해서 임무가 끝나버린 것이라고 추측하지는 마십시오. 당신들을 부르신 하나님이 자신이 말씀하신 것을 어떻게 이행하시는지 주목하여 보십시오. 하나님이 하나의 지시를 내리실 때, 그분은 꼭 이루어지게 하실 것입니다. 하나님이 하신 말씀을 환경이 파기하지 못하도록 조심하십시오."

하나님은 다른 도시에서 그들이 사역하기를 원하셨을 수도 있습니다. 하나님은 그들이 다른 종류의 재정적 지원을 받기를 원하셨을지도 모릅니다. 또는 그분은 그들을 준비시키기 위해 더 오랜 시간이 필요하셨을 수도 있습니다. 그분이 자신의 시간에 세부적인 일들까지 이루시도록 하십시오. 그러는 동안 당신이 알고 있는 해야 할 일들을 모두 하고, 그 다음에 내려올 지시를 기다리십시오. 순종의 한 단계를 밟은 후에 일이 잘못되어 가는 것처럼 보이면 다음과 같이 행동하십시오.

- 하나님이 무슨 말씀을 하셨는지를 명확히 하고, 하나님이 말씀하신 것에 당신이 더 추가했을지 모르는 것들을 찾아보십시오.
- 하나님이 말씀하신 것을 그대로 간직하십시오.
- 당신이 해야 한다고 알고 있는 일을 모두 하십시오.
- 그리고 나서 주님이 당신에게 그 다음에 해야 할 것을 말씀해 주실 때까지 기다리십시오.

하나님의 가장 큰 과제는 그분의 사람들을 그분 자신에게로 조정시키시는 일입니다. 하나님은 우리가 그분이 원하시는 바로 그런 사람이 되기까지 우리를 다듬을 시간을 필요로 하십니다. 하나님이 말씀과 기도를 통해서 당신에게 어떤 큰 일을 하실 것임을 말씀하셨다고 당신이 느꼈다고 가정합시다. 당신은 환경이 잘 맞아떨어지고 다른 믿는 분들(교회)이 동의하기 때문에 하나님이 그 일을 하실 것이라고 느낍니다. 그리고 나서 6개월이 지났는데도, 아무런 큰 일도 아직 일어나지 않음을 봅니다.

그럴 때 부정적이 되거나 의기소침하거나 용기를 잃거나 하지 마십시오. 당신과의 관계성 안에서 자신의 일을 주도하시는 하나님이 그것을 완성시키도록 보장해 주시는 분입니다. 하나님이 당신 안에서, 당신 주위의 사람들 안에서 하나님이 하실 일을 위해 당신을 준비시키시는 것을 주목해 보십시오. 여기서 열쇠가 되는 것은 하나님과 당신과의 관계입니다.

### 천천히 진행되다

하나님이 당신의 인생에서 매우 천천히 역사하시는 것처럼 보입니까?

예수님이 다음의 말씀을 하신 때는 이미 제자들과 3년 정도 함께 거하신 후였습니다. "내가 아직도 너희에게 이를 것이 많으나 지금은 너희가 감당하지 못하리라 그러나 진리의 성령이 오시면 그가 너희를 모든 진리 가운데로 인도하시리니 그가 스스로 말하지 않고 오직 들은 것을 말하며 장래 일을 너희에게 알리시리라"(요 16:12-13).

예수님은 그들에게 더 가르치실 필요가 있었지만, 그들은 그것을 받을 준비가 되어 있지 않았습니다. 그러나 예수님은 성령님이 하나님의 시간표에 따라 제자들을 계속해서 인도하실 것임을 아셨습니다.

당신은 이렇게 말할지도 모릅니다. "하나님, 서두르셔서 저를 성숙하게 만들어 주세요."

이때 하나님은 이렇게 말씀하십니다. "나는 네가 나로 하여금 네 인생에 허락하는 만큼 빨리 움직이고 있다. 네가 다음 단계로 올라갈 준비가 될 때, 내가 네 인생에 새로운 진리를 가져다 줄 것이다." 하나님이 당신에게 새로운 사명을 주지 않으신다고 느낀다면 다음의 질문들을 스스로에게 해 보십시오.

- 하나님이 이미 나를 인도하고 계신 모든 것에 내가 응하고 있는가?
- 내가 이미 하나님의 뜻임을 아는 것에 대해 모두 순종했는가?
- 나는 하나님이 나를 사랑하시고, 그가 항상 최선이고, 옳은 일을 하심을 진정으로 믿고 있는가?
- 나는 기꺼이 하나님의 시간을 인내함으로 기다릴 수 있는가? 그리고 기다리는 동안 내가 알고 있는 모든 해야 될 것들을 기꺼이 하겠는가?

오늘 있다 내일 없어질 풀은 성숙할 시간을 그리 필요로 하지 않습니다. 그러나 크고 몇백 년씩 사는 참나무는 자라나고 성숙하는 데 많은 시간을 요구합니다. 하나님은 영원토록 살 당신의 생명에 관심을 갖고 계십니다.

하나님이 그분의 목적에 맞게 당신을 빚으시는 데 필요한 만큼의 시간을 충분히 쓰시도록 허락하십시오. 큰 임무일수록 준비하는 데 더 오랜 시간이 걸립니다.

하나님이 당신의 인생에 정해 놓으신 목적과 임무를 수행할 수 있도록 당신을 준비시키시는 데 필요한 만큼의 시간을 충분히 쓰시도록 허락하시겠습니까? 만일 그렇다면 지금 시간을 내어서 주님께 그렇게 기도하십시오.

## 하나님이 당신을 통해 자신의 일을 성취하신다

당신이 하나님께 순종할 때, 그분은 당신을 통해 그분이 목적하시는 일을 성취하실 것입니다. 하나님이 당신의 인생에서 오직 하나님만이 하실 수 있는 일을 행하실 때, 당신은 그분을 보다 친밀하게 알게 될 것입니다. 순종하지 않으면, 당신은 당신의 생애에서 가장 신나는 경험을 놓치게 될 것입니다.

하나님이 당신을 통해서 무언가를 하고자 목적하실 때, 그 과제는 하나님 크기의 차원에 속한 것입니다. 하나님은 당신과 당신 주위의 사람들에게 자신을 계시하기를 원하시기 때문에 그렇게 하시는 것입니다. 만일 당신 스스로의 힘으로 할 수 있는 일을 한다면, 사람들은 하나님을 알게 되지 못할 것입니다. 그러나 하나님이 오로지 그분만이 하실 수 있는 일을 당신을 통해서 하시면, 당신과 당신의 주위에 있는 사람들은 하나님을 알게 될 것입니다. 예수님은 이렇게 말씀하셨습니다. "진리를 따르는 자는 빛으로 오나니 이는 그 행위가 하나님 안에서 행한 것임을 나타내려 함이라"(요 3:21).

성령님은 당신의 인생을 향한 하나님 아버지의 뜻을 절대로 오해하시지 않습니다. 하나님은 당신의 인생을 통해 어떤 목적을 이루십니다. 당신이 그것을 놓치지 않게 하시려고 당신 안에 성령님이 거하도록 하십니다. 당신을 하나님 아버지의 뜻으로 인도하는 것이 성령님의 역할입니다. 그리고 성령님은 당신이 하나님의 뜻을 이루도록 능력을 주십니다. 당신은 하나님의 목적을 알고 성취시키는 데 있어서 철저하게 하나님께 의존적입니다. 그것이 당신과 하나님의 관계가 중요한 이유입니다. 그것이 하나님의 목적과 길을 알기 위해서 당신이 하나님의 말씀을 듣기까지 기다려야 하는 이유입니다.

예수님은 하나님 아버지의 뜻을 알고 행하는 데 있어서 단 한 번의 실수도 없었던 좋은 본보기입니다. 우리 주 예수님은 하나님 아버지께서 하시고자 하는 한가지 한가지 일을 즉각적으로 실행에 옮기셨습니다. 예수님의 성공의 비결은 무엇이었습니까? 그분은 항상 하나님과 올바른 관계성을 유지하셨습니다! 성령님과 하나님의 임재 가운데 일관된 하나님과의 관계를 가지고 하나님과 동행하고 있다면, 당신은 하나님의 뜻을 모르게 되는 순간이 없게 될 것입니다. 하나님의 뜻을 이루지 못할 때가 없을 것입니다.

예수님의 삶은 하나님과의 사랑의 관계에서 나오는 일관성 있는 외곬수의 삶입니다. 예수님은 완벽한 본보기이십니다. 당신이나 저나 그런 본보기에는 전혀 못미치는 사람이라는 결론을 얻는 데는 그리 오랜 시간이 걸리지 않습니다. 그렇습니다! 그러나 완전한 순종의 삶을 사신 그리스도께서 우리 안에 충만히 거하셔서 자신의 뜻을 알고 행할 수 있도록 당신에게 능력을 주실 것입니다. 우리는 하나님께 우리의 인생을 조정하고 그분께 절대적으로 의존하여 하나님과의 관계성과 일관된 삶을 살아야 합니다. 하나님은 당신을 그분의 목적 가운데로 이끄시고 목적을 이루시는 데 절대로 실수하지 않으실 것입니다.

하나님 크기의 차원에 속하는 사명은 믿음의 갈등을 일으킵니다. 당신은, 하나님은 자신이 말씀하시는 그대로의 하나님이시며 하시겠다고 말씀하신 일은 하실 수 있으며 하실 분임을 믿어야만 합니다. 그분께 순종할 때, 당신은 하나님이 하시겠다고 말씀하신 일을 하시도록 허락해야 합니다. 과제를 성취시키시는 분은 하나님이시지만 하나님은 그것을 당신을 통해서 하십니다.

모세. 모세는 순종이라는 행동을 통해서만 하나님의 충만하신 성품을 경험하기 시작했습니다. 그의 하나님에 대한 지식은 그의 하나님께 대한 순종으로부터 자라나온 것입니다. 모세의 생애에서 우리는 이런 패턴을 볼 수 있습니다. 즉, 하나님은 말씀하시고, 모세는 순종하고, 하나님은 자신이 목적하신 것을 성취하십니다. 우리는 이 패턴을 모세의 전생애에 걸쳐서 목격할 수 있습니다.

- 하나님이 이스라엘을 구원하시려는 역사에 모세가 동참하도록 초청하셨다.
- 하나님이 모세가 해야 할 일을 말씀해 주셨다.
- 모세는 순종했다.
- 하나님은 그분이 목적하신 일을 성취하셨다.
- 모세와 그 주위에 있던 사람들은 하나님을 보다 명확하고 친밀하게 알게 되었다.

사람들이 홍해와 뒤따르는 애굽의 군대 사이에 놓여져 있었을 때, 하나님은 모세에게 지팡이를 들고 손을 바다 위로 내밀라고 하셨습니다. 모세는 순종했습니다. 하나님은 바다를 가르셨고, 사람들은 마른 땅을 밟고 건너게 되었습니다(출 14:1-25). 그러자 미리암은 그들의 하나님에 대한 새로운 이해를 표현하는 찬송을 하도록 백성들을 인도했습니다.

백성들이 목마르나 마실 물이 없었을 때, 그들은 모세에게 불평을 했습니다. 하나님은 모세에게 지팡이를 가지고 반석을 치라고 하셨습니다. 모세는 순종했고, 하나님은 반석에서 물이 나오게 하셨습니다(출 17:1-7). 우리는 이런 패턴을 모세의 생애에서 거듭 보게 됩니다.

노아. 노아가 순종했을 때, 하나님은 그의 가족을 보호해 주시고 지구상에 다시 생육하고 번성하게 해주셨습니다. 아브라함이 순종했을 때, 하나님은 그에게 아들을 주시고 한 나라를 세우셨습니다. 다윗이 순종했을 때, 하나님은 그를 왕으로 만드셨습니다. 엘리야가 순종했을 때, 하나님은 불을 내리셔서 희생 제물을 사르셨습니다. 이 믿음의 사람들은 하나님께 순종했을 때, 하나님이 그들을 통해서 그분의 일을 성취하심으로 인해 하나님을 경험으로 알게 되었습니다.

제자들. 누가는 이런 동일한 패턴을 따른 제자들의 아름다운 경험을 기록합니다. 예수님은 하나님 아버지의 일에 동참하라고 70인을 초청하셨습니다. 그들은 순종했고, 오로지 하나님만이 하실 수 있는 일을 그들을 통해서 하고 계시는 하나님을 경험했습니다.

예수님은 이 제자들에게 구체적인 지시를 내리셨습니다. 그들은 예수님께 순종했고, 병자를 고치고 귀신을 쫓아내시면서 그들을 통해 일하시는 하나님을 경험했습니다. 그러나 예수님은 귀신들이 항복하는 것으로 기뻐하지 말고 그들이 구원을 받은 것을 더 기뻐하라고 말씀하셨습니다(눅 10:20). 예수님은 하나님 아버지께서 그 제자들에게 자신을 계시하신 것으로 인해 찬미하셨습니다(눅 10:21-22). 그리고 나서 예수님은 그들을 돌아보시며 말씀하셨습니다. "너희가 보는 것을 보는 눈은 복이 있도다 내가 너희에게 말하노니 많은 선지자와 임금이 너희가 보는 바를 보고자 하였으되 보지 못하였으며 너희가 듣는 바를 듣고자 하였으되 듣지 못하였느니라"(눅 10:23-24).

제자들은 복을 받았습니다. 그들은 하나님의 일에 참여하도록 특별히 하나님의 선택을 받았습니다. 그들이 보고, 듣고, 하나님에 대해서 알게 된 것은 선지자들과 왕들도 경험하기 원했던 것이지만 하지 못한 것입니다. 제자들은 복을 받았습니다!

하나님이 당신을 통해서 하나님 크기의 특별한 일을 하실 때, 당신도 역시 복을 받을 것입니다. 당신의 인생에 기쁨을 가져다 주는 길이신 하나님을 알게 될 것입니다. 당신이 하나님을 그렇게 경험하는 것을 다른 사람들이 볼 때, 어떻게 하면 그들도 하나님을 그렇게 경험할 수 있을까 알고 싶어할 것입니다. 그들을 하나님께로 이끌 준비를 하십시오.

당신이 순종하면, 하나님은 당신을 통해서 어떤 놀라운 일들을 하실 것입니다. 당신의 간증은 오직 하나님께만 영광을 돌리기 위해 있습니다. 이 점을 명심해야 합니다. 교만은 당신이 특별하다고 느끼게 해주는 경험을 이야기하고 싶게 만들 것입니다. 그것은 계속되는 긴장감을 조성할 것입니다. 주님의 놀라운 역사를 전파하기 원해야 합니다. 그러나 자랑하는 마음은 티끌만큼이라도 피해야만 합니다. "기록된 바 자랑하는 자는 주 안에서 자랑하라 함과 같게 하려 함이라"(고전 1:31).

## 당신이 하나님을 알게 되다

하나님은 그분이 하시는 일을 통해 하나님의 사람들에게 자신을 계시하십니다. 하나님이 당신을 통해서 그분의 목적을 성취하실 때, 당신은 하나님을 경험으로 알게 됩니다. 당신은 하나님이 당신의 삶에서 어떤 필요를 채워주실 때에도 하나님을 알게 됩니다.

하나님이 순종하는 한 사람 혹은 여러 사람을 통해 무언가를 하실 때, 그들은 하나님을 새롭고 더 친밀한 방법으로 알게 된다는 것이 성경에 나와있습니다. 하나님은 그분의 개인적인 이름을 모세에게 계시하셨습니다. "나는 스스로 있는 자이니라"(출 3:14). 예수님은 제자들에게 다음과 같이 자신을 표현하셨습니다.

"나는 생명의 떡이다"(요 6:35).

"나는 세상의 빛이다"(요 8:12).

"나는 문이다"(요 10:9).

"나는 선한 목자이다"(요 10:11).

"나는 부활이요 생명이다"(요 11:25).

"나는 길이요 진리요 생명이다"(요 14:6).

"나는 참 포도나무이다"(요 15:1).

예수님은 구약의 "스스로 있는 자"(I Am Who I Am, 불붙은 떨기나무에서 모세에게 주신 하나님의 이름)와 자신을 동일시하셨습니다. 그분을 믿는 일(그분을 신뢰하는 일)이 선행되어야 예수님을 이렇게 경험할 수 있습니다. 예를 들어, 그분이 당신에게 "내가 길이요"라고 말씀하실 때, 당신이 그분과의 관계에서 그 다음에 무엇을 하느냐가 당신이 그분을 당신의 인생에서 "길"로 경험할 수 있느냐를 결정합니다. 당신이 그분을 믿고, 당신의 인생을 그분께로 조정하고, 그분이 그 다음에 하시는 말씀에 순종할 때, 당신은 그분을 "길"로서 알고 경험하게 됩니다. 이것은 하나님이 매일매일 당신에게 계시하시는 모든 일에서 실제로 일어납니다. 당신이 하나님을 순종함으로 따르면, 하나님은 당신 안에서, 당신을 통해서 자신을 당신과 당신 주위에 나타내십니다.

 요약

하나님은 자신의 아들, 예수 그리스도를 통해서 잃어버린 세상을 자신에게 이끌기 위해 일하고 계십니다. 하나님이 주도하셔서 당신을 그분께 동참하도록 초청하십니다. 당신이 순종할 때, 하나님은 당신은 물론 모든 사람이 하나님이 일하고 계심을 알도록 역사하십니다. 하나님이 당신 안에서, 당신을 통해서 일하심을 경험할 때, 당신은 하나님을 보다 충만하게 알게 됩니다. 예수님이 바로 이것을 염두에 두고 이렇게 말씀하신 것입니다. "영생은 곧 유일하신 참 하나님과 그의 보내신 자 예수 그리스도를 아는 것이니이다"(요 17:3). 당신의 인생에서 하나님을 경험함에 따라 당신은 하나님을 알게 됩니다.

 오늘의 하나님을 경험하는 삶

하나님은 당신이 하나님과 하나님의 길을 소원하기를 바라십니다. 당신도 그렇습니까? 다음 시편 기자의 기도를 읽고, 이것을 당신 자신의 기도로 삼으십시오. 주님의 영광을 위해서 주님의 모든 길로 당신을 인도해 주시고 지도해 주시기를 기도하십시오.

여호와여
주의 율례들의 도를 내게 가르치소서
내가 끝까지 지키리이다
나로 하여금 깨닫게 하여 주소서
내가 주의 법을 준행하며
전심으로 지키리이다

나로 하여금 주의 계명들의 길로 행하게 하소서
내가 이를 즐거워함이니이다.

시편 119:33-35

# 닫는 글

그의 영광의 풍성함을 따라 그의 성령으로 말미암아 너희 속사람을 능력으로 강건하게 하시오며
믿음으로 말미암아 그리스도께서 너희 마음에 계시게 하시옵고
너희가 사랑 가운데서 뿌리가 박히고 터가 굳어져서 능히 모든 성도와 함께 지식에 넘치는
그리스도의 사랑을 알아 그 너비와 길이와 높이와 깊이가 어떠함을 깨달아
하나님의 모든 충만하신 것으로 너희에게 충만하게 하시기를 구하노라
우리 가운데서 역사하시는 능력대로 우리가 구하거나 생각하는 모든 것에 더 넘치도록
능히 하실 이에게 교회 안에서와 그리스도 예수 안에서 영광이
대대로 영원무궁하기를 원하노라 아멘
에베소서 3:16-21

 이 책을 준비하면서 저는 당신의 인생을 통해서, 당신의 인생에서 일하고 계신 하나님을 경험하면서 당신이 하나님을 더욱 친밀하게 알게 되기를 기도했습니다. 하나님이 당신에게 말씀하셨습니까? 당신을 가르치시거나, 인도하시거나, 격려해 주셨습니까? 당신을 하나님과의 사랑의 관계로 부르셨습니까? 그분의 일에 동참하라고 초청하셨습니까? 하나님이 당신의 인생에 하신 일들을 확인할 수 있습니까? 이 질문들에 대해 "예"라고 답하셨기를 기도합니다.
 시간을 내서 현재 당신이 하나님과 어떻게 동행하고 있는지를 알아보는 영적 명세서를 작성해 보시기를 바랍니다. 이 책을 읽는 동안 하나님이 당신의 인생에 동행해 오셨다면, 그분은 당신을 하나님과 보다 친밀한 교제를 갖도록, 그리고 하나님 나라의 사명을 위해서 당신을 준비시키신 것입

니다. 당신의 삶 속에서 하나님의 임재와 역사를 깊이 느끼는 시점에 다다랐기를 바랍니다. 하나님이 당신의 인생에 시작하신 일은 그분이 완성시키실 것입니다. "너희 안에서 착한 일을 시작하신 이가 그리스도 예수의 날까지 이루실 줄을 우리는 확신하노라"(빌 1:6).

하나님이 당신의 인생에서 일하시는 동안 저도 하나님의 역사에 동참하게 해주심을 감사드립니다. 우리 세대에 많은 놀라운 일을 행하신 하나님께 감사드리며 그분을 찬양합니다.